安徽省哲学社会科学成果文库
AnHuiShengZheXueSheHuiKeXueChengGuoWenKu

中国跨越"中等收入陷阱"的战略研究

ZHONGGUOKUAYUEZHONGDENGSHOURUXIANJINGDEZHANLUEYANJIU

蔡敏 周端明 著

全国百佳图书出版单位
时代出版传媒股份有限公司
安徽人民出版社

图书在版编目(CIP)数据

中国跨越"中等收入陷阱"的战略研究/蔡敏,周端明著.—合肥:安徽人民出版社,2016

ISBN 978－7－212－08920－7

Ⅰ.①中… Ⅱ.①蔡…②…周 Ⅲ.①中国经济—经济发展—研究
Ⅳ.①F124

中国版本图书馆 CIP 数据核字(2016)第 128007 号

中国跨越"中等收入陷阱"的战略研究

蔡 敏 周端明 著

出 版 人:朱寒冬	责任印制:董 亮
责任编辑:陈 娟	装帧设计:秦 超

出版发行:时代出版传媒股份有限公司 http://www.press-mart.com
　　　　　安徽人民出版社 http://www.ahpeople.com
　　　　　安徽时代人民文化发展有限公司
　　　　　合肥市政务文化新区翡翠路 1118 号出版传媒广场八楼　邮编:230071
　　　　　电话:0551-63533258　0551-63533259(传真)

制　　版:合肥中旭制版有限责任公司
印　　制:合肥精艺印制有限公司

开本:787mm×1092mm　1/16　　印张:18.5　　字数:285 千
版次:2016 年 9 月第 1 版　　2016 年 9 月第 1 次印刷

标准书号:ISBN 978－7－212－08920－7　　　　定价:46.00 元

版权所有,侵权必究

目 录

前　言 ··· 001
　一、选题意义 ··· 001
　二、研究思路、结构和方法 ························· 002
　三、创新与不足 ····································· 004

第一章　"中等收入陷阱"研究文献述评 ················ 001
　一、"中等收入陷阱":概念的提出、内涵与质疑、特征事实 ······ 003
　二、"中等收入陷阱"的成因与跨越战略分析 ········ 008
　三、中国陷入"中等收入陷阱"的诱因和跨越的有利因素 ········ 015
　四、"中等收入陷阱"研究文献评论 ················ 017

第二章　"中等收入陷阱"的内涵与特征事实 ··········· 019
　一、"中等收入陷阱"的内涵:稳态的视角 ············ 021
　二、"中等收入陷阱"的特征事实 ···················· 029

第三章　"中等收入陷阱"的形成机理 ··················· 051
　一、资本主义世界体系的中心与边缘 ················ 053
　二、不平等、经济增长停滞与中等收入陷阱 ·········· 074
　三、无效政府与"中等收入陷阱"的形成 ············ 082

第四章　跨越"中等收入陷阱"过程中的有效政府:比较的视角 ········ 091
　一、美国、日本和德国:保护主义的先驱 ············ 093
　二、东亚崛起中的政府力量:韩国和中国台湾地区 ···· 120

第五章　深陷"中等收入陷阱"中的无效政府：拉丁美洲各国 …………137
　一、"二战"前的拉美：殖民主义下的原料基地和销售市场 ………139
　二、"二战"之后的拉美：进口替代战略和新自由主义 …………143
　三、自由市场与政府干预之辩 ……………………………………151

第六章　中国成功跨越"贫困陷阱" ……………………………………155
　一、中国奇迹般的经济增长与社会发展 …………………………157
　二、社会主义市场经济体制与中国奇迹 …………………………169

第七章　中国面临"中等收入陷阱"的挑战 ……………………………197
　一、中国经济社会发展面临的主要障碍：增长分享的不均 ……200
　二、两极共生现象的形成机理：一个马克思主义解释 …………206
　三、社会主义市场经济体制与二元体系 …………………………213
　四、社会的保护性运动与转变发展方式 …………………………221

第八章　跨越"中等收入陷阱"的战略转变 ……………………………229
　一、增长方式转变战略：要素积累驱动型转向创新驱动型经济 …231
　二、外需为主向内需为主转变：锻造国家价值链战略 …………240
　三、不平衡发展向平衡发展转变：践行包容性增长战略 ………250

第九章　安徽省跨越"中等收入陷阱"的战略和政策 …………………259
　一、高储蓄、高投资和高增长战略 ………………………………261
　二、创新驱动城市发展战略 ………………………………………268

主要参考文献 ……………………………………………………………278
后　记 ……………………………………………………………………285

前 言

一、选题意义

第二次世界大战以来,世界经济版图发生了重要变化,其中最引人注目的莫过于亚洲的崛起,以至于贡德·弗兰克认为,世界的经济与政治权力中心将再次回到东方。在亚洲的崛起中,东亚又显得特别突出。但是,世界上有很多国家和地区在成功地由低收入国家进入中等收入经济体之后,却难以由中等收入经济体迈入高收入经济体,如拉美的阿根廷、巴西,亚洲的泰国、马来西亚等国家和地区。值东南亚金融危机10周年之际,除极少数国家或地区之外,东南亚国家基本都进入了中等收入国家行列,世界银行于2006年发表了一篇题为《东亚复兴——关于经济增长的观点》的研究报告,首次提出了"中等收入陷阱"这一概念,并讨论了其成因和跨越战略,引起了广泛关注。随着中国经济成功地由低收入经济体跨入中等收入经济体,如何规避"中等收入陷阱"成为中国经济面对的最大难题。因此,研究深陷"中等收入陷阱"的国家或地区的特征事实、形成机理以及如何跨越,就具有重要的实际意义。

从理论上说,"中等收入陷阱"与贫困陷阱一样,是经济增长过程中的一种均衡状态。从纳克斯"贫困的恶性循环"理论开始,有关贫困陷阱的经济研究文献可谓汗牛充栋。但是,到目前有关"中等收入陷阱"的系统理论和实证研究还不存在,因此,系统研究深陷"中等收入陷阱"的国家或地区的特征事实、形成机制以及突破"陷阱"的战略选择填补了经济增长理论和发展经济学的空白,具有重要理论意义。

二、研究思路、结构和方法

（一）研究思路

本研究的中心论点是非常清晰的，资本主义中心-边缘式世界体系造成独立后边缘区内部的不平等的阶级或阶层结构，而这种结构导致了无效政府的出现并长期化，这是"中等收入陷阱"形成的根本原因。

本书的基本思路是在研究"中等收入陷阱"特征事实和形成机理的基础上，比较成功跨越"陷阱"的国家或地区与深陷"陷阱"的国家或地区，总结成功跨越"陷阱"国家或地区的经验，揭示深陷"陷阱"国家或地区的教训：有效政府的存在与否是两类国家走上不同发展道路的根本原因。在此基础上，本书明确指出中国存在陷入"陷阱"的风险，并提出了相应跨越战略。

（二）全书结构

全书由两大部分，共九章构成，其中前五章重在阐释"中等收入陷阱"的基本理论等，而后四章重在研究中国如何跨越"中等收入陷阱"。

第一章，对国内外研究"中等收入陷阱"的文献进行评述。"中等收入陷阱"概念源于世界银行2006年发表的一篇题为《东亚复兴——关于经济增长的观点》的研究报告，并讨论了其成因和规避战略，引起了广泛关注。本书在对国内外研究文献认真梳理的基础上，提出对"中等收入陷阱"概念批判之批判："中等收入陷阱"概念无意中揭示了资本主义世界体系的必然结果。同时，本书指出国家政府在规避或跨越"陷阱"过程中的重要作用。

第二章，"中等收入陷阱"的内涵与特征事实。"中等收入陷阱"是指国家或地区的制度特征使其人均收入收敛于中等收入水平这一稳态。其实质是某些国家或地区的制度阻碍了技术的创新和采用，导致其进入中等收入经济体之后难以完成跨越，进入高收入经济体的行列，可以认为存在一种经济增长的制度瓶颈。并对这一解释进行了实证检验。然后把"中等收入陷阱"的特征事实归纳为五点：第一，收入分配严重不均；第二，过度城市化；第三，创新能力不足；第四，开放程度较高，特别是金融开放程度高；第五，政治不稳定。

第三章，"中等收入陷阱"的形成机理研究。"中等收入陷阱"的形成必须置于资本主义中心-边缘式世界体系的制度框架中理解,虽然边缘区实现了政治上的独立,但是,中心区仍然通过国际组织、国际市场,甚至是军事手段实施对边缘区的控制与剥削,这是"陷阱"形成的重要外因。而中心-边缘式控制与剥削结构在边缘区内部的成功复制,导致边缘区内部经济、政治的不平等以及社会割裂,这种不平等和社会割裂通过人力资本的积累、再分配、创新和产业升级、社会资本、犯罪率等多种途径限制一国经济增长。特别是边缘区内部的不平等的阶级或阶层结构导致无效政府的出现并长期化,这是边缘区深陷"陷阱"的根本内因。

第四章,通过对成功跨越"中等收入陷阱"的国家或地区的经济社会发展的历史分析,证实本书的中心论点——有效政府的存在是成功跨越或规避"陷阱"的根本原因。

第五章,深入研究深陷"陷阱"的拉丁美洲各国的经验教训,得出结论:无效政府的存在是导致它们深陷"陷阱"的根本原因。

第六章,中国成功跨越"贫困陷阱"。利用改革开放以来中国经济社会发展的事实,翔实地说明中国奇迹般的增长与发展。在此基础上,揭示中国奇迹般增长背后的根本原因——向社会主义市场经济体制的大转型。当然,此次由社会主义计划经济向社会主义市场经济的大转型,在带来奇迹般的增长的同时,也导致社会不平等的迅速上升,收入和财富分配的恶化,导致对国外市场和资本的过度依赖,而这些恰恰是导致中国经济社会陷入"中等收入陷阱"的重要原因。

在第七章,我们为改革开放以来的两极共生现象提供了一个马克思主义分析框架,并为跨越"中等收入陷阱"指明战略转变的方向。

第八章,跨越"中等收入陷阱"的战略转变。基于对改革开放以来经济发展的分析,明确指出中国存在陷入"陷阱"的风险。为此,中国必须进行战略大调整,以跨越"陷阱"。第一,转变增长方式:要素积累驱动型转向创新驱动型经济;第二,锻造国家价值链:外需为主向内需为主转变;第三,践行包容性增长:不平衡发展向平衡发展转向。

第九章,安徽省跨越"中等收入陷阱"的战略和政策。立足于安徽后发地区的基本省情,鲜明指出,高储蓄、高投资和高增长仍然是安徽省跨越"中等收入陷阱"的基本战略选择。同时,立足于安徽长期可持续发展目标,提出创新驱动城市发展战略,推动安徽全面建成小康社会。

(三)研究方法

1. 比较分析

比较成功跨越和深陷"陷阱"国家或地区的异同是本研究最基本组成部分,同时,比较不同国家或地区的政府能力也是本研究的重要组成部分,因此,比较分析方法是本研究的基本分析方法。

2. 模型分析

模型是描述变量之间关系的基本工具,本研究将构建资本主义中心-边缘式世界体系、不平等、无效政府与"中等收入陷阱"的形成逻辑这一理论模型。

3. 实证分析

运用成功跨越和深陷"陷阱"国家的历史案例证实本研究中心观点的案例实证分析,运用来自多个来源的历史数据证实"陷阱"的内涵、特征事实等的统计计量实证分析。

三、创新与不足

(一)创新之处

第一,在深入揭示"中等收入陷阱"的内涵和特征事实基础上,本研究侧重从国家治理能力角度揭示其形成机理,得出了一个有效政府或者强政府是一国或地区成功跨越"中等收入陷阱"的基础条件。[①] 我们较早地从这一角度展开了研究。

第二,从唯物史观角度研究"中等收入陷阱",注重经济基础和上层建筑的互动,特别强调了上层建筑对经济基础的反作用,对"中等收入陷阱"的形成给出了一个马克思主义解释。

---

① 美国新保守主义代表人物弗朗西斯·福山在新著《政治秩序的起源:从前人类时代到法国大革命》指出,良治社会的三大支柱——强国家、法治和民主问责,而这三者中,强国家最关键。弗朗西斯·福山:《政治秩序的起源:从前人类时代到法国大革命》,桂林:广西师范大学出版社,2014年。

第三,"中等收入陷阱"的诱因共生于中国奇迹般增长过程之中,本研究为这种两极共生现象提供一个马克思主义分析框架,为中国跨越"中等收入陷阱"的战略转变提供了重要智识洞见。

(二)不足

第一,从国家治理能力角度研究"中等收入陷阱"抓住了问题的关键,但是,对国家治理能力如何形成缺乏系统的研究。第二,对中国跨越"中等收入陷阱"战略转变的具体政策缺乏系统深入的研究。上述这些问题和不足是我们今后的重要研究对象。

第一章 | "中等收入陷阱"研究文献述评[①]

[①] 本部分曾经以《"中等收入陷阱"研究文献述评》为题,发表于《政治经济学评论》2012年第3期。

一、"中等收入陷阱":概念的提出、内涵与质疑、特征事实

(一)概念的提出

第二次世界大战以来,世界经济版图发生了重要变化,其中最引人注目的莫过于亚洲的崛起,以至于贡德·弗兰克认为,世界的经济与政治权力中心将再次回到东方。① 在亚洲的崛起中,东亚又显得特别突出。首先是日本从战后的废墟中迅速崛起,然后是亚洲"四小龙"——中国香港地区、中国台湾地区、韩国和新加坡,再之后是东南亚国家和中国沿海地区。在东亚的崛起中,日本和亚洲"四小龙"都顺利实现了两次跨越——首先从低收入国家过渡到中等收入国家,再从中等收入国家过渡到高收入国家。完成这两次跨越,"四小龙"国家或地区基本用了15年左右的时间。在亚洲崛起的故事中,还有大量的国家目前仅仅完成第一次跨越,即从一个低收入国家或地区过渡到一个中等收入国家或地区,如东盟国家和中国等。日本和"四小龙"的成功故事似乎昭示着亚洲其他国家也将顺利实现第二次跨越,其实不然。在"二战"以来的世界经济发展历史中,就有一些国家在完成了第一次跨越之后长时间没有办法完成第二次跨越,如拉美、东南亚和中东等。从图1-1可以清晰看出,拉美八国在20世纪70年代末80年代初发展势头非常好,大有迅速突破万元大关之势(其中委内瑞拉已经于1957年突破万元大关,虽然随后衰退下滑,但是到20世纪70年代已经成为一个高收入国家),进入高收入国家行列。但是,好景不长,20世纪80年代之后的拉美八国集体走向了衰退,至2006年,除了智利之外,其他7国仍然在中等收入徘徊。阿根廷在1924年、委内瑞拉在1938年、乌拉圭在1946年就已经是中等收入国家,但是60多年过去了,这些国家仍然处于中等收入国家行列,仍然没有完成第二次跨越。亚洲的马来西亚1982年已经成为一个中等收入国家,但是30多年过去了,它仍然没有成为一个高收入国家。

值东南亚金融危机10周年之际,除极少数国家或地区之外,东南亚国家基本都进入了中等收入国家行列。世界银行于2006年发表了一篇题为《东

---

① 贡德·弗兰克:《白银资本》,刘北成译,北京:中央编译出版社,2008年,第30页。

亚复兴——关于经济增长的观点》的研究报告,首次提出了"中等收入陷阱"这一概念,并讨论了其成因和规避战略,引起了广泛关注。① 但是,所谓"中等收入陷阱"并不是什么新现象。往近处说,"中等收入陷阱"就是"拉美病"的世界版本。从历史上看,其他发达国家在崛起过程中同样出现过坎坷。"'中等收入陷阱'并不是一个新奇的经济社会现象。19世纪末20世纪初,美国在经济起飞过程中,当时被称之为'进步时代',同时也被称之为'最坏的时代',曾经出现过经济危机周期性爆发、社会贫富两极分化、政治腐败十分普遍、阶级矛盾冲突的现象。其他发达国家在现代化过程中也有类似的过程。"②

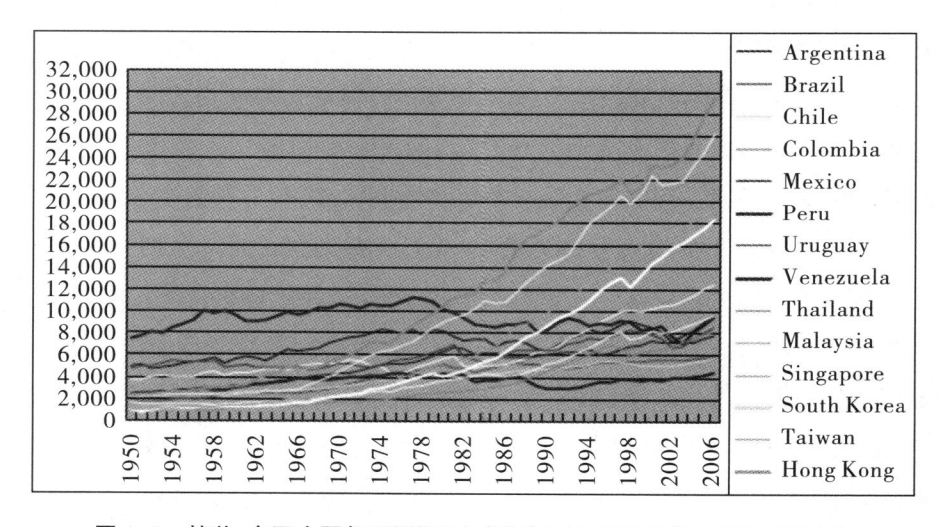

图1-1 拉美、东亚十国与亚洲"四小龙"的人均GDP比较:1950—2006年

资料来源:[英]安格斯·麦迪森著:《世界经济千年统计》,伍晓鹰等译,北京:北京大学出版社,2009年。本表中的人均GDP都是按照1990年不变价格计算的,单位是International Geary-Khamis dollars,简称国际元。

---

① 印德尔米特·吉尔、霍米·卡拉斯:《东亚复兴——关于经济增长的观点》,黄志强译,北京:中信出版社,2008年,第18页。
② 胡鞍钢:《"中等收入陷阱"逼近中国?》,《人民论坛》2010年7月(上),第10页。

表 1-1 拉美、东亚十国与亚洲"四小龙"比较

国别	人均GDP过4000美元时间(括号为实际美元数)	人均GDP过10000美元时间(括号为实际美元数)	1950年人均GDP(美元)	2006年人均GDP(美元)	2006年/1950年	跨越万美元大关所需时间(年)
阿根廷	1924(4055)	—	4,987	9,679	1.94	—
巴西	1974(4081)	—	1,672	5,835	3.49	—
智利	1956(3957)	1998(10186)	3,670	12,516	3.41	32
哥伦比亚	1978(4042)	—	2,153	5,829	2.71	—
墨西哥	1968(4073)	—	2,365	7,753	3.28	—
秘鲁	1973(4023)	—	2,308	4,505	1.95	—
乌拉圭	1946(4083)	—	4,659	8,568	1.84	—
委内瑞拉	1938(4144)	1957(10058)	7,462	9,524	1.28	19
泰国	1989(4225)	—	817	8,215	10.05	—
马来西亚	1982(3954)	—	1,559	9,579	6.14	—
新加坡	1969(3965)	1983(10298)	2,219	26,162	11.79	14
韩国	1978(4064)	1993(10232)	854	18,356	21.50	15
中国台湾	1976(3918)	1991(10577)	916	19,860	21.69	15
中国香港	1963(4083)	1980(10503)	2,218	29,481	13.29	17

资料来源:[英]安格斯·麦迪森:《世界经济千年统计》,伍晓鹰等译,北京:北京大学出版社,2009年。本表中的人均GDP都是按照1990年不变价格计算的,单位是International Geary-Khamis dollars,简称国际元。

(二)"中等收入陷阱"的内涵及对其质疑

世界银行在《东亚复兴》报告中指出:"如果缺乏规模经济,东亚的中等收入国家将面临严峻挑战,难以保持历史上的增长速度。以要素积累为基础的发展战略,看起来肯定会带来某些负面的后果,这种后果也是资本的边际生产率下降的自然结果。拉丁美洲和中东地区就是两个典型的例子,数

十年来,它们都未能跳出这个陷阱。"①世行报告实际揭示的是"中等收入陷阱"现象,对于其内涵并没有明确规定。报告的主要作者布拉姆巴特(Brahmbhatt)指出,"'中等收入陷阱'的概念是,使各国赖以从低收入国家成长为中等收入国家的战略,对于他们向高收入攀升是不够的。从历史上看,几乎没有哪个国家实际驾驭了出现的复杂的技术、社会和政治挑战"②。李扬认为:"所谓'中等收入陷阱',其含义之一是当人均收入水平达到一定程度时,由于收入分配不公引起社会动荡,造成经济发展停滞、长期徘徊不前。"③

"中等收入陷阱"概念提出之后,绝大多数学者接受了这一提法。但是,也有不少学者对此质疑。这种质疑主要表现在如下方面:(1)"中等收入陷阱"概念体现了决定论的武断。正如高伟所言,"并不是所有的中等收入国家都会陷入陷阱,'中等收入陷阱'只是个例,而不是通论,并非魔咒。"④杨承训和张新宁认为,"中等收入陷阱"概念只讲问题,不谈发展机遇,容易产生宿命论。⑤(2)"中等收入陷阱"概念是一种纯粹的现象描述,缺乏本质的探讨。杨承训和张新宁认为:"其一,它以平均值(人均GDP)掩盖了收入的差别,掩盖了'陷阱'的要害;其二,没有说明这种'陷阱'同社会制度有什么关系,它只讲数量关系,却避开了社会制度这一本质问题;其三,同中国的国情差别甚大,同科学发展的思想更加迥异,从而也不能体现中国特色社会主义发展的特殊性。所以,不能把它看作是一种具有广泛适用性的经济学的科

---

① 印德尔米特·吉尔、霍米·卡拉斯:《东亚复兴——关于经济增长的观点》,黄志强译,北京:中信出版社,2008年,第18页。
② 《世行报告称东亚必须设法避开"中等收入陷阱"》,《中国经济时报》2007年4月6日,http://finance.ce.cn/macro/gdxw/200704/06/t20070406_10948825.shtml。
③ 李扬:《借鉴国际经验应对"中等收入陷阱"的挑战》,《拉丁美洲研究》2011年第3期,第5页。
④ 高伟:《中等收入陷阱》,《人民论坛》2010年7月(上),第12—13页。
⑤ 杨承训、张新宁:《制度优势:破解"中等收入陷阱"之本》,《思想理论教育导刊》2011年第8期,第58—64页;杨承训、张新宁:《科学运用"两期论"把握阶段性特征——兼论"中等收入陷阱"论的非科学性》,《政治经济学评论》2012年第1期,第93—104页。

学范畴。"①（3）"中等收入陷阱"是现代化陷阱的症状,中等收入是任何国家在经济发展过程中都会经历的或长或短的一个阶段,是经济社会发展的正常规律。②（4）"中等收入陷阱"是一个含糊不清的概念。③

（三）"中等收入陷阱"的特征事实

2010年,《人民论坛》组织了50位专家和6575名网民讨论了"中等收入陷阱"问题,总结出深陷陷阱国家的十大特征:经济增长回落或停滞、民主乱象、贫富分化、腐败多发、过度城市化、社会公共服务短缺、就业困难、社会动荡、信仰缺失、金融体系脆弱。④ 乔晓楠等也比较了成功跨越和深陷陷阱两类国家的差异,认为深陷"中等收入陷阱"的国家具有如下特征:（1）从收入分配差距看,深陷陷阱的国家要比成功跨越的国家明显大得多;（2）从产业结构看,深陷陷阱的国家农业比重更大,而服务业比重更小,工业比重相差不大;（3）从储蓄率看,深陷陷阱国家的储蓄率明显比成功跨越国家低;（4）从净出口看,除个别年份外,深陷陷阱国家的净出口明显高于成功跨越国家,表明深陷陷阱国家和成功跨越国家增长的动力有差异,前者严重依靠外部动力,而后者已经主要依靠内部动力;（5）从技术研发看,深陷陷阱国家研发能力严重不足,这可能是这些国家难以跨越的重要原因;（6）从城市化看,深陷陷阱国家都存在过度城市化现象;（7）从货币供给和通货膨胀看,深陷陷阱国家的波动幅度明显高于成功跨越国家,因此,在跨越"中等收入陷阱"过程中应该尽可能保持宏观经济的稳定。⑤ 孔泾源认为,"中等收入陷阱"国

---

① 杨承训、张新宁:《制度优势:破解"中等收入陷阱"之本》,《思想理论教育导刊》2011年第8期,第58页。

② 参见刘福垣:《中等收入陷阱是一个伪命题》,《南风窗》2011年第16期,第76—78页。

③ 参见江时学:《真的有"中等收入陷阱"吗?》,《世界知识》2011年第7期,第54—55页。

④ 参见人民论坛问卷调查中心:《中国能否跨越"中等收入陷阱"——50位专家与6575名网友调查结果的对比分析》,《人民论坛》2010年7月(上),第14—17页。

⑤ 参见乔晓楠、王鹏程、王家远:《跨越"中等收入陷阱":经验与对策——一个基于马克思主义经济学的视角》,中国青年政治经济学论坛会议论文。

家的共同特征包括如下方面:(1)经济增长不稳定;(2)金融体系脆弱;(3)收入差距过大;(4)公共服务短缺;(5)创新能力不足。①

二、"中等收入陷阱"的成因与跨越战略分析

(一)"中等收入陷阱"的成因

国内外对"中等收入陷阱"的成因研究大致可以概括为如下几种观点:

1. 创新与产业升级假说。《东亚复兴》报告认为,中等收入国家面对来自低收入国家和高收入国家的双重挤压式竞争——低工资不发达国家在低端和高收入发达国家在高端。因此,中等收入国家必须通过创新带动产业升级,以保持劳动生产率的持续增长。但是,由于自身创新能力有限,难以实现战略调整,必然出现资本边际报酬递减导致的生产率增长放缓和经济停滞现象。② 刘刚在探讨中国经济增长的新来源的时候指出:"大规模技术引进和资源要素投入的结合,是中国经济30年高速增长和发展的关键驱动因素……对技术引进的依赖和自主创新的缺乏,可能使中国经济丧失长期增长和持续繁荣的机遇,步入'追赶陷阱'。"③陈亮认为,成功跨越"中等收入陷阱"的日韩等国的经验表明,依靠技术立国、自主创新为内生动力驱动产业升级是其跨越"陷阱"的根本原因。④

2. 收入分配假说。在对"中等收入陷阱"国家的特征事实和成因的分析

---

① 参见孔泾源:《"中等收入陷阱"的国际背景、成因举证和中国对策》,《改革》2011年第10期,第5—13页。

② 参见印德尔米特·吉尔、霍米·卡拉斯:《东亚复兴——关于经济增长的观点》,黄志强译,北京:中信出版社,2008年;王一鸣:《跨越"中等收入陷阱"的战略选择(连载之一)》,《中国投资》2011年第3期,第24—29页;北京大学中国国民经济核算与经济增长研究中心:《2011中国经济增长报告——克服中等收入陷阱的关键在于转变发展方式》,北京:中国发展出版社,2011年,第3页;宋立:《我国跨越中等收入阶段的消费政策选择》,中国经济改革发展论坛(2010)会议论文。

③ 刘刚:《经济增长的新来源与中国经济的第二次转型》,《南开学报(哲学社会科学版)》2011年第5期,第97—106页。

④ 参见陈亮:《中国跨越"中等收入陷阱"的开放创新》,《马克思主义研究》2011年第3期,第50—61页。

中,几乎没有不强调收入分配在经济停滞过程中的重要影响。收入分配和经济增长的关系是增长与发展理论的核心关注。20世纪80年代前的文献更多地强调了收入分配不平等通过对储蓄率的正影响而产生的对经济增长的促进作用。但是,随着经济增长理论的新进展和世界经济发展的新事实,20世纪80年代后期的文献越来越强调收入分配不平等对经济增长的负面作用。世界银行2006年的发展报告《公平与发展》对这些文献做了一次总结,强调了不平等对经济增长负面影响的两个重要方面:第一,发展中国家存在大量的市场失灵和市场缺失的领域,如信贷、保险、土地和人力资本市场等。而当市场失灵和缺失时,财富和权力的分配会影响投资机会的分配。第二,强调经济的不平等对制度形成的重要影响。[①]"如果经济和政治的不平等程度高,在经济制度和社会安排上,会系统性地偏向于影响力较大者的利益。"[②]而经济、政治与社会不平等常常存在代际自我复制现象,从而带来"不平等陷阱"。当然,除了这两个重要途径外,不平等还通过犯罪率、社会资本、收入再分配政策等多种机制不利于经济增长与发展。黄泰岩认为,收入分配是决定一国陷入或跨越"陷阱"的关键因素。[③] 王一鸣认为,"公平发展不仅有利于改善收入分配,创造更为均衡的发展,还能够减缓社会矛盾和冲突,从而有利于经济可持续发展。拉美国家在进入中等收入阶段后,由于收入差距迅速扩大导致中低收入居民消费严重不足,消费需求对经济增长的拉动作用减弱。如上世纪70年代,拉美国家基尼系数高达0.44~0.66,巴西到90年代末仍高达0.64,一些国家还由于贫富悬殊,社会严重分化,引发激烈的社会动荡,甚至政权更迭,对经济发展造成严重影响。"[④]刘方棫和李振明也强调了收入分配不平等

[①] 参见世界银行:《2006年世界发展报告:公平与发展》,中国科学院-清华大学国情研究中心译,北京:清华大学出版社,2006年。

[②] 世界银行:《2006年世界发展报告:公平与发展》,中国科学院-清华大学国情研究中心译,北京:清华大学出版社,2006年。

[③] 转引自陈亮、陈霞:《迈过"中等收入陷阱"的战略选择——中国经济改革发展论坛(2010)讨论综述》,《经济学动态》2011年第5期,第155页。

[④] 王一鸣:《跨越"中等收入陷阱"的战略选择》,《中国投资》2011年第3期,第25页。

在"中等收入陷阱"过程中的重要作用。①

3. 发展战略假说。Krueger、林毅夫等认为,拉美之所以陷入经济停滞状态源于拉美国家采取的进口替代发展战略,该战略扭曲了市场体系,导致了资源的错配、收入分配不公、社会矛盾激化等经济社会问题,形成了政治-经济体系的恶性循环。②林毅夫又进一步把这种战略的采用归结为当时的社会思潮,形成了思潮-发展战略-发展绩效的分析理路。③

4. 权贵资本主义假说。Haber认为,权贵资本主义是拉美诸国基本特征,政治精英和经济精英相互联合,通过寻租、游说等手段导致政府政策扭曲,从而导致资源错配、社会不公和腐败等行为,削弱了经济增长空间,导致经济停滞。④1997年东南亚金融危机爆发之后,在对危机原因的探讨中,东亚和东南亚国家最受人诟病的同样是权贵资本主义或裙带资本主义。

5. 路径依赖假说。这一假说来源于比较经济发展文献,认为南美与北美的发展差异主要导源于历史上它们归属不同国家的殖民地,形成了不同制度结构,导致不同发展绩效。Engerman et al.探讨了要素禀赋和殖民规则对美洲殖民地随后经济发展的影响。⑤ Acemoglu et al.强调了殖民规则对影

---

① 参见刘方棫、李振明:《跨越"中等收入陷阱",促进收入可持续性增长》,《消费经济》第2010年第6期,第3—5页。

② 参见Krueger, Anne O.1993."Virtuous and Vicious Circles in Economic Development". American Economic Review, Vol.83, May, (02).pp.351-355;林毅夫、蔡昉、李周:《中国的奇迹:发展战略与经济改革》,上海:上海人民出版社,上海三联书店,1994年。

③ 参见林毅夫:《发展与转型:思潮、战略和自生能力》,北京:北京大学出版社,2008年。

④ Haber Stephen. 2000. "Crony Capitalism and Economic Growth in Latin America: Theory and Evidence". Hoover Press.

⑤ Engerman SL, Sokoloff KL. 1997. "Factor Endowments, Institutions, and Differential Paths of Growth Among New World Economies: A View from Economic Historians of the United States". In How Latin America Fell Behind.ed.S Harber, pp.260 - 304.Stanford, CA: Stanford Univ.Press;Engerman SL, Sokoloff KL.2002. "Factor Endowments, Inequality, and Paths of Development Among New World Economies".Work.Pap.9259, NBER.

响长期经济增长的制度安排形成的重要影响。他们的基本假说可以概括为,在一种致命性疾病相对较少的环境中,欧洲殖民者密度更高,从而导致促进经济增长的产权保护制度得以更好地建立,带来更好的经济发展绩效。反之,在死亡率很高的殖民地,难以形成有效的产权保护制度。① La Porta et al.同样研究了殖民规则对长期经济发展的影响,但是,他们强调的是不同的殖民者移植的法律制度对投资者保护和金融发展的重要意义。②

6. 发达国家主导的国际经济体系假说。这一假说认为,发展中国家的不发达状况的根本原因是发达国家主导的不公平的国际经济旧秩序的结果,因此,必须建立国际经济新秩序。这一假说由马克思主义理论发展而来,包含中心-外围、依附论和世界体系等理论。杨承训和张新宁认为:"基于大量的历史事实,我们可以做这样的判断:所谓'中等收入陷阱'的要害在于两极分化,实质是沿着资本主义老路发展,并为外部列强所钳制和坑害。"③

(二)跨越"中等收入陷阱"的战略选择

由中等收入阶段进入高收入阶段,即跨越"中等收入陷阱",关键在于经济发展战略的调整。党的十七大报告明确指出:"实现未来经济发展目标,关键要在加快转变经济发展方式、完善社会主义市场经济体制方面取得重大进展。"因此,党中央很早就高瞻远瞩地指出了跨越"中等收入陷阱"的根

---

① Acemoglu D, Johnson S, Robinson JA.2001."The Colonial Origins of Comparative Development: An Empirical Investigation".Am.Econ.Rev.91.pp.1369-1401; Acemoglu D, Johnson S, Robinson JA.2002."Reversal of Fortune: Geography and Institutions in the Making of the Modern World Income Distribution".Q.J.Econ.117.pp.1231-1294.

② La Porta R, Lopez-de-Silanes F, Shleifer A, Vishny R.1997."Legal Determinants of External Finance".Financ.52.pp.1131-1150; La Porta R, Lopez-de-Silanes F, Shleifer A, Vishny R.1998."Law and finance".Polit.Econ.106.pp.1113-1155.Nathan Nunn 对这一研究领域的文献做了一篇优秀的综述。Nathan Nunn."The Importance of History for Economic Development".Annual Review of Economics, Vol.1, No.1, September 2009, pp.65-92.

③ 杨承训、张新宁:《制度优势:破解"中等收入陷阱"之本》,《思想理论教育导刊》2011年第8期,第59页。

本出路在于转变经济发展方式。刘伟认为,发展方式的转变,一方面从微观上调整资源配置方式,另一方面改变宏观调控方式。① 具体来说目前文献主要包括如下几种思路。

1. 由基于要素积累的发展战略转向基于创新的战略。Aghion et al.基于熊彼特式内生增长理论指出,随着一国或地区与国际技术前沿距离的缩小,其必须通过降低进入门槛引入竞争、调整教育资源配置以利于高等教育发展以及实施逆周期的宏观政策缓解企业的信贷约束等政策来激发创新,以推动生产率进步和经济增长。对于处于战略调整期中的中等收入国家而言,这些政策调整同样是跨越"中等收入陷阱"的战略体系中的重要组成部分。② Imbs et al.指出,部门集中度随收入增长呈现 U 型演化。也就是说,当一国经济开始起飞时,其经济活动以匀速在各个部门间扩散,但是,随着发展进程的深入,该国必将再次专业化。这一发现表明,随着经济走出贫困陷阱,规模经济对经济的进一步发展越来越重要。③ 基于这些理论研究成果,《东亚复兴》报告指出,中等收入国家要想迈过"中等收入陷阱"就必须调整发展战略,由基于要素积累的发展战略转向基于创新的战略。具体来说,包括三个方面的调整:首先是从多元化转向专业化,充分发挥规模经济的作用;其次从投资转向创新;第三,从基础教育转向高等教育,为创新奠定基础。刘刚则具体强调了由知识利用型经济向知识创新型经济的转变,特别强调了创新驱动的动力机制:组织和制度变革。④ 陈亮强调,在全球化时代,

---

① 参见刘伟:《突破"中等收入陷阱"的关键在于转变发展方式》,《上海行政学院学报》2011 年第 1 期,第 4—11 页。

② Aghion, P., Howitt, P. 2006. "Appropriate Growth Policy: A Unifying Framework". Journal of the European Economic Association, 4 (2-3). pp.269-314.

③ Imbs, Jean, Romain Wacziarg. 2003. "Stages of Diversification". American Economic Review 93 (1). pp.63-86.

④ 参见刘刚:《经济增长的新来源与中国经济的第二次转型》,《南开学报(哲学社会科学版)》2011 年第 5 期,第 97—106 页。

开放体系下的经济发展将以自主创新为内生动力,推动产业升级。① 王一鸣、马晓河、郑新立同样强调了创新能力和产业升级在转变经济发展方式、跨越"中等收入陷阱"中的重要作用。②

2. 由外需为主的出口导向型战略转向基于内需的国内大循环经济发展战略。贾根良基于对美国崛起的历史和政治经济学的美国学派的研究,指出中国崛起之路在于战略转型:抛弃国际大循环经济发展战略,实施国内经济大循环发展战略。重新控制产业价值链的高端,保护并利用广阔的国内市场,通过提高劳动大众的收入水平和国民经济各部门之间的平衡发展,实现经济崛起和社会和谐的双重战略目标。③ 成思危指出,拉动中国经济未来增长的动力仍然是出口、投资和消费等三驾马车,但是,三者的顺序要作大的调整。消费要放到第一位。政府在鼓励居民消费的同时,更要通过提高居民收入、深化收入分配和基础设施服务的改革,建立起扩大消费的长效机制。④ 马晓河在对日韩等跨越"陷阱"的经验研究中,同样强调了消费的重要性。⑤ 王一鸣也把扩大内需战略作为中国跨越"中等收入陷阱"的首选战略。⑥

---

① 参见陈亮:《中国跨越"中等收入陷阱"的开放创新》,《马克思主义研究》2011年第3期,第50—61页。

② 参见王一鸣:《跨越"中等收入陷阱"的战略选择(连载之三)》,《中国投资》2011年第5期,第28—31页;马晓河:《迈过"中等收入陷阱"的结构转型——国际经验教训与中国挑战》,《农村经济》2011年第4期,第3—10页;郑新立:《中国能否避免"中等收入陷阱"?》,《英才》2011年第6期,第40—42页。

③ 参见贾根良:《国内大循环经济发展战略与转变对外经济发展方式》,中国经济社会发展智库第3届高层论坛(2010)会议论文;贾根良:《政治经济学的美国学派与大国崛起的经济学逻辑》,《政治经济学评论》2010年第3期。

④ 参见成思危:《转变经济发展方式 规避"中等收入陷阱"》,《拉丁美洲研究》2011年第3期,第3—5页。

⑤ 参见马晓河:《迈过"中等收入陷阱"的结构转型——国际经验教训与中国挑战》,《农村经济》2011年第4期,第3—10页。

⑥ 参见王一鸣:《跨越"中等收入陷阱"的战略选择(连载之三)》,《中国投资》2011年第5期,第28—31页。

3. 由不平衡发展战略转向平衡发展战略。改革开放初期的"让一部分人先富起来"的战略的激励效应是很明显的,推动了中国迅速走出了贫困陷阱。但是,"让一部分人先富起来"的发展战略也使中国的收入分配状况恶化。因此,由"一部分人先富起来"的不平衡发展战略转向"共同富裕"的平衡发展战略就成为跨越"中等收入陷阱"的基本战略选择。蔡昉认为,应以公平再分配为切入点,调整经济和社会政策,改善收入分配,才能跨越"中等收入陷阱"。① 林毅夫强调,要高度重视收入分配问题,否则容易造成社会矛盾。如果没有稳定的社会环境,经济发展也将停滞。当然,由不平衡发展战略转向平衡发展战略包含城乡均衡发展战略和区域均衡发展战略。②

4. 锻造国家价值链战略。很明显,跨越"中等收入陷阱"要求多方面的战略转型,而刘志彪、张杰和孙建波、张志鹏等把多方面的战略转型融入锻造国家价值链战略之中。刘志彪和张杰从中国产业升级角度提出应该锻造国家价值链,指出,中国的产业升级,要在战略层面高度重视从被"俘获"和"压榨"的全球价值链中突围,构建以本土市场为基础的国家价值链的网络体系和治理结构。③ 孙建波和张志鹏在此基础上进一步指出,锻造国家价值链是跨越"中等收入陷阱"的根本战略选择。④ 通过对美国国家价值链锻造的历史分析,指出国家价值链是一个由内需市场、全面创新、产业升级和收入分配等多种因素共同构成的一个良性反馈循环系统。因此,"对于中国而言,构建 NVC(国家价值链)并不只是一个产业升级的任务,而是要从生产要素、企业、产业多个层面出发,实现从出口导向向内需导向的转变,从发展国际代工的制造业为核心向服务业为核心的转变,从各区域产能扩张向价

---

① 参见蔡昉:《中国经济如何跨越"低中等收入陷阱"?》,《中国社会科学院研究生院学报》2008 年第 1 期,第 13—18 页。

② 参见林毅夫:《妥善处理三大挑战 避免中等收入陷阱》,《中国城乡金融报》2011-06-17。

③ 参见刘志彪、张杰:《从融入全球价值链到构建国家价值链:中国产业升级的战略思考》,《学术月刊》2009 年第 9 期,第 59—68 页。

④ 参见孙建波、张志鹏:《第三次工业化:锻造跨越"中等收入陷阱"的国家价值链》,《南京大学学报》2011 年第 5 期,第 15—26 页。

值链在全国布局的转变;同时推动收入分配趋于平均化,消费结构趋于高级化。也就是说,在进入中等收入阶段后需要重新思考和确立我国的工业化战略,深入理解工业化的当代内涵,确立工业化的全新目标,转变工业化的发展重点,启动和实施第三次工业化"①。

三、中国陷入"中等收入陷阱"的诱因和跨越的有利因素

（一）中国陷入"中等收入陷阱"的诱因

胡鞍钢从经济、社会、政治和国际等四个角度分析了中国可能掉入"中等收入陷阱"的诱因。从经济因素看,要素稀缺引发的要素价格上升将导致中国比较优势的丧失,而正在进行的高速城市化将导致中国出现"超常城市化"问题。从社会因素看,经济增长的负面效应将带来政府与社会、劳资之间、贫富之间以及人与自然之间矛盾的凸现,从而可能阻碍经济发展。从政治因素看,我们将面临"改革悖论",最初的改革者可能因为既得利益而成为改革的障碍,导致改革难以推进。从国际因素看,我们面对的国际经济、政治环境越来越差。更加重要的是,这四个方面并不是孤立的,而是相互联系、相互作用和相互影响的,从而形成了多元陷阱。② 孔泾源从体制上指出了中国面临"中等收入陷阱"的主要诱因:第一,国有经济和垄断行业改革进展迟缓;第二,金融体系相对脆弱;第三,城乡二元制度尚未根本打破;第四,收入分配制度有失公平;第五,政府职能尚未实现根本性转变。③ 王一鸣认为中国进入中等收入阶段后将面对挑战,主要包括:第一,高储蓄率可能发生调整;第二,劳动力成本趋于上升;第三,科技创新难度增大;第四,工业规模扩张难以持续;第五,外需拉大作用减弱;第六,资源环境硬约束强化;第

---

① 孙建波、张志鹏:《第三次工业化:锻造跨越"中等收入陷阱"的国家价值链》,《南京大学学报》2011年第5期,第19页。

② 参见胡鞍钢:《"中等收入陷阱"逼近中国?》,《人民论坛》2010年第7期上,第10—12页。

③ 参见孔泾源:《"中等收入陷阱"的国际背景、成因举证和中国对策》,《改革》2011年第10期,第5—13页。

七,收入差距拉大。① 杨承训和张新宁认为,中国陷入"中等收入陷阱"的诱因在于:贫富差距突出、官员腐败蔓延、信仰危机加重、西化分化不断侵蚀。② 郑秉文认为,中国经济发展已经和即将经过市场驱动、要素驱动、效率驱动和创新驱动等四个阶段,完成三次跨越。目前,中国经济刚刚进入效率驱动阶段,即上中等收入阶段,很容易掉入"中等收入陷阱"。关键是要切实转变发展战略。但是,中国经济发展过程中创新的贡献率相对较低,成为制约中国经济发展和陷入"中等收入陷阱"的重要诱因。③

(二)中国跨越"中等收入陷阱"的有利因素

杨承训和张新宁认为,中国破解"中等收入陷阱"的困境的根本优势在于社会主义制度,只要充分发挥社会主义制度的综合优势,有针对性地采取重大举措,就能跨越"中等收入陷阱"。当然,他们还谈到了自优机制优势、宏观主导优势、政治稳健优势和综合实力优势。④ 胡鞍钢认为,中国跨越"中等收入陷阱"的最大优势是中国政府的学习能力。每当面对严峻挑战时,中国政府总能作出富有成效的应战策略。同时,经历了30多年的改革开放实践,无论是党中央,还是人民群众,都越来越理性,越来越成熟,也越来越智慧,因此,他认为中国绝不会误入"中等收入陷阱"。⑤ 王一鸣认为,我国跨越"中等收入陷阱"的优势条件在于:第一,内需市场加速扩展;第二,产业转型升级加快推进;第三,研发投入逐步加大;第四,"新人口红利"加快形成;第

---

① 参见王一鸣:《跨越"中等收入陷阱"的战略选择(连载之一)》,《中国投资》2011年第3期,第24—29页。

② 参见杨承训、张新宁:《科学运用"两期论"把握阶段性特征——兼论"中等收入陷阱"论的非科学性》,《政治经济学评论》2012年第1期。

③ 参见郑秉文:《"中等收入陷阱"与中国发展道路——基于国际经验教训的视角》,《中国人口科学》2011年第1期,第2—15页。

④ 参见杨承训、张新宁:《制度优势:破解"中等收入陷阱"之本》,《思想理论教育导刊》2011年第8期。

⑤ 参见胡鞍钢:《"中等收入陷阱"逼近中国?》,《人民论坛》2010年7月(上),第10—12页。

五,城市化形成新动力。① 郑秉文从制度、政策和基础设施等三个方面构建了中国跨越"中等收入陷阱"和实施从要素驱动到效率驱动的转型的动力组合。②

四、"中等收入陷阱"研究文献评论

(一)对"中等收入陷阱"概念批判之批判

具有决定论色彩的"中等收入陷阱"概念面对一个挑战:如何调和"中等收入陷阱"的一般性和陷入"中等收入陷阱"各国或地区的特殊性之间的矛盾? 正如杨承训和张新宁所言:"不同国家的不同经济发展阶段都有各种各样的'陷阱',使之泛化,也抹杀了矛盾的特殊性。""这实际上是一种暗示,因为他们把'陷阱'视为普遍现象;而且'中等收入陷阱'成了研究中国等新兴经济体的时髦词汇。这虽然对我国经济发展具有一定的警示作用,但总体上讲它是一个非科学的概念。"③但是,我的问题是:为什么世界上存在如此巨大差异的这些国家或地区(拉美、东南亚、中东等)都难以实现对中等收入的超越? 因此,世界银行的"中等收入陷阱"概念无意之中扮演了"皇帝的新装"故事中的那个小孩。资本主义世界体系必然导致世界的两极分化。正如杨承训和张新宁所言:"在资本主义国家掌握金融霸权、军事霸权、国际话语主导权的世界,它可以使一个国家迅速摆脱'中等收入陷阱',也可以使一个国家陷入'中等收入陷阱'不能自拔,甚至回到低收入国家。"④从这个意义上看,"中等收入陷阱"概念是一个科学的概念,它揭示了资本主义世界体系的必然结果。因此,中国要想成功跨越"中等收入陷阱",就必须警惕资本主

---

① 参见王一鸣:《跨越"中等收入陷阱"的战略选择(连载之二)》,《中国投资》2011年第4期,第28—30页。
② 参见郑秉文:《"中等收入陷阱"与中国发展道路——基于国际经验教训的视角》,《中国人口科学》2011年第1期,第2—15页。
③ 杨承训、张新宁:《科学运用"两期论"把握阶段性特征——兼论"中等收入陷阱"论的非科学性》,《政治经济学评论》2012年第1期,第97—98页。
④ 杨承训、张新宁:《科学运用"两期论"把握阶段性特征——兼论"中等收入陷阱"论的非科学性》,《政治经济学评论》2012年第1期,第96页。

义世界体系的负面作用,放慢开放速度,立足于自力更生战略。

(二)跨越"中等收入陷阱"过程中市场与政府的关系

进口替代工业化战略助推拉美国家跨越贫困陷阱,而出口导向战略助推东亚、东南亚国家迈过贫困陷阱,因此,无论是政府干预为主,还是自由市场为主的战略和政策,都能够帮助发展中国家跨越贫困陷阱。但是,伴随拉美国家20世纪80年代的债务危机,西方发达国家及其主宰的国际金融机构要求拉美国家进行结构改革。所谓结构改革,就是推动拉美国家的市场化,即更深入地融入全球资本主义体系之中。伴随着拉美国家快速的市场化和开放,特别是金融市场的开放,政府在治理经济社会发展中的作用降低,导致拉美没有能够顺利跨越"中等收入陷阱"。反观东亚的日本、韩国、中国台湾等国家和地区在推行出口导向战略过程中,从来没有忽视政府在治理经济社会发展中的重要作用和角色,而这些国家或地区恰恰顺利跨越了"中等收入陷阱"。因此,研究"中等收入陷阱"的成因和跨越战略选择不能忽视经济发展过程中的市场与政府关系,而目前这恰恰没有得到应有的重视。

(三)内生变量与外生变量问题

在对"中等收入陷阱"的成因分析中,何者为内生变量,何者为外生变量?没有得到细致全面地分析。在众多对"中等收入陷阱"的成因分析中,研究者几乎都谈到了收入分配状况对"陷阱"形成的重要作用。但是,收入分配状况本身可能是发展中国家和发达国家这种中心与外围为特征的世界资本主义体系的产物。当然,国内的收入分配状况反过来可能固化这种中心与外围关系。但是,何者为因,何者为果必须搞清楚。目前的研究恰恰在这方面不够清晰,而是把很多原因简单罗列在一起,对各个推动因素之间的内在逻辑联系缺乏系统分析。因此,何者为内生变量,何者为外生变量成为当前研究的一个缺陷。

第二章 | "中等收入陷阱"的内涵与特征事实

一、"中等收入陷阱"的内涵：稳态的视角①

（一）导言

世界银行于 2006 年在《东亚经济发展报告》中提出了"中等收入陷阱"这一概念。该报告的主要作者布拉姆巴特（Brahmbhatt）指出，"'中等收入陷阱'的概念是，使各国赖以从低收入国家成长为中等收入国家的战略，对于他们向高收入攀升是不够的。从历史上看，几乎没有哪个国家实际驾驭了出现的复杂的技术、社会和政治挑战"②。在世界银行同年报告《东亚复兴》中，着重强调了衰败的城市、冲突的社会和腐败的政府等东亚国家潜在的三个陷阱。③ 中国社科院世界社会保障研究中心郑秉文指出，中国当前存在十大挑战，包括：避免"转型陷阱"、防止"拉美陷阱"、跨越"福利陷阱"、绕开"城市化陷阱"、注意"资产泡沫陷阱"、克服"老龄化陷阱"、防止"金融陷阱"、小心"美元陷阱"、谨防"捧杀陷阱"、超越"民主陷阱"。④

但是，目前有关"中等收入陷阱"的含义，更多的是一种现象描述以及外延的简单罗列，缺乏对"中等收入陷阱"内涵的深入解剖。"中等收入陷阱"实质是经济增长过程中的一种稳态，要想跨越，必须通过制度变革提升经济增长的制度容量。

（二）从稳态视角看中等收入陷阱的内涵

根据现代经济增长理论，陷阱是指一种稳态，即"一种其中各种数量都以不变速率增长的状态"⑤。之所以称其为陷阱，是因为如果行为人试图突

---

① 本部分曾经以《中等收入陷阱的内涵：稳态的视角》为题，发表于《经济与管理评论》2012 年第 5 期。

② 转引自 Is China's Future Hazy, http://www.360doc.com/content/08/0827/13/61857_1581052.shtml。

③ 印德尔米特·吉尔、霍米·卡拉斯：《东亚复兴——关于经济增长的观点》，黄志强译，北京：中信出版社，2008 年，第 18 页。

④ 郑秉文：《面对中等收入陷阱，中国需要应对十大挑战》，2011-09-22，http://bbs.pinggu.org/thread-1186299-1-1.html。

⑤ 巴罗、萨拉伊·马丁：《经济增长》，何晖等译，北京：中国社会科学出版社，2000 年，第 5 页。

破它的话,经济却有着一种回复到中等收入水平稳态的趋势。按照索洛模型,稳态时的人均收入水平是由外生的技术水平、人口增长率和折旧率等变量共同决定。在一个完全竞争的完美市场上,这些变量最终都趋同,从而穷国和富国人均收入水平趋同,达到中国人的"大同"状态。但是,由于国家间存在制度差异,其制度能够容纳的技术水平、人口增长率和折旧率等不同,从而导致不同国家趋于不同稳态,也就是增长理论中的俱乐部趋同概念。

因此,"中等收入陷阱"是指国家或地区的制度特征使其人均收入收敛于中等收入水平这一稳态。其实质是某些国家或地区的制度阻碍了技术的创新和采用,导致其进入中等收入经济体之后难以完成跨越,进入高收入经济体的行列,可以认为存在一种经济增长的制度容量。

索洛模型假设储蓄率、人口增长率和技术进步率为外生变量。产出是资本和劳动力的函数,而且它们都按照其边际产出获取报酬。我们假设生产函数采用柯布-道格拉斯式,则 t 期的总量生产函数采用如下形式:

$$Y_t = K_t^\alpha (A_t L_t)^{1-\alpha}$$

其中,Y_t、K_t、A_t、L_t 分别代表 t 期的总产出、资本存量、技术水平和劳动力总量。在索洛模型中,假设技术水平和劳动力总量按照外生增长率 g 和 n 增长。如果初期的技术水平和劳动力总量为 A_0 和 L_0,t 期的技术水平和劳动力总量可以表示如下:

$$A_t = A_0 e^{gt}; L_t = L_0 e^{nt}$$

由于假设总量生产函数采取了规模报酬不变的技术,则其集约形式如下:

$$\hat{y}_t = \hat{k}_t^\alpha$$

其中,$\hat{y}_t = Y_t/A_t L_t$、$\hat{k}_t = K_t/A_t L_t$ 分别代表有效劳动产出和资本存量。

假设人们把收入中的 s 用于资本积累,那么有效劳动资本存量的微分方程可以写成如下形式:

$$\dot{\hat{k}}_t = s\hat{y}_t - (n + g + \delta)\hat{k}_t$$

其中,δ 为资本存量的折旧率。而稳态时,$\dot{\hat{k}}_t = 0$,根据此可以解出稳态

时的 $\hat{k}^*$，即：

$$\hat{k}^* = [s/(n+g+\delta)]^{1/1-\alpha}$$

为此，稳态时有效劳动的产出水平为：

$$\hat{y}^* = \left[\frac{s}{(n+g+\delta)}\right]^{\frac{\alpha}{1-\alpha}}$$

则，稳态时人均产出水平为：

$$y^* = A_0 e^{gt}\left[\frac{s}{(n+g+\delta)}\right]^{\frac{\alpha}{1-\alpha}}$$

由上式可知，稳态时人均产出水平或者人均收入水平与储蓄率、技术进步率呈正方向变化，而与人口增长率和折旧率呈反方向变化。如果我们放弃储蓄率、人口增长率、折旧率和技术进步率等外生的假设，假设这些变量是内生于一国制度，既包括像法律法规这样的正式制度，也包括像文化、习俗等非正式制度。同时，我们假设存在三类国家，这三类国家的制度导致三种不同的储蓄率、人口增长率、折旧率和技术进步率。储蓄率分别为 $s_1<s_2<s_3$，人口增长率分别为 $n_1>n_2>n_3$，折旧率分别为 $\delta_1>\delta_2>\delta_3$，技术进步率分别为 $g_1<g_2<g_3$。其中 A 类国家制度决定的储蓄率、人口增长率、折旧率和技术进步率组合为 (s_1,n_1,δ_1,g_1)，B 类国家的组合为 (s_2,n_2,δ_2,g_2)，C 类国家的组合为 (s_3,n_3,δ_3,g_3)。由此三类国家稳态时人均产出水平或者人均收入水平分别为 y_1^*、y_2^*、y_3^*，分别为：

$$y_1^* = A_0 e^{g_1 t}\left[\frac{s_1}{(n_1+g_1+\delta_1)}\right]^{\frac{\alpha}{1-\alpha}}, y_2^* = A_0 e^{g_2 t}\left[\frac{s_2}{(n_2+g_2+\delta_2)}\right]^{\frac{\alpha}{1-\alpha}}, y_3^* = A_0 e^{g_3 t}\left[\frac{s_3}{(n_3+g_3+\delta_3)}\right]^{\frac{\alpha}{1-\alpha}}$$

且 $y_1^*<y_2^*<y_3^*$。而根据稳态的定义，当这些国家的制度特征不变时，这些国家的人均产出水平向稳态产出水平趋同。因此，A、B、C 三类国家将分别收敛于 y_1^*、y_2^*、y_3^*。这也就是当今世界发展的现状，深陷"贫困陷阱" y_1^* 的低收入国家、中等收入 y_2^* 国家和高收入 y_3^* 国家同时并存。我们可以通过图 1 更好地理解作为一种稳态的"中等收入陷阱"。

有效劳动的资本存量的增长率 $g_{\hat{k}}$ 表示为：

$$g_{\hat{k}} = \frac{s \cdot f(\hat{k})}{\hat{k}} - (n + g + \delta)$$

由于 $f(\hat{k})/\hat{k}$ 对 $\hat{k}$ 的导数为负（$\frac{d[f(\hat{k})/\hat{k}]}{d\hat{k}} = -[f(\hat{k}) - \hat{k} \cdot f'(\hat{k})]/\hat{k}^2$，方括号中的式子等于单位有效劳动的边际产品，它为正），所以上式的第一项是一负斜率的曲线。它在 $\hat{k} \to 0$ 时渐近于无穷大，而随着 $\hat{k}$ 趋于无穷大它趋近于 0（注意到 $\lim\limits_{\hat{k} \to 0}[s \cdot f(\hat{k})]/\hat{k} = 0/0$）。我们应用罗必塔法则并根据稻田条件得到：$\lim\limits_{\hat{k} \to 0}[s \cdot f(\hat{k})/\hat{k}] = \lim\limits_{\hat{k} \to 0}[s \cdot f'(\hat{k})] = \infty$。同理得到：$\lim\limits_{\hat{k} \to \infty}[s \cdot f(\hat{k})/\hat{k}] = \lim\limits_{\hat{k} \to \infty}[s \cdot f'(\hat{k})] = 0)$。因而上式第一项在图 2-1 中不仅是一条负斜率的曲线，而且曲线分别以纵轴和横轴作为其渐近线。而上式第二项 $n + g + \delta$ 在图 1 中则是一条水平线。这条曲线与直线之间的垂直距离等于人均资本的增长率，其交点对应于稳态。由于 $n + g + \delta > 0$ 且 $s \cdot f(\hat{k})/\hat{k}$ 从无穷大单调下降到 0，这条曲线和直线交且仅交一次。因此，稳态的 $\hat{k}^* > 0$ 存在且唯一。

如图 2-1，由于制度原因，A、B、C 三类国家的人均收入水平分别收敛于图 1 中的 E_1、E_2、E_3 点，分别对应于低收入的贫困陷阱、中等收入陷阱和高收入发达国家。

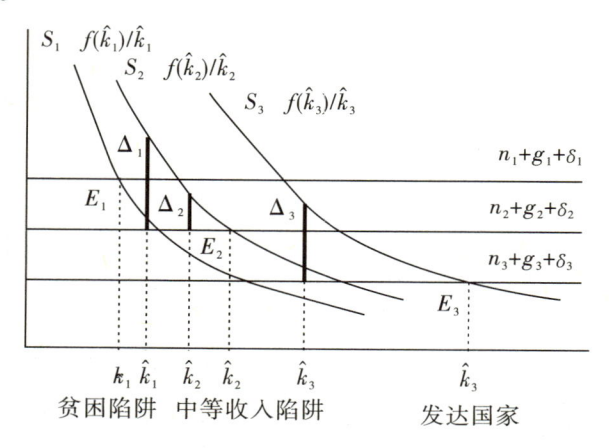

图 2-1 不同类型的国家收敛于不同稳态

在三类国家内部,穷的国家增长得比富的国家快。如图 2-1,假设有两个中等收入国家,其有效劳动的资本存量分别是 $\hat{k}_1$ 和 $\hat{k}_2$,由于前者比后者小,从而前者的人均收入水平低于后者,也就是说前者更穷。但是,前者的有效劳动的资本存量按照 Δ_1 增长,而后者的单位有效劳动的资本存量按照 Δ_2 增长。很明显,相对于后者而言,前者增长的速度更快,从而其人均收入水平增长更快。但是,在三类国家之间,却并不存在这一规律,也就是说,在三类国家之间,并不存在穷国增长率一定高于富国。如图 2-1 中存在一个中等收入国家和高收入国家,其有效劳动的资本存量分别为 $\hat{k}_2$ 和 $\hat{k}_3$,且 $\hat{k}_2 < \hat{k}_3$。按照穷国一定增长得比富国快的规律,那么,前者的有效劳动的资本存量的增长率应该高于后者。但是,在此,前者按照 Δ_2 的速率增长,而后者按照 Δ_3 的速率增长,很明显,$\Delta_3 > \Delta_2$。也就是说,富国的人均收入增长的却比穷国快,这是因为,这两个国家是收敛于不同的稳态,前者收敛于 E_2,而后者收敛于 E_3。

从俱乐部趋同理论角度定义"中等收入陷阱",其实质是经济增长过程中的一种稳态,而稳态时的人均收入就是中等收入水平。因此,当其进入中等收入国家之后,如果不进行制度变革,以提高制度对技术进步率、储蓄率、人口增长和折旧率等变量的适应程度,经济增长的速度将越来越慢,甚至停滞。由上述分析,我们可以得到一个可实证检验的命题:随着一国人均收入水平趋近于其稳态时的人均收入水平,该国的人均收入水平增长率不断降低。

(三)稳态视角的中等收入陷阱的实证检验

拉美可以称为"中等收入陷阱"的代名词,至 2006 年,在代表性的拉美八国中仅有智利跨过万美元大关,进入高收入国家行列。因此,可以利用拉美案例实证检验我们关于"中等收入陷阱"的内涵。

检验从稳态角度定义"中等收入陷阱"的关键是测算拉美各国的稳态收入水平。首先,利用 Hodrick-Prescott 滤波方法分解出拉美八国人均收入水平的长期趋势。Hodrick-Prescott 滤波法是霍德里克和普雷斯科特在 1980 年研究美国经济周期问题时提出。H-P 滤波是一种双侧线性滤波,

它通过使平滑序列 y^T 和原序列 y 之间的方差最小化来计算平滑序列 y^T，方差最小限制条件是一个关于 y^T 二阶差分的损失函数。即选择 y_t^T 使下式最小：$\sum_{t=1}^{T}(y_t - y_t^T)^2 + \lambda \sum_{t=1}^{T}[(y_{t+1}^T - y_t^T) - (y_t^T - y_{t-1}^T)]^2$，式中 λ 是正数，是控制序列 y_t^T 平滑度的损失参数，λ 越大，序列 y_t^T 越平滑。由于我们利用的是拉美八国年度数据估算其人均 GDP 的长期趋势，为此，λ 取 100。①图 2-2 描述了拉美八国 1945—2006 年间人均 GDP 的实际走势、趋势以及周期波动。

从拉美八国人均 GDP 的长期趋势看，经过 20 世纪 50 年代至 70 年代的加速增长，各国于 20 世纪 70 年中后期增长状态基本平稳，特别是阿根廷、巴西、委内瑞拉、秘鲁、墨西哥、乌拉圭等国。为此，可以比较各国 1980 年人均 GDP 的长期趋势水平与 1980 年后至 2006 年人均 GDP 均值之间的差距，如果差距很小，可以认为该国在 1980 年左右达到人均 GDP 的稳态水平。我们首先利用 H-P 滤波方法可以计算 1980 年人均 GDP 的趋势水平，然后计算了 1980—2006 年间拉美八国人均 GDP 的均值，详细比较见表 2-1。从表 2-1 可以看出，拉美八国中有 5 个国家的人均 GDP 经过 26 年之后仍然在 1980 年水平的 10% 以内，它们分别是阿根廷、巴西、墨西哥、秘鲁和委内瑞拉，乌拉圭和哥伦比亚在 20% 之内，仅仅智利超过了 60%，而其也是拉美八国中唯一跨越"中等收入陷阱"进入高收入国家行列的国家。由此可见，我们完全可以以 1980 年作为分界线，考察其前后经济增长率的差异。

---

① 高铁梅：《计量经济分析方法与建模：EViews 应用及实例》，北京：清华大学出版社，2006 年，第 41—44 页。

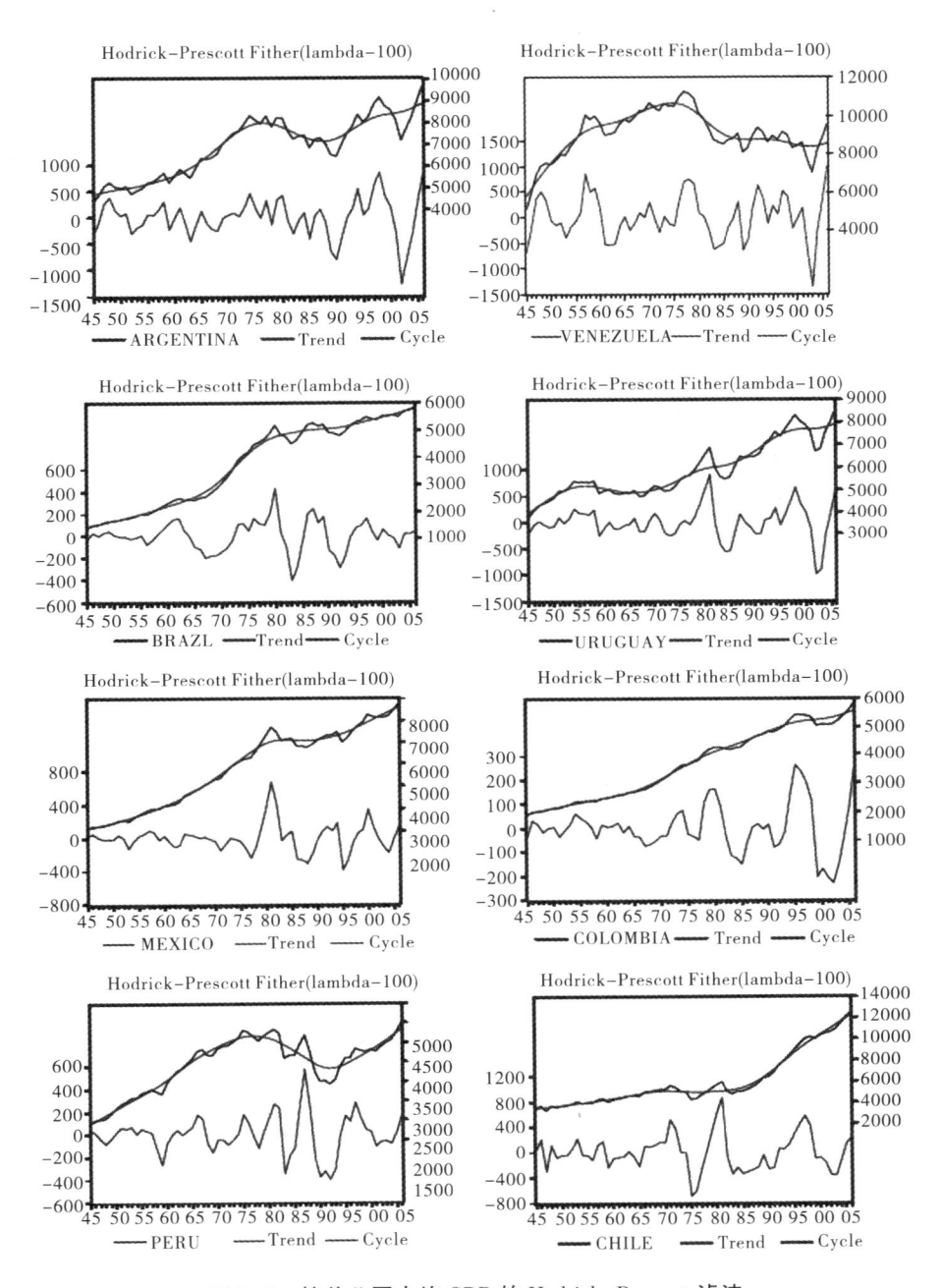

图 2-2　拉美八国人均 GDP 的 Hodrick-Prescott 滤波

表2-1　拉美八国人均GDP的1980年趋势值和1980—2006年均值

	阿根廷	巴西	智利	哥伦比亚	墨西哥	秘鲁	乌拉圭	委内瑞拉
1980年趋势值	7788.5	4763.3	5038.0	4094.9	5956.4	4119.8	5926.8	10054.4
1980—2006均值	7834.3	5213.3	8091.7	4902.0	6533.3	3747.8	6987.9	8767.9
最大值	9679.1	5835.0	12515.8	5829.4	7752.6	4505.4	8568.4	10139.2
最小值	6432.9	4498.1	4810.2	4175.2	5770.9	2930.6	5487.0	7019.0
标准误	828.9	350.1	2521.7	477.6	555.8	432.7	870.1	635.8
观测值	27	27	27	27	27	27	27	27
均值/趋势值	1.01	1.09	1.61	1.20	1.10	0.91	1.18	0.87

资料来源：根据[英]安格斯·麦迪森著、伍晓鹰等译《世界经济千年统计》数据作者自己计算。

表2-2　拉美八国达到稳态收入前后的人均收入年均增长率比较

国别	稳态收入估计（国际元）	稳态收入前年均增长率(%)[1]	稳态收入后年均增长率(%)[2]	[1]-[2](%)
阿根廷	7788.5	1.92	0.79	1.13
巴西	4763.3	3.88	0.48	3.39
智利	5038.0	1.59	3.08	-1.49
哥伦比亚	4094.9	2.35	1.19	1.15
墨西哥	5956.4	3.17	0.82	2.36
秘鲁	4119.8	2.28	0.40	1.88
乌拉圭	5926.8	1.66	1.16	0.51
委内瑞拉	10054.4	2.10	-0.04	2.14

资料来源：根据[英]安格斯·麦迪森著、伍晓鹰等译《世界经济千年统计》数据作者自己计算。稳态收入前后人均收入年均增长率采用了算术平均的方法。

从表2-2可以看出，拉美八国中除智利外所有7个国家1980年前的人均GDP的年均增长率都高于1980年后的年均增长率，这印证了我们关于"中等收入陷阱"的稳态定义，由于达到了经济增长的制度容量的极限，一旦达到一国人均 GDP 的稳态水平,如果不进行制度变革以提升其经济增长的制度容量的话,该国的经济增长将趋于停滞,表现为围绕稳态收入上下波动。

(四) 结　论

"中等收入陷阱"是指国家或地区的制度特征使其人均收入收敛于中等收入水平这一稳态。其实质是某些国家或地区的制度阻碍了技术的创新和采用,导致其进入中等收入经济体之后难以完成跨越,进入高收入经济体的行列,可以认为存在一种经济增长的制度容量。在建构了基于稳态的"中等收入陷阱"概念之后,利用拉美八国的数据实证检验了这一概念的解释力,拉美国家的经济发展过程证实了稳态视角的"中等收入陷阱"概念的内涵。

如果"中等收入陷阱"是由一国或地区制度特征决定的稳态,那么,跨越"中等收入陷阱"的关键就是制度变革。这样,我们就能够把目前理论界为跨越"陷阱"提供的政策建议建构在更坚实的基础上。如曾铮指出,从历史经验看,成功冲破陷阱的国家都有一个共同特点,就是变革和转型,唯有经济体制的革新和经济发展方式的转变,才可能使这些后发国家跳出陷阱。① 北京大学中国国民经济核算与经济增长研究中心 2011 年年度报告认为,克服"中等收入陷阱"的关键在于转变发展方式,一方面从微观上调整资源配置方式,另一方面改变宏观调控方式。②

二、"中等收入陷阱"的特征事实

按照波普尔的观点,科学原理就应该能够推导出可证伪或证实的假说,而假说与现实一致与否可以证明该原理是正确还是错误。因此,有关中等收入陷阱的形成机理的科学理论必须能够得出可以证伪或证实的假说。为此,比较分析深陷和成功跨越中等收入陷阱的国家特征,归纳深陷中等收入

---

① 参见曾铮:《马来西亚意欲摆脱中等收入陷阱　中国一条腿已跨入》,http://big5.ifeng.com/gate/big5/finance.ifeng.com/news/hqcj/20100830/2564948.shtml。

② 参见北京大学中国国民经济核算与经济增长研究中心:《2011 年中国经济增长报告:克服中等收入陷阱的关键在于转变发展方式》,北京:中国发展出版社,2011 年,第 7—14 页。

陷阱国家的特征事实对于评价陷阱的形成机理就显得特别重要。

一般认为,成功地跨越中等收入陷阱的国家包括东亚的日本和韩国以及东欧的波兰、捷克、斯洛伐克等,而深陷中等收入陷阱的国家主要是巴西、墨西哥和阿根廷等拉美国家以及东南亚的菲律宾、马来西亚等国。自"中等收入陷阱"现象提出之后,理论界就已经对深陷陷阱的国家特征进行了归纳。

在现有研究成果基础上,我们通过细致比较深陷陷阱和成功跨越这两组国家的特征,可以把深陷"中等收入陷阱"的国家的特征事实归纳如下。

第一,深陷"中等收入陷阱"的国家或地区收入分配严重不均。

深陷"中等收入陷阱"国家的最大特征就是贫富分化严重,社会极度不平等,这种不平等表现在收入和财富的分配上。表2-3比较了深陷陷阱、成功跨越和发达国家等三类国家的收入分配差距,以基尼系数描述。在世界银行世界发展指标数据库中,不同国家基尼系数的测算年份不同,而且有的国家数据多,有的少。在三类国家中,成功跨越和发达国家的基尼系数都只测算了一次,表2-3括号中标注了测算年份。深陷陷阱的国家测算次数最多,为此,我们分别计算出了1980—1989、1990—1999和2000—2009等3个10年期基尼系数的平均值,当然,在这些时间段内,并不是每一个年份的基尼系数都有,我们用已有的基尼系数的简单算术平均数作为该时段的平均数。

表2-3 深陷陷阱、成功跨越和发达国家的收入分配差距比较(基尼系数)

国别	1980—1989	1990—1999	2000—2009
阿根廷	44.51	47.92	49.68
巴西	59.2	59.15	56.58
智利	56.43	55.38	53.59
哥伦比亚	55.28	56.15	58.27
墨西哥	46.26	50.12	49.49
秘鲁	45.72	44.99	51.28

续表

国别	1980—1989	1990—1999	2000—2009
乌拉圭	42.99	43.70	45.00
委内瑞拉	51.12	47.13	46.44
泰国	44.53	43.63	45.28
马来西亚	47.28	48.44	42.06
菲律宾	40.84	44.29	44.87
新加坡	—	42.48(1998)	—
韩国	—	31.59(1998)	—
中国香港	—	43.44(1996)	—
日本	—	24.85(1993)	—
加拿大	—	—	32.56(2000)
德国	—	—	28.31(2000)
法国	—	32.74(1995)	—
英国	—	35.97(1999)	—
意大利	—	—	36.03(2000)
美国	—	—	40.81(2000)
中国	—	—	41.53(2005)

注：括号中为测度年份。The World Bank：WDI，GDF & ADI Online Databases，http://econ.worldbank.org/WBSITE/EXTERNAL/DATASTATISTICS/0, contentMDK：20398986~pagePK：64133150~piPK：64133175~theSitePK：239419,00.html.

从表2-3可以看出，深陷陷阱的国家的收入不平等程度明显高于成功跨越和发达国家。在三个时段，深陷陷阱的国家基尼系数基本在0.45至0.60之间。而成功跨越陷阱的国家或地区中，日本1993年的基尼系数仅为0.249，韩国1998年为0.316，新加坡和中国香港相对较高，1998年分别0.425和0.434。除美国外，发达国家的基尼系数基本都在0.4之下，德国最低，2000年的基尼系数仅为0.283。美国是几个发达国家中基尼系数最高的，2000年的基尼系数为0.408。

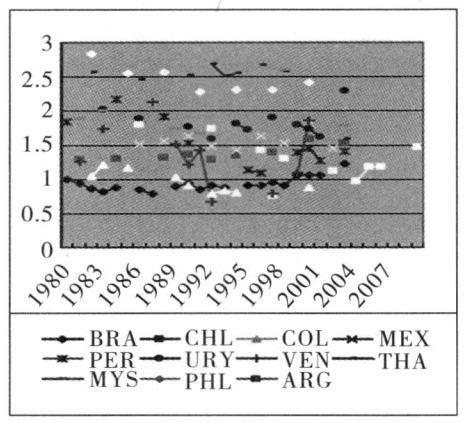

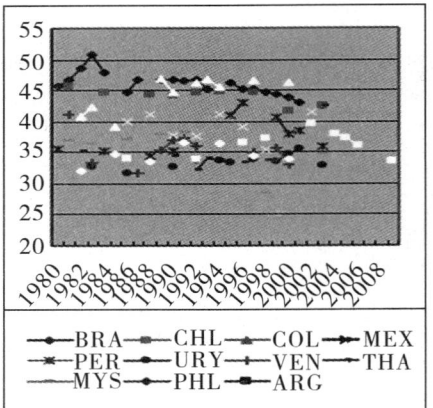

图 2-3 拉美八国和东南亚三国收入最高和最低的 10% 人口收入在总收入中的比重

资料来源：The World Bank：WDI, GDF & ADI Online Databases, http://econ.worldbank.org/WBSITE/EXTERNAL/DATASTATISTICS/0, contentMDK: 20398986 ~ pagePK:64133150~piPK:64133175~theSitePK:239419,00.html.

为了更直观地表明深陷"陷阱"国家收入分配的不平等程度，我们选择了阿根廷、巴西、智利、哥伦比亚、墨西哥、秘鲁、乌拉圭、委内瑞拉等拉美八国和泰国、马来西亚、菲律宾等东南亚三国的最富和最穷的 10% 的人口从 1980 年至 2009 年的收入在总收入中所占比重来描述它们的贫富分化程度，图 2-3 是结果。图 2-3 左边是最穷的 10% 人口收入在总收入中所占比重，很明显，拉美八国和东南亚三国这部分人口在总收入中所占比重基本在 0.5% 至 3% 之间；图 2-3 右边是最富的 10% 人口收入在总收入中所占比重，很明显，拉美八国和东南亚三国这部分人口收入在总收入中比重基本在 30% 至 50% 之间。因此，这些国家收入分配都极端不平等，贫富严重两极分化。

收入和财富分配的不平等导致这些国家高的贫困发生率。表 2-4 是深陷陷阱国家和中国的贫困发生率。从中可见，即使按照世界银行人均日支出不足 1.25 美元这个最低贫困线，发展中的拉美和加勒比海地区的国家或地区的贫困发生率在 2002 年仍然达到 10.69%，而如果按照更高的贫困线，即人均日支出不足 2 美元看，该地区 2002 年的贫困发生率仍然达到了 21.6%。

表 2-4 深陷陷阱国家和中国的贫困发生率

国别	1981	1990	1999	2002	2005	2006	2009
日均支出不足 1.25 美元人口在总人口中的比重（购买力平价）							
阿根廷	—	—	—	9.92	4.5	3.13	0.87
巴西	17.1	15.49	11.15	9.81	7.76	—	3.8
智利	—	4.37	—	—	—	0.19	0.83
哥伦比亚	—	—	16.54	—	—	16.01	—
墨西哥	—	—	—	5.39	—	3.16	—
秘鲁	—	1.29	—	12.55	8.18	7.94	5.9
乌拉圭	0	—	—	0.09	0.02	0.03	
委内瑞拉	6.23	—	—	—	9.98	3.46	—
发展中的拉美与加勒比海国家或地区	**12.87**	**11.32**	**10.89**	**10.69**	**8.22**	**—**	
泰国	21.92	—	1.53	0.7	—	—	10.84
菲律宾	—	—	—	—	—	22.62	
中国	84.02	60.18	35.63	28.36	15.92		
日均支出不足 2 美元人口在总人口中的比重（购买力平价）							
阿根廷	—	—	—	19.73	11.3	8.6	2.35
巴西	31.12	27.83	23	21.32	18.34	—	9.87
智利	—	13.65	—	—	—	2.38	2.43
哥伦比亚	—	—	29.68	—	—	27.88	—
墨西哥	—	—	—	13.5	—	9.03	—
秘鲁	—	5.21	—	24.37	19.41	18.5	14.68
乌拉圭	2.83	—	—	4.47	4.18	0.22	
委内瑞拉	16.36	—	—	—	19.83	10.13	—

续表

国别	1981	1990	1999	2002	2005	2006	2009
发展中的拉美与加勒比海国家或地区	24.61	21.88	21.81	21.6	17.12	—	—
泰国	44.05	—	20.01	15.13	—	—	26.51
马来西亚	—	—	—	—	—	—	2.27
菲律宾	—	—	—	—	—	45.04	—
中国	97.81	84.64	61.44	51.15	36.31		

资料来源：The World Bank：WDI, GDF & ADI Online Databases, http://econ.worldbank.org/WBSITE/EXTERNAL/DATASTATISTICS/0, contentMDK：20398986～pagePK：64133150～piPK：64133175～theSitePK：239419,00.html.

众所周知，改革开放前的中国是一个收入非常平均的国家，1978年基尼系数仅为0.30左右，但是，到2005年中国基尼系数已经上升到了0.415，高于表中所有发达国家和日韩，接近1998年的新加坡和中国香港。因此，从收入不平等角度看，随着中国迈入世界银行标准的上中等收入国家，中国有陷入"中等收入陷阱"的危险。

当然，深陷陷阱国家除了收入不平等之外，财富分配也很不平等。而财富分配不平等特别表现在土地分配的不平等上。

第二，深陷"中等收入陷阱"的国家或地区基本都存在过度城市化现象。

根据发达国家城市化的经历，城市化遵循S曲线演进。也就是说，在城市人口达到30%之后，一国城市化速度加快，进入快速发展阶段，而当城市人口达到70%之后，城市化速度放缓，进入相对稳定阶段。而城市化的发展是由产业的发展决定，按照配第-克拉克定律，随着经济发展，人均收入水平上升，第一产业在国内生产总值中所占比重不断下降，而第二产业和第三产业在国内生产总值中所占比重逐步上升。而随着第二产业和第三产业在国内生产总值中所占比重的提升，城市人口在总人口中所占比重必然增加，因为，相对于农业经济而言，工业经济和服务业经济发展的核心是其集聚效应。当然，城市的扩展也会进一步推动城市产业的扩张、升级，二者的关系是相互促进、相互制约。正是因为城市化水平与产业发展水平二者互为因果,因此,城市发展必须以产业发展为基础,城市升级必须以产业升级为前提。而当城市发展没有产业基础时,就可能出现城市化过度现象。

表 2-5 深陷陷阱、成功跨越和发达国家的城市化率比较:1960—2009

国别	1960	1970	1980	1990	2000	2009
阿根廷	73.6	78.9	82.9	87.0	90.1	92.2
巴西	44.9	55.8	67.4	74.8	81.2	86.0
智利	67.8	75.2	81.2	83.3	85.9	88.7
哥伦比亚	45.0	54.8	62.1	68.3	72.1	74.8
墨西哥	50.8	59.0	66.3	71.4	74.7	77.5
秘鲁	46.8	57.4	64.6	68.9	70.7	71.5
乌拉圭	80.2	82.4	85.4	89.0	91.3	92.4
委内瑞拉	61.6	71.9	79.2	84.3	89.7	93.7
拉美和加勒比海地区的发展中国家	**49.0**	**57.1**	**65.0**	**70.8**	**75.3**	**79.0**
泰国	19.7	20.9	26.8	29.4	31.1	33.7
马来西亚	26.6	33.5	42.0	49.8	62.0	71.3
菲律宾	30.3	33.0	37.5	48.8	58.5	65.7
韩国	27.7	40.7	56.7	73.8	79.6	81.7
日本	43.1	53.2	59.6	63.1	65.2	66.6
高收入 OECD 国家	**61.3**	**66.5**	**70.1**	**72.6**	**75.0**	**77.0**
中国	16.0	17.4	19.6	27.4	35.8	44.0

资料来源:The World Bank:WDI,GDF & ADI Online Databases,http://econ.worldbank.org/WBSITE/EXTERNAL/DATASTATISTICS/0,contentMDK:20398986~pagePK:64133150~piPK:64133175~theSitePK:239419,00.html.

表 2-5 比较了深陷陷阱、成功跨越和高收入 OECD(经济合作与发展组织)三类国家的城市化水平,从中可以看出,相对于高收入 OECD 国家和成功跨越"中等收入陷阱"的国家而言,深陷陷阱的国家基本都出现了城市化过度现象。把阿根廷、巴西等拉美八国和日韩比较,很容易看出,日本的城

市化水平一直比拉美各国水平低,而韩国在 1988 年以前的城市化水平低于拉美各国。虽然 1980 年以前拉美和加勒比海发展中国家或地区的城市化率比高收入 OECD 国家或地区低,但是,经过 20 世纪 60 年代到 80 年代的迅猛发展,拉美和加勒比海发展中国家或地区的城市化水平赶上甚至超过了高收入 OECD 国家或地区。

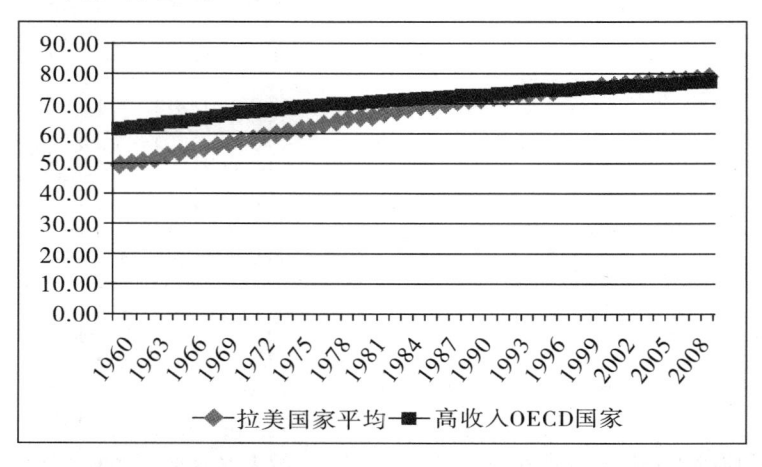

图 2-4　拉美和加勒比海发展中国家或地区与高收入 OECD 国家或地区城市化率:1960—2009

资料来源:The World Bank: WDI, GDF & ADI Online Databases, http://econ.worldbank.org/WBSITE/EXTERNAL/DATASTATISTICS/0, contentMDK: 20398986 ~ pagePK:64133150~ piPK:64133175~ theSitePK:239419,00.html.

而拉美和东南亚等国之所以城市化率高,与这些国家不公平的土地分配制度密切相关。众所周知,这些国家和地区在独立以前都是西方发达国家的殖民地或者附属国,在西方资本主义体系之中,这些殖民地和附属国的基本功能是原材料基地和产品销售市场,形成了这些国家特殊的大规模种植园经济。虽然这些殖民地和附属国逐步独立,但是,由于缺乏深度土地革命,大规模的种植园经济却在这些国家保存了下来,这导致这些国家土地分配严重不均。因此,无论是拉美还是东南亚各国,农村都存在大量的无地农民。当无地农民在农村无法生存时,他们就不得不到城市寻找生计。同时,城乡差距、城市现代生活方式等也吸引着农民进城。因此,在推拉二力作用下,这些国家城市人口过度膨胀,超越了城市产业发展的需要,导致贫民窟、高犯罪率等城市病的出现。

与拉美各国相比较,中国存在的问题是城市化不足。改革开放以前,中国采取了赶超型的重工业优先发展战略,而由于重工业吸收就业能力差,导致新中国建立之后的30年时间里城市化率增长无几。改革开放之后,随着社会主义市场经济体制改革的不断深入,市场在资源配置中的基础性作用的不断发挥,城乡人口流动迅猛发展。但是,由于城乡户籍制度、城乡社会保障制度等存在差异,进城打工农民在转变身份过程中遇到了巨大困难,因此,形成了中国独特的庞大"农民工"群体。按照国家统计局公布信息,2011年中国城镇人口首次超过农村人口,城镇人口占总人口比例为51.27%。从统计数据看,改革开放之后中国迅猛的城市化进程一定程度上弥合改革开放前城市化不足问题。按照2010年世界发展指标数据,上中等收入国家2009年城市人口在总人口中的比率为56.8%[1],中国与世界平均水平的差距在不断缩小。但是,中国2011年城镇人口包括在城市工作并居住半年以上的农民工。因此,中国城市发展的下一步工作重心应该包括两个方面:一是加速农民工的市民化,弥合农民工与城市居民在户籍、福利待遇等上的差异,彻底实现农民工的市民化;二是防止"人口城市化陷阱",是指当人口城市化率超过50%之后,农村人口加速向城市,特别是超大城市转移,形成畸形的城市化。这种畸形的城市化表现在三个方面:一是畸形先进与畸形落后并存,二是畸形富裕与畸形贫困并存,三是畸形文明与畸形愚昧并存。[2]

第三,深陷"中等收入陷阱"的国家或地区都存在创新能力不足问题。

"中等收入陷阱"本质上是经济增长问题,而现代经济增长理论最重要的结论是,创新(技术创新和制度创新)是长期经济增长最重要的决定因素。像阿根廷、巴西等拉美国家和泰国、马来西亚等东南亚国家,它们都顺利地

---

[1] The World Bank:WDI,GDF & ADI Online Databases,http://econ.worldbank.org/WBSITE/EXTERNAL/DATASTATISTICS/0,contentMDK:20398986~pagePK:64133150~piPK:64133175~theSitePK:239419,00.html.

[2] 参见田雪原:《"中等收入陷阱"的人口城市化视角》,《人民日报》,2011年5月5日。

走出了贫困陷阱,但是,在迈向高收入国家过程中"掉了链子"。为什么这些国家高速经济增长的进程受阻了?我们认为应该从创新能力角度研究。当这些国家处于低收入时,后发优势在经济增长过程中发挥了重要作用。对于低收入国家而言,其技术水平距离国际技术前沿有足够的距离,因此,它们仅仅需要从发达国家引进先进的技术即可缩小与发达国家的技术差距,提升劳动生产率,从而带来人均收入的增长,这种后发优势是低收入国家高速增长,走出贫困陷阱进入中等收入的根本原因。但是,随着一国技术水平与国际技术前沿的距离的缩小,经济增长、劳动生产率的提升越来越取决于创新能力,特别是当发达世界对落后世界进行技术封锁以防高端技术垄断地位被打破情况下,创新能力对于落后国家对发达国家的追赶就非常关键,这就要求中等收入国家进行战略转型,由知识利用型战略转向知识创造型战略,而相应的产业政策、研发政策和教育政策等都要求跟随调整。如果战略调整滞后或者没有调整,中等收入国家很容易陷入劳动生产率增长乏力、经济停滞的危险。

比较深陷"中等收入陷阱"国家和成功跨越国家的科技政策和教育政策,很容易得出结论:深陷"中等收入陷阱"的国家存在明显的创新能力不足问题。

表 2-6 深陷陷阱、成功跨越和发达国家的每百万人拥有研究人员比较

国别	1996	2000	2001	2002	2003	2004	2005	2006	2007
阿根廷	650.9	715.2	687.5	692.3	719.7	768.0	822.8	896.0	979.5
巴西	—	367.5	383.7	400.9	436.8	472.8	588.0	620.1	656.9
智利	389.3	410.4	413.2	440.0	772.3	832.6	—	—	—
哥伦比亚	71.9	64.9	97.8	125.8	134.5	143.7	144.9	141.7	125.6
墨西哥	213.2	—	—	305.1	325.3	381.0	417.0	340.8	352.9
乌拉圭	—	277.5	—	373.2	—	—	—	—	—
委内瑞拉	—	61.3	70.8	69.5	95.0	104.7	121.5	146.3	162.8

续表

国别	1996	2000	2001	2002	2003	2004	2005	2006	2007
发展中的拉美和加勒比海国家或地区	—	—	—	337.5	376.7	423.3	463.9	463.7	486.5
泰国	99.6	—	281.2	—	280.7	—	311.0	—	—
马来西亚	89.7	276.0	—	295.1	—	503.3	—	371.5	—
菲律宾	—	—	—	—	71.2	—	80.7	—	—
新加坡	2535.0	4139.2	4103.4	4397.5	4820.2	5087.0	5575.2	5736.0	6087.9
韩国	2209.3	2334.1	2919.0	3022.8	3207.0	3298.1	3780.2	4186.9	4627.2
中国香港	—	1159.2	1360.1	1570.3	1980.7	2130.8	2618.7	2650.0	—
日本	4908.6	5110.8	5325.9	5087.0	5306.6	5316.2	5531.2	5568.3	5573.0
美国	—	4480.9	4535.2	4566.0	4817.8	4647.8	4584.4	4663.3	—
德国	2812.7	3141.9	3218.5	3232.5	3267.1	3280.3	3302.4	3396.2	3532.2
法国	2660.1	2910.1	2983.1	3115.7	3200.9	3337.9	3319.1	3431.3	3496.0
意大利	1337.1	1157.5	1164.0	1237.1	1214.1	1235.4	1406.6	1499.3	1568.2
加拿大	3058.7	3518.4	3697.6	3705.3	3896.2	4077.1	4233.1	4260.4	—
高收入的OECD国家或地区	2746.1	3463.3	3580.2	3602.7	3766.5	3797.7	3872.8	3975.2	—
中国	448.0	548.6	581.8	630.3	665.8	710.5	852.5	926.6	1070.9

资料来源:The World Bank:WDI,GDF & ADI Online Databases,http://econ.worldbank.org/WBSITE/EXTERNAL/DATASTATISTICS/0,contentMDK:20398986~pagePK:64133150~piPK:64133175~theSitePK:239419,00.html.

表2-6比较了深陷陷阱、成功跨越和发达国家等三类国家或地区之间每百万人拥有的研究人员数量,从中很清楚地看出,深陷陷阱的国家每百万人拥有的研究人员数量明显低于成功跨越陷阱的国家和发达国家。以发展中拉美和加勒比海国家和地区为例,2002年其每百万人拥有的研究人员数量是337.5人,2007年为486.5人,而韩国1996年就已经达到2209.3人,日本1996年达到4908.6人,高收入的OECD国家1996年达到2746.1人。而

到2006年,高收入OECD国家更是达到了3975.2人。拉美和加勒比海国家或地区与高收入OECD国家在这项指标上的差距进一步拉大了。

图2-5比较了美国、日本、韩国、马来西亚、巴西和中国科技研发经费投入在GDP中的比重。很明显,深陷陷阱的巴西和马来西亚在这项指标上不仅低于美国,也远远低于成功跨越陷阱的日韩。巴西2006年的科技研发投入比重仅仅与韩国1982年左右持平,而马来西亚2006年科技研发投入比重还不到1980年韩国水平。

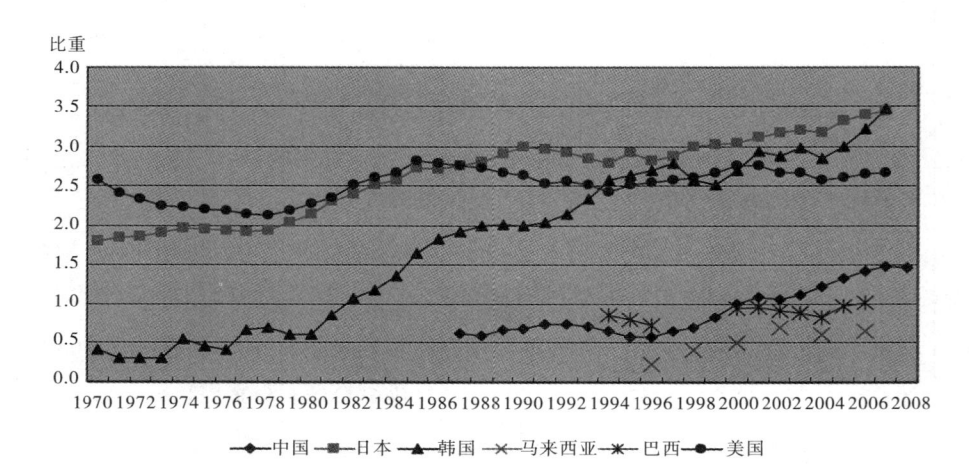

图2-5 各国科技研发经费投入占GDP的比重(R&D/GDP,%)

资料来源:转引自陈亮:《中国跨越"中等收入陷阱"的开放创新——从比较优势向竞争优势转变》,《马克思主义研究》2011年第3期,第56页。

创新能力不足不仅表现在研发经费、每百万人拥有的研究人员数量上,更表现在一国国民的受教育程度上。比较深陷陷阱、成功跨越和发达国家国民在小学、中学和高等教育上的入学率,发现,深陷陷阱国家在小学入学率上与成功跨越和发达国家相差并不大,但是,随着所受教育程度的提高,它们之间在入学率上的差异越来越大,也就是说,深陷陷阱国家在中学入学率上比成功跨越和发达国家低,而在高等教育入学率上相差则更大。

表 2-7　深陷陷阱国家、发达国家和中国的小学入学率比较：1970—2009

国别	1970	1980	1990	1991	2000	2009
阿根廷	105.2	107.2	108.1	109.6	115.1	—
巴西	119.2	136.7	140.9	130.9	150.5	120.4
智利	112.7	116.7	105.4	103.9	100.3	—
哥伦比亚	106.0	118.4	105.8	106.3	119.3	120.2
墨西哥	—	117.5	113.7	113.4	110.9	—
秘鲁	106.6	113.7	118.6	117.5	122.2	—
乌拉圭	112.1	107.0	108.6	107.6	109.1	—
委内瑞拉	—	108.3	106.0	108.8	101.5	103.2
发展中的拉美与加勒比海国家或地区	—	—	—	—	120.7	115.9
泰国	—	96.3	100.1	100.7	94.2	91.1
马来西亚	88.7	92.6	92.4	93.0	97.0	—
菲律宾	—	107.1	109.1	108.4	—	—
中国	—	113.7	128.9	126.4	—	112.7
高收入 OECD 国家或地区	—	—	—	103.3	101.6	101.7

资料来源：The World Bank：WDI，GDF & ADI Online Databases，http://econ.worldbank.org/WBSITE/EXTERNAL/DATASTATISTICS/0，contentMDK：20398986～pagePK：64133150～piPK：64133175～theSitePK：239419，00.html.

表 2-8　深陷陷阱、成功跨越、发达国家和中国的中学入学率比较：1971—2009

国别	1971	1981	1991	2000	2007	2008	2009
阿根廷	45.9	57.3	73.6	87.6	84.9	—	—
巴西	28.0	—	104.2	100.1	100.8	90.2	
智利	51.9	63.4	97.3	82.7	90.6	90.4	—
哥伦比亚	26.0	42.0	52.7	71.8	89.1	90.6	94.6
墨西哥	21.3	47.8	53.6	73.3	87.4	89.9	—

续表

国别	1971	1981	1991	2000	2007	2008	2009
秘鲁	37.9	58.6	66.8	84.8	88.8	89.1	—
乌拉圭	59.8	64.7	84.1	98.2	92.0	87.9	—
委内瑞拉	35.0	50.8	55.7	59.3	79.4	81.1	82.1
发展中的拉美与加勒比海国家或地区	—	—	56.6	83.0	87.8	88.8	89.0
泰国	17.2	27.9	30.8	—	74.8	74.3	75.6
马来西亚	35.7	49.1	56.8	65.0	68.2	68.7	—
菲律宾	48.5	63.9	70.4	—	81.4	82.5	—
中国	—	46.8	40.6	61.1	74.0	76.1	78.2
日本	86.1	93.6	96.7	101.5	100.7	100.9	—
韩国	40.5	82.2	91.4	97.2	97.5	97.2	—
高收入OECD国家或地区	—	—	93.4	100.7	101.0	101.3	100.8

资料来源：The World Bank：WDI，GDF & ADI Online Databases，http：//econ.worldbank.org/WBSITE/EXTERNAL/DATASTATISTICS/0，contentMDK：20398986～pagePK：64133150～piPK：64133175～theSitePK：239419，00.html.

表2-9 深陷陷阱、成功跨越、发达国家和中国的高等教育入学率比较：1971—2009

国别	1971	1980	1991	2000	2007	2008	2009
阿根廷	15.6	21.6	38.6	53.4	67.7	—	—
巴西	6.0	11.1	11.2	16.1	30.0	34.4	37.6
智利	11.4	11.9	21.3	37.3	52.1	54.8	—
哥伦比亚	4.6	9.0	14.8	24.0	33.0	35.4	37.0
墨西哥	5.3	13.0	14.7	19.6	26.3	27.2	—
秘鲁	10.0	17.3	31.8	—	—	—	—
乌拉圭	—	15.5	30.1	—	64.3	64.9	—
委内瑞拉	10.0	20.1	28.7	28.4	—	78.6	—

续表

国别	1971	1980	1991	2000	2007	2008	2009
发展中的拉美与加勒比海国家或地区	—	—	—	22.4	35.2	38.2	39.0
泰国	2.9	10.3	—	36.7	46.0	44.7	44.6
马来西亚	—	4.1	8.1	25.9	32.1	36.5	—
菲律宾	17.7	24.1	26.8	—	—	28.7	—
中国	0.1	1.1	3.0	7.8	22.1	22.7	24.5
日本	17.4	30.9	29.6	47.7	57.9	58.0	—
韩国	7.1	12.8	38.3	78.3	96.1	98.1	—
高收入OECD国家或地区	—	—	46.2	57.9	69.5	70.3	72.1

资料来源：The World Bank：WDI，GDF & ADI Online Databases，http://econ.worldbank.org/WBSITE/EXTERNAL/DATASTATISTICS/0，contentMDK：20398986~pagePK：64133150~piPK：64133175~theSitePK：239419，00.html.

从表2-7看，除了泰国和马来西亚之外，深陷陷阱的国家的小学入学率与高收入OECD国家并无大的差异。但是，从表2-8的中学入学率比较看，在深陷陷阱、成功跨越和高收入OECD国家或地区之间的差异就很大了。把韩国和发展中拉美与加勒比海地区的国家比较，能够很清楚地体现这一点，韩国1981年中学入学率达到了82.2%，相当于发展中拉美与加勒比海地区国家2000年水平。韩国1991年中学入学率就已经达到了91.4%，而发展中拉美与加勒比海地区国家2009年为89%。而如果比较高等教育入学率，差距就更大了（见表2-9）。还是比较韩国和发展中的拉美与加勒比海地区国家，1991年韩国高等教育入学率为38.3%，与后者2008年水平持平。比较发展中的拉美与加勒比海地区国家与高收入OECD国家的中学和高等教育入学率，发现二者在中学入学率上的差距在逐步缩小，2000年时相差17.7个百分点，到2009年，相差11.7个百分点。但是，二者在高等教育入学率上的差距并没有缩小多少，2000年是相差35.5个百分点，2009年仍相差33.1个百分点。

正是这种受教育程度差距导致了国民人力资本差距，而人力资本差距影响到劳动生产率和创新能力,二者直接和间接地影响经济增长绩效。根据阿洪(Aghion)等①的研究,随着一国离国际技术前沿的距离的缩小,高等教育在经济增长中的重要性更大。也就是说,当一国处于低收入时,其离国际技术前沿的距离很大,因此,这时该国应大力发展基础教育,因为这时该国只需要利用发达国家成熟的技术,对劳动力的要求相对较低,主要是学习与模仿即可。但是,随着一国进入中等收入,与国际技术前沿的距离不断缩小,该国的经济增长就不仅需要模仿了,更需要创新,而这正是高等教育的作用。因此,深陷陷阱国家教育政策可能是导致其深陷"中等收入陷阱"的重要原因。

第四,深陷"中等收入陷阱"的国家或地区开放程度较高,特别是金融开放程度高。

自文艺复兴时期欧洲人越洋过海吞噬拉丁美洲和亚洲以来,这些地区就成为欧洲殖民者的原材料基地和产品的销售市场,成为欧洲殖民者的自由贸易基地。随着殖民地附属国在"二战"后大量独立,旧殖民主义被新殖民主义所取代,不变的是这些地区仍然是自由贸易的受害者。20世纪50年代之后,这些地区基本采取了进口替代战略。通过双缺口模型,这些地区成为发达资本主义世界过剩资本的投资地。大量借债导致这些地区出现了严重的债务危机,在发达中心国家控制的国际货币基金组织和世界银行的指导下,这些国家不得不接受自由贸易者提出的结构调整方案,特别是金融的自由化。

表2-10 深陷陷阱、成功跨越、发达国家和中国金融开放程度比较

国别	1970—1994平均的Chinn-Ito指数	1995—2004平均的Chinn-Ito指数	1970—1994平均IFI6指数	1995—2004平均IFI6指数	1970—1994平均FH指数	1995—2004平均FH指数
阿根廷	-0.67	0.9	8.12	34.58	0.74***	-0.17
巴西	-1.72	-0.96	7.14	19.38	0.57***	0.04

---

① Aghion Philippe, Peter Howitt .2006."Appropriate Growth Policy:A Unifying Framework".Journal of the European Economic Association 4:2-3,pp.269-314.

续表

国别	1970—1994 平均的 Chinn-Ito 指数	1995—2004 平均的 Chinn-Ito 指数	1970—1994 平均 IFI6 指数	1995—2004 平均 IFI6 指数	1970—1994 平均 FH 指数	1995—2004 平均 FH 指数
智利	-1.35	-0.14	26.63	57.14	0.57***	0.73
哥伦比亚	-1.65	-1.15	6.31	11.98	-0.04	1.15***
墨西哥	1.03	1.06	10.02	25.83	0.11	0.94***
秘鲁	-0.58	2.47	7.94	19.27	0.74***	-0.13
乌拉圭	0.36	2.19	19.66	45.1	1.02***	0.29
委内瑞拉	0.51	1.08	32.18	57.62	0.68***	0.15
泰国	-0.04	-0.04	5.97	16.14	1.04***	3.35**
马来西亚	1.64	0.37	30.33	51.86	0.62**	0.46
菲律宾	-0.82	0.33	5.61	11.61	1.31***	-0.11
韩国	**-0.63**	**-0.56**	**7**	**26**	**0.45***	**0.48**
波兰	**-1.08**	**-0.52**	**3.09**	**14.18**	**0.79***	**0.86**
日本	1.94	2.52	35.99	97.03	0.8***	1.21***
美国	2.66	2.66	35.4	105.3	0.63***	0.37*
中国	-1.28	-1.08	3.89	10.52	0.6*	0.79***

注：***、**、* 分别代表 FH 系数在 1%、5%、10%的水平上显著。

资料来源：黄玲：《金融开放的多角度透视》，《经济学（季刊）》，2007 年第 6 卷第 2 期，第 421—442 页。

金融开放程度的衡量问题一直是理论界研究的热点和难点问题。这主要是各国官方资本管制的措施多种多样，管制范围或窄或宽。目前，衡量金融开放程度的指标大概有三种[①]：

（1）法定的金融开放度衡量指标：Chinn and Ito 2006 年发布了 Chinn-Ito

---

① 转引自黄玲：《金融开放的多角度透视》，《经济学（季刊）》，2007 年第 2 期，第 421—442 页。

指数,该指数以是否存在多重汇率、是否存在对经常性账户下的交易的管制、是否存在对资本账户下的交易的管制、是否要求出口创汇的上缴等四个变量的第一标准化主成分来衡量资本市场开放程度的指数。该指标的赋值介于-1.71至2.65之间,赋值越高表明资本市场开放程度越高。

(2)实际的金融开放度衡量指标之存量指数:跨境资本按照投资形式可以分成如下几类:股本证券投资、债务证券投资、外国直接投资、其他投资、金融衍生工具和官方储备。每一类投资主体都形成资产方和负债方,我们用如下名称表示资产存量和负债存量的绝对值:债务类投资资产DEBTA,负债DEBTL;股本证券投资资产STOCKA,负债STOCKL;外国直接投资资产FDIA,负债FDIL;金融衍生工具资产DIRIVA,负债DIRIVL;外汇储备资产RES。Lane and Milesi-Ferretti根据各国国际收支平衡表流量数据,在校正了估值效应的基础上,滚动推算出了145个国家在1970年至2004年期间的上述九类金融资产和负债的存量数据,并据此设计了系列衡量金融开放的指标。黄玲在此基础上构建了IFI6指数,该指数公式如下:

$$IFI6 = 100 \times [(STOCKA+STOCKL+FDIA+FDIL+DEBTA)/PPPGDP]$$

很明显,IFI6越高,金融开放程度越高;反之,IFI6越低,金融开放程度越低。

(3)实际的金融开放度衡量指标之Feldstein-Horioka指数:Feldstein and Horioka在1980年指出,如果资本自由流动,那么一国的储蓄会自动流向投资收益最高的区域而非滞留于本国,投资率和储蓄率的相关度应趋近于0;如果跨境资本流动受到限制,一国新增的储蓄只能滞留在本国进行投资,那么投资率对储蓄率进行回归所得的斜率系数会接近于1,即FH指数为1。因此,FH系数与1的偏离程度反映了资本流动性的大小,FH系数与1距离越远,说明储蓄率与投资率之间的差距越大,从而资本流动性越高,金融开放程度越高。该指数也成为衡量金融开放程度的基本指标之一。

表2-10利用1970年至2004年世界145个国家的相关数据,计算出了1970—1994和1995—2004年间深陷"陷阱"国家、成功跨越"陷阱"国家和美国、日本、中国的Chinn-Ito指数、IFI6指数和FH指数。把深陷"陷阱"的拉美八国和东南亚三国与成功跨越"陷阱"的韩国和波兰进行比较,发现,拉美

八国和东南亚三国中有许多国家金融开放程度比韩国和波兰高。以 IFI6 指数衡量,1970—1994 年,金融开放程度比韩国低的国家有菲律宾、泰国、哥伦比亚,每个国家都比波兰金融开放程度高。1995—2004 年,金融开放程度比韩国低的国家有巴西、哥伦比亚、墨西哥、秘鲁、泰国和菲律宾等,比波兰开放程度低的仅菲律宾和哥伦比亚。如果用 Chinn-Ito 指数衡量,1970—1994 年,阿根廷、巴西、智利、哥伦比亚和菲律宾等国的金融开放程度比韩国低,但是,1995—2004 年,仅巴西和哥伦比亚两国的金融开放程度比韩国低。因此,根据金融开放度指标,如果把成功跨越"中等收入陷阱"的韩国作为基准的话,很多陷入"中等收入陷阱"的国家金融开放程度过高了,而目前并没有确切证据表明金融开放程度的提高能够推动一国经济增长。

第五,深陷"中等收入陷阱"的国家或地区政治不稳定。

政治不稳定的原因是多方面的,包括:不平等导致的民主和专制的反复交替,如拉美的阿根廷[①];种族问题,如马来西亚华人与马来人、印度尼西亚对华人的暴力事件等。由于政治的不稳定,从而导致这些国家政府的政策缺乏延续性和前瞻性,导致经济发展缺乏好的战略指导。

表 2-11 深陷陷阱、成功跨越和发达国家的政治稳定及不存在暴力指数:1996—2010

国别	1996	1998	2000	2002	2003	2004	2005	2006	2007	2008	2009	2010
阿根廷	0.00	-0.18	-0.04	-0.83	-0.33	-0.47	0.01	0.07	0.16	-0.04	-0.14	-0.01
巴西	-0.35	-0.37	0.08	0.24	-0.07	-0.34	-0.29	-0.25	-0.35	-0.26	0.20	0.05
智利	0.61	0.03	0.48	0.97	0.74	0.72	0.89	0.57	0.40	0.42	0.56	0.61
哥伦比亚	-1.67	-1.80	-1.61	-2.01	-2.41	-2.20	-2.01	-1.83	-1.76	-1.83	-1.76	-1.49
墨西哥	-0.95	-0.49	-0.13	-0.08	-0.15	-0.22	-0.44	-0.59	-0.66	-0.73	-0.75	-0.79
秘鲁	-1.13	-0.60	-1.09	-1.01	-1.18	-0.95	-0.93	-0.90	-0.76	-0.90	-1.05	-0.87
乌拉圭	0.57	0.74	0.80	0.70	0.72	0.60	0.83	0.91	0.87	0.87	0.82	0.89

---

① 参见阿塞莫格鲁、罗宾逊:《政治发展的经济分析——专制和民主的经济起源》,马春文译,上海:上海财经大学出版社,2008 年,第 9 页。

续表

国别	1996	1998	2000	2002	2003	2004	2005	2006	2007	2008	2009	2010
委内瑞拉	-0.74	-0.58	-0.75	-1.39	-1.29	-1.35	-1.18	-1.20	-1.19	-1.28	-1.41	-1.37
印度尼西亚	-1.17	-1.72	-2.01	-1.61	-2.13	-1.84	-1.45	-1.37	-1.17	-1.06	-0.78	-0.89
泰国	0.35	0.44	0.36	0.42	-0.17	-0.70	-0.86	-1.09	-1.11	-1.23	-1.25	-1.22
马来西亚	0.44	-0.19	-0.01	0.42	0.42	0.27	0.44	0.22	0.15	0.08	-0.03	0.14
菲律宾	-0.45	-0.33	-1.48	-0.90	-1.61	-1.68	-1.26	-1.56	-1.56	-1.70	-1.63	-1.56
12国平均	**-0.37**	**-0.42**	**-0.45**	**-0.42**	**-0.62**	**-0.68**	**-0.52**	**-0.59**	**-0.58**	**-0.64**	**-0.60**	**-0.54**
新加坡	1.07	0.77	1.00	1.16	0.82	1.08	1.09	1.21	1.15	1.33	1.14	1.12
中国台湾	1.01	0.89	0.40	0.64	0.60	0.60	0.65	0.56	0.46	0.74	0.51	0.79
中国香港	0.43	0.55	0.87	0.81	0.87	1.12	1.27	1.11	1.05	1.10	0.94	0.91
韩国	0.47	0.40	0.19	0.14	0.20	0.39	0.47	0.27	0.35	0.29	0.16	0.10
波兰	0.76	0.67	0.26	0.62	0.59	0.11	0.36	0.36	0.65	0.89	0.92	1.00
5国(地区)平均	**0.75**	**0.66**	**0.54**	**0.67**	**0.62**	**0.66**	**0.77**	**0.70**	**0.73**	**0.87**	**0.74**	**0.78**
日本	1.05	1.21	1.02	1.09	0.96	0.99	1.01	1.05	0.98	0.84	0.94	0.87
英国	0.94	0.84	0.99	0.59	0.27	0.18	0.11	0.60	0.52	0.42	0.17	0.40
美国	0.90	0.88	1.06	0.20	0.05	-0.20	-0.28	0.35	0.23	0.43	0.32	0.31
3国平均	**0.96**	**0.98**	**1.02**	**0.63**	**0.43**	**0.32**	**0.28**	**0.67**	**0.58**	**0.56**	**0.48**	**0.53**
中国	-0.25	-0.59	-0.42	-0.40	-0.61	-0.41	-0.52	-0.59	-0.52	-0.51	-0.55	-0.77

资料来源：The Worldwide Governance Indicators (WGI) Project: Worldwide Governance Indicators, http://info.worldbank.org/governance/wgi/index.asp.

世界银行世界治理指标项目团队从1996年开始编制跨国治理指标。由于不同研究者、机构等对治理的不同理解，因此，编制跨国治理指标非常困难。世界银行团队把治理定义为，传统和制度，通过这些传统和制度，权威在该国发挥作用。这包括三个方面，每个方面包括两种指标。在世界银行编制的治理指标中就包括政治稳定性和不存在暴力或恐怖主义指标，该指标定义为，利用违宪的方式或包括具有政治动机的暴力和恐怖等手段破坏政府稳定或者颠覆政府。① 该指标的估计范围为-2.5至2.5,系数越小表明政治稳定性越弱,系数越大表明政治稳定性越强。表2-11利用世界银行世界治理数据库中的政治稳定性和不存在暴力或恐怖主义指标,比较了深陷陷阱、成功跨越和发达国家等三类国家的政治稳定性。从表2-11中12国平均、5国(地区)平均和3国平均等三行可以清楚看出,相对于成功跨越和发达国家等两类国家(地区)而言,深陷陷阱国家的政治稳定性指标的系数小得多,表明深陷陷阱国家存在严重政治不稳定性问题。在深陷陷阱国家内部,智利和乌拉圭的政治稳定性指标表现最好,而这两个国家也恰恰是深陷陷阱国家中近年来发展绩效最好的。因此,政治的稳定性可能既是经济增长的结果,也是经济增长的原因,二者互为因果。

---

① Kaufmann, Daniel, Aart Kraay and Massimo Mastruzzi. 2010. "The Worldwide Governance Indicators: A Summary of Methodology, Data and Analytical Issues". World Bank Policy Research Working Paper No.5430.

第三章 | "中等收入陷阱"的形成机理

第三章 "中等收入陷阱"的形成机理

一、资本主义世界体系的中心与边缘①

作为一种社会制度的资本主义必然是世界性的,这是由资本的本性所决定的资本主义制度的基本特征之一。马克思和恩格斯在《共产党宣言》与《资本论》中对此作了最精辟地阐述。

(一)资本主义的扩张与世界体系的形成

资本追求无限剩余价值的内在本性迫使资本不断进行积累,扩张生产规模,以在更大范围内占有剩余价值。同时,资本家之间的竞争也逼迫资本扩张规模,提高劳动生产率,以避免在竞争中被击败。因此,资本的内在本性和外在竞争环境都要求资本不断扩张,这使剩余价值的实现成为资本主义制度下的最大难题。马克思在论述商品的交换过程中如是说:"商品价值从商品体跳到金体上,像我在别处说过的,是商品的惊险的跳跃。这个跳跃如果不成功,摔坏的不是商品,但一定是商品的占有者。"②

而剩余价值的实现要求资本不断扩张③,这种扩张包括两个层面④:一是地理空间上扩张,即把非资本主义生产方式控制的国家和地区带入资本主义体系之中。"不断扩大产品销路的需要,驱使资产阶级奔走于全球各地。它必须到处落户,到处创业,到处建立联系。资产阶级,由于开拓了世界市

---

① 本部分曾经以《资本扩张与世界经济的不平衡发展——兼评"中等收入陷阱"假说》为题,发表于《当代经济研究》2013年第5期。

② 马克思:《资本论(第一卷)》,中共中央马克思恩格斯列宁斯大林著作编译局译,北京:人民出版社,2004年,第127页。

③ 因此,马克思和恩格斯的理论本质上是全球化的理论。

④ 在《资本主义经济学批评史》中,道格拉斯·多德把这两种扩张分别称为经济扩张与地理扩张,同时又指出前者为垂直扩张,后者为水平扩张。在《全球资本主义论——跨国世界中的生产、阶级与国家》中,威廉·罗宾逊把这两种扩张分别称为广度扩张与深度扩张。在此,之所以称为地理空间扩张和社会空间扩张,是因为资本扩张本质上是空间上展开,只不过一是地理上,一是社会上。道格拉斯·多德:《资本主义经济学批评史》,熊婴译,南京:江苏人民出版社,2008年,第6—7页;威廉·罗宾逊:《全球资本主义论——跨国世界中的生产、阶级与国家》,高明秀译,北京:社会科学文献出版社,2009年,第8—9页。

场,使一切国家的生产和消费都成为世界性的了。不管反动派怎样惋惜,资产阶级还是挖掉了工业脚下的民族基础。古老的民族工业被消灭了,并且每天都还在被消灭。它们被新的工业排挤掉了,新的工业的建立已经成为一切文明民族的生命攸关的问题;这些工业所加工的,已经不是本地的原料,而是来自极其遥远的地区的原料;它们的产品不仅供本国消费,而且同时供世界各地消费。旧的、靠本国产品来满足的需要,被新的、要靠极其遥远的国家和地带的产品来满足的需要所代替了。过去那种地方的和民族的自给自足和闭关自守状态,被各民族的各方面的互相往来和各方面的互相依赖所代替了。物质的生产是如此,精神的生产也是如此。"①"创造世界市场的趋势已经直接包含在资本的概念本身中。任何界限都表现为必须克服的限制。"②一是社会空间上扩张,即把人类社会生活中原先不属于资本控制的领域纳入资本控制之下。"资产阶级抹去了一切向来受人尊敬和令人敬畏的职业的灵光。它把医生、律师、教士、诗人和学者变成了它出钱招雇的雇佣劳动者。"③它使这些职业所控制的领域变成了剩余价值的源泉。

  本性驱动着资本在地理空间上的扩张必然导致资本主义世界体系的形成,而落后的非资本主义世界在这一体系之中的功能定位——剩余价值实现的市场和原材料基地——决定了其处于整个资本主义世界体系的边缘地带,因此,资本主义世界体系注定是一个不平等的体系。马克思和恩格斯早在《共产党宣言》中就清楚地阐明了这一点:"正像它使乡村从属于城市一样,它使未开化和半开化的国家从属于文明的国家,使农民的民族从属于资产阶级的民族,使东方从属于西方。"④资本主义世界体系的存在使核心国可

---

① 马克思、恩格斯:《马克思恩格斯选集(第一卷)》,中共中央马克思恩格斯列宁斯大林著作编译局译,北京:人民出版社,1972年,第254—255页。
② 马克思、恩格斯:《马克思恩格斯全集(第三十卷)》,中共中央马克思恩格斯列宁斯大林著作编译局译,北京:人民出版社,1995年,第388页。
③ 马克思、恩格斯:《马克思恩格斯选集(第一卷)》,中共中央马克思恩格斯列宁斯大林著作编译局译,北京:人民出版社,1972年,第253页。
④ 马克思、恩格斯:《马克思恩格斯选集(第一卷)》,中共中央马克思恩格斯列宁斯大林著作编译局译,北京:人民出版社,1972年,第255页。

以通过对边缘地区的剥夺来平抑国内的阶级矛盾或冲突,从而把核心国国内资产阶级和无产阶级的矛盾转化为资本主义世界体系中的核心国和边缘地带之间的对立。正如恩格斯1858年致马克思的信中所言:"英国无产阶级实际上日益资产阶级化了,因而这一所有民族中最资产阶级化的民族,看来想把事情最终导致这样的地步,即除了资产阶级,还要有资产阶级化的贵族和资产阶级化的无产阶级。自然,对一个剥削全世界的民族来说,这在某种程度上是有道理的。"①

对于资本主义世界体系的不平等性,马克思采取了辩证的态度。

一方面,他们深刻揭露并强烈地谴责了资本主义殖民统治对被统治地区所造成的空前灾难。马克思在《不列颠在印度的统治》中明确指出:"但是,不列颠人给印度斯坦带来的灾难,与印度斯坦过去的一切灾难比较起来,毫无疑问在本质上属于另一种,在程度上不知要深重多少倍……内在、外侮、政变、被征服、闹饥荒——所有这一切接连不断的灾难,不管它们对印度斯坦的影响显得多么复杂、猛烈和带有毁灭性,只不过触动它的表面,而英国则破坏了印度社会的整个结构,而且至今还没有任何重新改建印度社会的意思。印度失掉了他的旧世界而没有获得一个新世界,这就使它的居民现在所遭受的灾难具有了一种特殊的悲惨的色彩,并且使不列颠统治下的印度斯坦同自己的全部古代传统,同自己的全部历史,断绝了联系。"②

为了把印度斯坦打造成英国原材料基地和产品销售市场,英国铲平了印度的棉纺织手工业。"不列颠侵略者打碎了印度的手织机,毁掉了它的手纺车。英国起先是把印度的棉织品挤出了欧洲市场,接着是向印度斯坦输入棉纱,然后就使这个棉织品的祖国充满了英国的棉织品。从1818年到1836年,大不列颠向印度输出的棉纱增长的比例是1∶5200。在1824年,输入印度的英国细棉布不过100万码,而到1837年就超过了6400万码。但是

---

① 马克思、恩格斯:《马克思恩格斯选集(第四卷)》,中共中央马克思恩格斯列宁斯大林著作编译局译,北京:人民出版社,1972年,第338页。
② 马克思、恩格斯:《马克思恩格斯选集(第二卷)》,中共中央马克思恩格斯列宁斯大林著作编译局译,北京:人民出版社,1972年,第63—64页。

在同一时期,达卡的人口却从15万人减少到2万人。"①

另一方面,马克思也坦承核心国的殖民统治推动了边缘地区的社会革命和长期经济发展。"大不列颠的各个统治阶级一向只是偶尔地、暂时地和例外地对印度的发展问题表示一点兴趣。贵族只是想降服它,财阀只是想掠夺它,工业巨头只是想用低廉商品压倒它。但是现在情势改变了。工业巨头们发现,使印度变成一个生产国对他们有很大的好处。为了达到这个目的,首先就要供给印度水利设备和内地的交通工具,现在他们正打算在印度布下一个铁路网。他们会这样做起来,而这样做的后果是无法估量的……由铁路产生的现代工业,必然会瓦解印度种姓制度所凭借的传统的分工方式,而种姓制度则是印度进步和强盛道路上的基本障碍。"②

马克思认为,为边缘地区创造现代文明的物质基础是资产阶级的历史使命,是政治经济学的内在规律所决定的。"这种集中对于世界市场的破坏性影响,不过是在大范围内显示目前正在每个文明城市起着作用的政治经济学本身的内在规律罢了。历史中的资产阶级时期负有为新世界创造物质基础的使命:一方面要造成以全人类互相依赖为基础的世界交往,以及进行这种交往的工具,另一方面要发展人的生产力,把物质生产变成在科学的帮助下对自然力的统治。资产阶级的工业和商业正为新世界创造这些物质条件,正像地质变革为地球创造了表层一样。"③

因此,马克思说,"英国在印度要完成双重的使命:一个是破坏性的使命,即消灭旧的亚洲式的社会;另一个是建设性的使命,即在亚洲为西方式的社会奠定物质基础。"④正因为如此,马克思说:"工业较发达的国家向工业

---

① 马克思、恩格斯:《马克思恩格斯选集(第二卷)》,中共中央马克思恩格斯列宁斯大林著作编译局译,北京:人民出版社,1972年,第65页。
② 马克思、恩格斯:《马克思恩格斯选集(第二卷)》,中共中央马克思恩格斯列宁斯大林著作编译局译,北京:人民出版社,1972年,第71—73页。
③ 马克思、恩格斯:《马克思恩格斯选集(第二卷)》,中共中央马克思恩格斯列宁斯大林著作编译局译,北京:人民出版社,1972年,第75页。
④ 马克思、恩格斯:《马克思恩格斯选集(第二卷)》,中共中央马克思恩格斯列宁斯大林著作编译局译,北京:人民出版社,1972年,第70页。

较不发达的国家所显示的,只是后者未来的景象。"①马克思在这里表述了双重含义:一方面,被资本主义纳入体系之中的边缘地区最终会实现社会制度变革,完成资本主义制度的建构并实现工业革命。另一方面,虽然,资本主义制度通过生产力发展带来了物质财富的迅速扩张,但是,只有在社会革命之后,人们才能够公平地享受生产力发展带来的好处。"但是,如果德国读者看到英国工农业工人所处的境况而伪善地耸耸肩膀,或者以德国的情况远不是那样坏而乐观地自我安慰,那我就要大声地对他说:这正是说的阁下的事情!"②在《不列颠在印度统治的未来结果》一文的结尾,马克思写道,"只有伟大社会革命支配了资产阶级时代的成果,支配了世界市场和现代生产力,并且使这一切都服从于最先进的民族的共同监督的时候,人类的进步才会不再像可怕的异教神像那样,只有用人头做酒杯才能喝下甜美的酒浆。"③

由此可见,马克思认为,资本主义体系的边缘地区最终会同核心区一样实现资本主义,推动社会生产力的巨大进步,尽管其内部财富和收入分配严重不平等。因此,马克思认为资本主义体系内部的经济发展水平最终会趋同。

(二)趋同还是趋异

发展水平不同的国家或者地区在经济增长过程中是趋同还是趋异,即穷国是实现对富国的赶超,还是穷者愈穷、富者愈富?

1. 主流经济学对趋同与趋异的考察

从经济思想史角度看,斯密在《国富论》中提供了一种矛盾的答案。在斯密看来,国家间分工的水平决定的劳动生产力的高低,而分工又是由市场

---

① 马克思:《资本论(第一卷)》,中共中央马克思恩格斯列宁斯大林著作编译局译,北京:人民出版社,2004年,第8页。

② 马克思:《资本论(第一卷)》,中共中央马克思恩格斯列宁斯大林著作编译局译,北京:人民出版社,2004年,第8页。

③ 马克思、恩格斯:《马克思恩格斯选集(第二卷)》,中共中央马克思恩格斯列宁斯大林著作编译局译,北京:人民出版社,1972年,第75页。

规模决定的。"分工起因于交换能力,分工的程度,因此总要受交换能力大小的限制,换言之,要受市场广狭的限制。"①由此,斯密的逻辑是市场规模决定分工水平,分工水平决定劳动生产力的高低,而劳动生产力的高低反过来又通过收入影响市场规模,这就是所谓的斯密定理。很显然,斯密定理意味着多重均衡:市场广大与分工水平高的正反馈导致的富裕均衡和市场狭小与分工水平低的负反馈导致的贫穷均衡。因此,斯密定理意味着,不同国家或地区的经济发展水平趋异。但是,斯密认为,人们之间的分工是由一只"看不见的手"引导着,不仅实现了自身利益最大,而且实现了社会利益最大,即个体的理性与集体的理性是统一的。如果分工是由"看不见的手"或自由市场引导,那么,在资本主义世界体系之中,必然导致各国经济发展水平趋同。在一个开放的资本主义世界体系之中,劳动力丰富国家的劳动力回报率将上升,而资本丰富国家的资本回报率将上升,通过商品、资本和劳动力的自由流动,将导致不同国家要素价格和收入水平趋同,这也就是赫克歇尔-俄林的要素价格均等化机制。因此,斯密阐述了一种矛盾的发展观。

马克思接受了斯密的趋同发展观,而马克思对后进国家工业化的思想影响了很多其他思想家。"我们关于落后国家工业化的大量思想都自觉或不自觉地受到了马克思的宏大理论概括的支配。根据这种概括,较为落后国家的发展道路将要遵循先进的、或已经实现工业化国家的历史踪迹。"②

通过对 19 世纪欧洲经济发展特别是较落后的东南欧国家的工业化历史的研究,格申克龙提出了著名的"后发优势"假说,即相对的经济落后对落后国家的经济发展也有积极的一面,从而也可能转化为一种优势。落后国家的实际经济活动状态及现存的工业发展障碍与人们对发展本身所固有的高期望之间的紧张关系将成为经济发展的推动力。因此,一旦落后国家排除了经济发展过程中的制度障碍,工业化的进程将加速。"工业化所展现的机会当然要依每个国家自然资源禀赋的不同而各异。不仅如此,只要某些可

---

① 亚当·斯密:《国民财富的性质和原因的研究(上卷)》,郭大力等译,北京:商务印书馆,2003 年,第 16 页。
② 格申克龙:《经济落后的历史透视》,张凤林译,北京:商务印书馆,2009 年,第 10 页。

怕的制度障碍(诸如农奴制度或政治统一的普遍缺乏)依然存在,就没有任何工业化的可能,从而也就不存在'紧张'。假定存在着足够的可利用资源的禀赋,并且对于工业化的主要障碍也已经被排除,那么工业化本身所具有的机会将与一国的落后程度按照同一方向变化。"① 落后国家可以通过政府干预为工业化创造前提,如以政府的高积累或投资银行来代替私人储蓄,以铁路建设等公共工程支出来弥补国内落后的农业经济导致的对工业品需求不足。同时,通过引进和吸收国外先进技术能够迅速缩短与国际技术前沿的差距,成功提高劳动生产率。"落后国家从较先进国家能够吸收的技术创新存量越大,其工业化前景似乎就越乐观。"② 由此,格申克龙指出落后国家以爆发式工业化的方式实现对先进工业化国家的追赶或趋同。"一个国家的经济越落后,它的工业化就越可能作为一种以较高的制造品增长率表现出来的突然的大爆发而间断式地开始。"③ 阿布拉莫维兹在对工业化国家1870—1979年经济增长的历史研究中证实了趋同假说,即工业化国家生产率的增长率与该国生产率的水平呈反比。但是,工业化国家的趋同率随时间而变化,并且趋同现象在"二战"后的第一个四分之一世纪里表现特别明显。④

经济发展过程中的趋同现象不仅引起了经济史学家的关注,而且引起了经济理论家的注意,体现趋同思想的经济增长理论的最典型代表就是新古典经济增长理论。新古典经济增长理论认为,人均收入是由人均资本存量决定,一般而言,人均资本存量越高,人均收入水平越高。稳态的人均资本存量是由储蓄率、人口增长率、折旧率等所共同决定的,因此,在这些变量一定时,稳态的人均资本存量也一定,从而长期的人均收入水平也一定。随

---

① 格申克龙:《经济落后的历史透视》,张凤林译,北京:商务印书馆,2009年,第11页。
② 格申克龙:《经济落后的历史透视》,张凤林译,北京:商务印书馆,2009年,第11页。
③ 格申克龙:《经济落后的历史透视》,张凤林译,北京:商务印书馆,2009年,第428页。
④ Abramovitz Moses.1986."Catching Up, Forging Ahead, and Falling Behind".The Journal of Economic History,Vol.46,No.2,pp.385-406.

着人均资本存量的提高,增加的资本存量所带来的收入增量不断降低,即一国人均资本存量的增长率与人均资本存量水平呈反方向变化,也就是所谓的趋同。[①]

但是,趋同理论与资本主义世界体系的发展事实并不相符。

鲍莫尔利用麦迪森的数据,选取了日本、芬兰、瑞典、挪威、德国、意大利、奥地利、法国、加拿大、丹麦、美国、荷兰、瑞士、比利时、英国和澳大利亚等16个工业化国家作为样本,考察这些国家1870年的人均收入和1870—1979年人均收入增长率之间关系,发现存在明显地趋同。[②] 但是,这一研究受到了德龙的强有力挑战。德龙认为,鲍莫尔的研究存在严重的"选择偏误"。德龙在鲍莫尔的样本基础上增加了阿根廷、智利、西德、爱尔兰、新西兰、葡萄牙和西班牙,同时删除了日本,结果发现,虽然回归的斜率仍然为负,但是拟合优度非常糟糕,即残差项非常大。如果修复1870年数据的测量误差的话,回归斜率基本为零。[③] 由此,绝对趋同的观点被俱乐部趋同或条件收敛的观点所取代,即在控制了国家之间参数的差异之后,会使得最初的穷国增长得更快。实际上,经济增长的实证分析的结果与经济史学家的看法是一致的。阿布拉莫维兹就明确指出,落后国家对先进工业化国家的追赶速度不是取决于其技术上的落后程度,而是取决于其社会能力。[④] 因此,可以用初始条件或社会能力的差异来解释资本主义世界体系的趋异。

2. 马克思主义思想史对趋异的考察

实际上,马克思主义经济学家很早就认识到了资本主义世界体系下中心与边缘地区之间的趋异问题,其本质是资本主义世界体系中资本主义与

---

① Solow,R.1956."A Contribution to the Theory of Economic Growth". Quarterly Journal of Economics,Vol.70,pp.65－94.

② Baumol,W.J.1986."Productivity Growth,Convergence and Welfare:What the Long-Run Data Show". American Economic Review,Vol.76,No.5,pp.1072-1085.

③ DeLong,J.B.1988."Productivity Growth,Convergence,and Welfare:Comment". American Economic Review,Vol.78,No.5,pp.1138-1154.

④ Abramovitz Moses.1986."Catching Up,Forging Ahead,and Falling Behind".The Journal of Economic History,Vol.46,No.2,pp.385-406.

非资本主义生产方式同时并存的问题。

在马克思主义的发展史中,罗莎·卢森堡发展了马克思的扩大再生产理论。在一个封闭的资本主义体系内部,扩大再生产所必需的资本积累部分的剩余价值实现成为一个问题。"然而,这种立足在资本主义生产的自足性与孤立性基础上的见解,我们认为不能解决剩余价值的实现问题。"①卢森堡认为,马克思的资本主义扩大再生产图式之所以不能解决剩余价值实现问题,是因为马克思是在一个纯资本主义体系中讨论这一问题,在这样纯资本主义体系中仅仅存在资本家和工人两个阶级或者消费者。"马克思的扩大再生产图式不能说明资本积累过程实际上如何进行以及历史上如何完成,其原因何在呢?我们说,在于图式的前提本身。这个图式是试图在资本家和工人是社会消费的唯一代表者的前提下,来说明资本积累过程。我们在《资本论》的全部三卷中看出,马克思分析的理论前提,是资本主义生产方式占着普遍而唯一的统治地位……这个前提,乃是理论上的权宜之计。现实上,从来没有过那样在资本主义生产方式唯一支配之下的自给自足的资本主义社会。"②实际上,资本主义生产方式是以非资本主义生产方式存在作为前提的。

非资本主义生产方式存在着双重作用:一是成为资本家和工人阶级之外的一个购买者阶层,以实现剩余价值。"起决定作用的一点是在于,剩余价值既不能由工人,也不能由资本家来实现,而是由那种属于非资本主义生产方式的社会阶层和社会结构来实现的。"③卢森堡设想了两种不同情况:第一,资本主义生产方式内生产出的消费资料超过了其自身的需要,剩余部分由资本主义世界体系中非资本主义世界购买。"英国的棉业,在十九世纪最初六十年间(部分地直到现在),以棉织品供给欧洲大陆的农民及都市小资产阶级及印度、美洲和非洲等的农民。在此种情况下,那些非资本主义阶层

---

① 卢森堡:《资本积累论》,彭尘舜等译,北京:三联书店,1959年,第279页。
② 卢森堡:《资本积累论》,彭尘舜等译,北京:三联书店,1959年,第273页。
③ 卢森堡:《资本积累论》,彭尘舜等译,北京:三联书店,1959年,第276—277页。

及非资本主义国家的消费,就为英国棉业的繁荣扩大,建立了基础。"①第二,资本主义生产方式内部生产出了超过自己需要的生产资料,并从非资本主义世界找到了购买者。"英国工业在十九世纪前半期,供给美洲澳洲诸国建设铁路的材料。"②二是成为扩大再生产必需的物质要素供给地。"19世纪前半期英国的剩余价值,大部分是以棉织物形态从生产过程中创造出来的。可是,这些剩余价值用来资本化的物质要素,乃是表现为美国蓄奴各州所生产的原棉,或者表现为农奴制俄国田地生产出来的谷物(这是英国劳动者的生活资料)——这些东西确实是剩余生产物,但绝不是资本主义的剩余价值。"③因此,无论是剩余价值的实现,还是扩大再生产所需的物质要素,资本主义世界体系中的资本主义生产方式国家都无法离开非资本主义生产方式而存在。

卢森堡指出,资本的原始积累始终伴随着资本积累过程。"但,我们已经看到资本主义在它十分成熟时期,依然在一切方面依存于与它并存的非资本主义的阶层和非资本主义的社会结构……资本的积累过程,是通过它的一切价值关系及物质关系——不变资本、可变资本及剩余价值——而与非资本主义的生产形态结合着……绝大部分的资源和劳动力,事实上还存在于前资本主义生产形态的范围内——这是资本积累的历史环境——因此,资本就必须热烈要求统治领土和社会组织……可是对某些国家的非资本主义生产部门的事实上的支配,必然会为导致资本的扩张,因而发生了力图把那些国家和社会,置于资本支配之下的现象。"④

总之,卢森堡发现:第一,资本主义生产方式无法离开非资本主义生产方式而单独存在。"总之,作为一个历史过程,资本积累,不管它的理论如何,在一切方面是依存于非资本主义的社会阶层及社会形态的。"因此,在资本构筑的资本主义世界体系之中既包括资本主义生产方式,又包括非资本主义生产方式。第二,资本主义世界体系下资本主义生产方式国家或地区统治着非资

---

① 卢森堡:《资本积累论》,彭尘舜等译,北京:三联书店,1959年,第277页。
② 卢森堡:《资本积累论》,彭尘舜等译,北京:三联书店,1959年,第277页。
③ 卢森堡:《资本积累论》,彭尘舜等译,北京:三联书店,1959年,第281页。
④ 卢森堡:《资本积累论》,彭尘舜等译,北京:三联书店,1959年,第288—289页。

本主义生产方式国家或地区,形成了一种统治与被统治、支配与被支配的不平等关系。这种不平等关系构成了非资本主义生产方式国家发展的障碍。

卢森堡的思想影响了弗兰克的依附理论、阿明的世界规模积累理论和沃勒斯坦的世界体系理论,尽管他们都对她有所批评。著名历史学家布罗代尔也认为,"资本主义只是在其他生产方式的簇拥下,并牺牲其他生产方式,才能生存。罗莎·卢森堡在这方面的看法是正确的。"①

弗兰克、阿明等运用卢森堡的思想来解释后进国家的欠发展问题。

弗兰克认为,拉丁美洲的欠发达是西方资本主义和帝国主义在世界范围内扩张的产物,这种扩张导致资本主义世界体系中经济发展的中心区和欠发达的边缘区的辩证存在,犹如一枚硬币的两面。这种不平衡表现在两个方面:在国际层面,表现为宗主国中心的发达与附属边缘区的欠发达。在国内层面,表现为现代与传统、发达与落后、城市与乡村、工商业与农业之间对立与不平衡。发展经济学一般把这称为二元经济,即富裕的资本主义世界与贫穷的封建世界的并存。但是,弗兰克认为,拉丁美洲的欠发达从来不是什么封建秩序的产物,而是它以特殊形式参与资本主义世界体系的结果,即一种特殊形式的资本主义。这种资本主义的最大特征在于是一种外向型的依附经济。

(三)中心对外围的控制与剥削

1. 摧毁外围边缘地区工商业,使其成为中心地区产品的销售市场和原材料基地

资本的逻辑导致资本主义体系的扩张,这种扩张把非资本主义世界带入资本主义的世界体系之中,把其变为资本主义中心地区产品或服务的销售市场,同时为了实现扩大再生产所需的物质资料的积累而把其变成原材料基地。为了实现这双重目的,资本首先要通过暴力摧毁边缘地区本身的工商业,同时把工商业改造成为其服务的依附经济。

弗兰克曾经以印度为案例,说明了资本主义世界体系中心是如何摧毁印度的本土工商业的。"关于印度的不发达的发展,更为重要的是工业的摧

---

① 布罗代尔:《15 至 18 世纪的物质文明、经济和资本主义(第三卷)》,施康强等译,北京:三联书店,1993 年,第 54 页。

毁和制造业与乡村农业之间的社会——经济关系……这种不同在于：这种破坏进程是作为世界资本主义发展的单一进程之相互有关的部分而出现的。在世界资本主义体系之殖民结构的情况下，正如我们早先所观察的，正是英国工业的发展造成了印度的不发达和非工业化。"①杜德在《今日印度》中写道："在 1815 至 1832 年间，印度棉织品出口值从 130 万英镑降至 10 万英镑以下，或者说这项贸易在 16 年间损失了 12/13。在同一时期内，进口到印度的英国棉织品总值从 26000 英镑上升至 40 万英镑，增加了 16 倍。到 1850 年，多少世纪以来一向出口棉织品到全世界的印度却进口了英国出口棉布的 1/4。"②"不但印度的纺织工业，它的钢铁工业也同样被摧毁。"③

加莱亚诺曾经在《拉丁美洲被切开的血管》中以拉丁美洲为案例说明了中心区是"如何把工业扼杀在摇篮里"。"智利是西班牙最偏僻的领地之一，这种与世隔绝的状态，有利于发展始于殖民初期的本国工业。当时智利拥有纺纱业、织布厂和制革厂。智利的索具供应南海大大小小的船舶。智利曾生产从锅炉、大炮到首饰、精致的器皿和钟表等各种金属制品，还能造船和生产汽车。在巴西，从十八世纪开始略有起步的纺织和冶金工场，也被外国进口货挤垮。尽管与里斯本签订的殖民协定造成各种障碍，巴西的纺织和冶金业仍然取得了很可观的发展。但是，从 1807 年起，在里约热内卢建都的葡萄牙君主制只不过是英国人手中的一个玩物，而且伦敦又拥有另一股势力。"④

中心区工商业的发展使农业的经营成本上升推高了劳动力价格，这不利于资本对剩余价值的剥削和占有。同时，本国工商业的扩张也将推动原材料价格上升，这些都要求中心区充分发挥边缘区的作用，导致边缘区的单一经济结构，拉丁美洲的种植园经济就是其中最典型的代表。

---

① 弗兰克：《依附性积累与不发达》，高铦译，南京：译林出版社，1999 年，第 93—94 页。
② 转引自弗兰克：《依附性积累与不发达》，高铦译，南京：译林出版社，1999 年，第 94 页。
③ 弗兰克：《依附性积累与不发达》，高铦译，南京：译林出版社，1999 年，第 95 页。
④ 加莱亚诺：《拉丁美洲被切开的血管》，王玫等译，北京：人民文学出版社，2001 年，第 201 页。

加莱亚诺以拉丁美洲的蔗糖业发展详细阐述了这一点。"海外需要蔗糖,应运而生的甘蔗种植园是由种植园主获得赢利的欲望为推动力的企业,是为欧洲逐步使其国际化的蔗糖市场服务的。"①"糖厂吞噬了一切,吞噬了人和土地。本可以为工业的发展作出贡献的造船厂和铸造厂的工人和数不尽的小手工业者都到糖厂劳动去了,甘蔗田野蛮地吞并了土地,迫使种植烟草和水果的小农也投入甘蔗生产中去。大规模的种植逐渐消耗了土地的肥力。在古巴的土地上,糖厂成倍地增长,每个糖厂都要求越来越多的土地。大火毁坏了种植烟草的土地和大片森林,牧场也遭破坏。"②当整个国家的命运寄托在某单一产品上时,其抗风险能力和脆弱性可想而知。古巴民族英雄何塞·马蒂曾经预言:"如果一个国家的人民把自己的生存押在一种产品上,那无异于自杀。"③古巴的经济随着国际市场蔗糖价格坐起了过山车。

在世界其他地区,中心区复制着拉美的故事。"对原材料和食品的日益增大的需求,把印度次大陆的南部变成了与拉美并无二致的种植园经济。杜德报告说,原棉出口从1813年的900万镑上升到1833年的3200万镑,1844年为8800万镑,然后到1914年的9.63亿镑。在食品中,不光出口茶叶,还出口粮食,主要是大米和小麦,从1849年的85.8万英镑上升到1914年的1930万英镑。"④

资本主义世界体系的中心区对边缘区的控制和剥削,一方面导致边缘区产业机构要么难以转变,要么结构单一,导致边缘区的不发达;另一方面造成中心区和边缘区的不平等,同时在边缘区国内造成严重的不平等和贫困,这构成了这些地区不发达的内因。"大庄园是扼杀拉美经济发展的瓶

---

① 爱德华多·加莱亚诺:《拉丁美洲被切开的血管》,王玫等译,北京:人民文学出版社,2001年,第59页。

② 爱德华多·加莱亚诺:《拉丁美洲被切开的血管》,王玫等译,北京:人民文学出版社,2001年,第67页。

③ 转引自爱德华多·加莱亚诺:《拉丁美洲被切开的血管》,王玫等译,北京:人民文学出版社,2001年,第69页。

④ 弗兰克:《依附性积累与不发达》,高铦译,南京:译林出版社,1999年,第90页。

颈,是拉美人民被排斥、受贫穷的首要原因之一。"①

2. 资本主义世界体系的中心区对边缘区的剥削随其经济周期的波动而变化

当中心地带面临危机时,特别是面临利润率下降危机时,或者面临国内工人强大压力时,中心将加重对边缘区或者半边缘区的剥削。反之,当中心区繁荣时,边缘区所受剥削也将降低。

"二战"后的战后重建与恢复,帮助西方世界迎来发展的黄金时期。但是,这种发展打破了西方世界内部的不平衡。其核心就是日、德竞争力的兴起和美国的相对衰落。"在全球的资本主义生产中,日本和德国在向国际市场出口方面获得巨大的成功,与此同时,美国的竞争力在1971年至1989年间则呈下降趋势。"②特别是20世纪70年代以来的两次国际石油危机加快了中心霸权国家与次中心的矛盾。为此,霸权中心的美国迫切需要向世界其他地区转移危机,主要是边缘区,也包括次中心区,这导致了包括拉美债务危机、东南亚金融危机和日本20世纪90年代的10年衰退等。

日本"二战"后最长的衰退的一个公认原因就是1985年被迫签订的广场协议。通过广场协议美国迫使日元升值,直接导致日本资产泡沫的膨胀和产业竞争力的降低,从而使日本20世纪90年代陷入长达10年的衰退,日本追赶美国的步伐也戛然而止(见图3-1)。③ "1956—1973年间日本的年均

---

① 加莱亚诺:《拉丁美洲被切开的血管》,王玫等译,北京:人民文学出版社,2001年,第59页。

② 高柏:《日本经济的悖论——繁荣与停滞的制度性根源》,北京:商务印书馆,2009年,第9页。

③ 吉川元忠认为,广场协议是美国试图摧毁日本的一场阴谋。但是,这种观点受到高柏的质疑。他有三点理由:首先,美国从一开始就已经申明这一政策是通过美元的贬值来解决美国对主要贸易伙伴的贸易逆差问题。其次,日本可以选择不参加这一多边政策合作。但是,成为金融大国的目标驱使日本积极加入这一协议之中。第三,美国政府采取的国际金融政策是一把双刃剑,在使日本受到压力的同时也使日本成为世界最大的债权国。高柏:《日本经济的悖论——繁荣与停滞的制度性根源》,北京:商务印书馆,2009年,第213页。

增长率为9.3%,1975—1991年间年均增长率为4.1%……在20世纪90年代,日本经济平均每年仅增长1%,1997年与1998年甚至出现了负增长。"①此次经济危机,给日本经济社会造成了深重的伤害。"根据一项估计,在1989年至1992年间日本股票和房地产的市场总值就已经下降了800兆日元,这相当于日本国民财富的11.3%。1992年之后,日本的股票和房地产市场继续下滑。'二战'中日本国民总财富损失达14%,而20世纪90年代的损失可能与此相近,甚至可能还会更多。"②

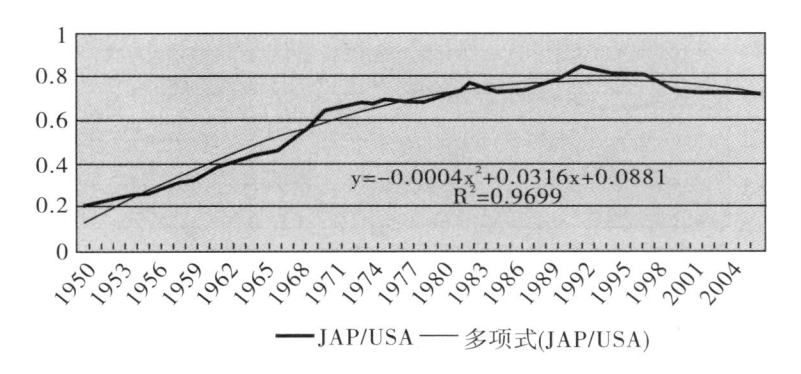

$$y=-0.0004x^2+0.0316x+0.0881$$
$$R^2=0.9699$$

图 3-1 日本对美国的追赶(其中美国人均 GDP 为 1)

资料来源:[英]安格斯·麦迪森:《世界经济千年统计》,伍晓鹰等译,北京:北京大学出版社,2009年。本表中的人均 GDP 都是按照1990年不变价格计算的,单位是 International Geary-Khamis dollars,简称国际元。

20世纪80年代前,拉丁美洲是发展中世界的明星,但是,20世纪80年代开始的拉美债务危机重新揭开了拉美的梦魇。在"二战"后资本主义世界体系的中心区发展的黄金时期,拉美国家也迎来自己的高速发展。从图3-2可以看出,在20世纪60年代到20世纪80年初,拉美国家整体处于对美国的追赶期,表现特别明显的如墨西哥和巴西。拉丁美洲在1950—1980年的

---

① 高柏:《日本经济的悖论——繁荣与停滞的制度性根源》,北京:商务印书馆,2009年,第4页。

② 高柏:《日本经济的悖论——繁荣与停滞的制度性根源》,北京:商务印书馆,2009年,第4—5页。

30年间产出以年均5.5%的速度增长①,按人均计年均增长率为2.7%。但是,随着两次石油危机引发了发达资本主义国家经济的滞胀,拉美国家的发展噩梦也开始了,这就是拉美20世纪80年代开始的债务危机,成为拉美历史上失去的10年。在1981—1989年的10年间,拉美国家人均GDP以-0.8%速度衰退。

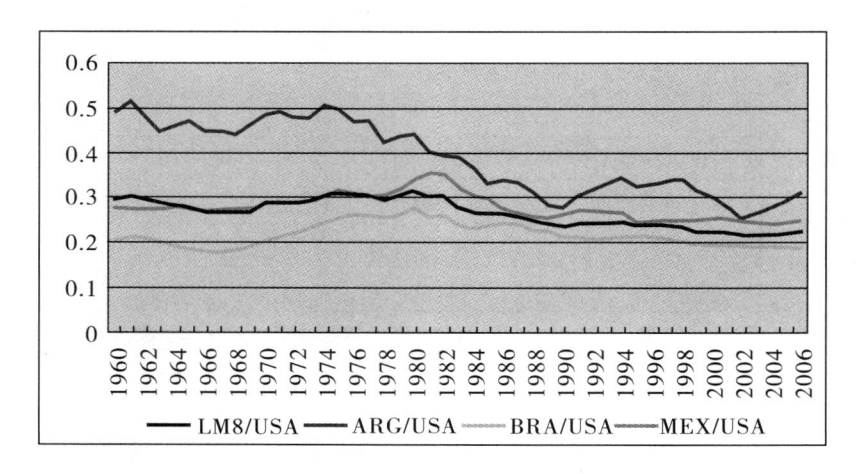

图 3-2　拉丁美洲国家对美国的追赶(其中美国人均GDP为1)

资料来源:[英]安格斯·麦迪森:《世界经济千年统计》,伍晓鹰等译,北京:北京大学出版社,2009年。本表中的人均GDP都是按照1990年不变价格计算的,单位是International Geary-Khamis dollars,简称国际元。

表 3-1　拉美国家人均GDP(1975年美元价格)和经济增长率(%)

国别	人均GDP(1975年美元价格)		人均GDP增长率(年度百分比)	
	1950	1980	1950—1980	1981—1989
巴西	637	2152	4.2	0.0
墨西哥	1055	2547	3.0	-1.0
阿根廷	1877	3209	1.8	-2.6
哥伦比亚	949	1882	2.3	1.5

---

① 杰拉尔德·M.梅尔、詹姆斯·E.劳赫:《经济发展的前沿问题(第7版)》,黄仁伟译,上海:上海人民出版社,2004年,第63页。

续表

国别	人均GDP（1975年美元价格）		人均GDP增长率（年度百分比）	
	1950	1980	1950—1980	1981—1989
委内瑞拉	1811	3310	1.5(2.4)*	−2.8
秘鲁	953	1746	2.1	−2.7
智利	1416	2372	1.8	1.1
乌拉圭	2184	3269	1.4	−0.8
拉丁美洲	—	—	2.7(3.0)*	−0.8

注：*表示委内瑞拉数据根据贸易条件变化有所调整。
资料来源：[美]杰拉尔德·M.梅尔、[美]詹姆斯·E.劳赫主编：《经济发展的前沿问题（第7版）》，黄仁伟译，上海：上海人民出版社，2004年，第63页。

国际石油价格的上升对拉美产生了两方面影响：一方面欧洲美元市场的兴起，导致大量廉价资金需要寻找投资机会；另一方面贸易条件恶化，国际收支随之恶化。而美国等发达国家20世纪70年代末开始的滞胀危机提升了国际金融市场的脆弱性，导致国际资本大量回流欧美等发达国家规避风险，这加速了拉美债务危机的到来。危机来临之后，由美国和西欧主导的国际货币基金组织、世界银行以及美国财政部要求，如果危机国家要求获得救助，就必须接受他们提出的结构调整方案。结构调整方案（即华盛顿共识）一方面要求拉美国家通过紧缩政策来控制通胀，即所谓的稳定化，这对于这些已经处于危机之中的国家无异于雪上加霜；另一方面，要求拉美国家开放市场，即所谓的自由化。通过紧缩政策击溃拉美国家资产市场，而同时又要求拉美国家开放市场，有利于资本主义世界体系的中心区金融资本掌控这些国家的实体经济，完成对边缘区的剥夺和转移中心区的危机。"西方银行从放松在拉丁美洲和亚洲的资本市场控制方面获得利益，但是当涌向这些国家的投机性热钱（往往是一夜之间进出某个国家的一大笔资金，常常是押宝式地赌猜某一通货是升值还是贬值）的流入突然流回时，这些地区就要遭受损失,资金的突然外流带来货币崩溃和银行体系削弱的后果。"①"一方面各项制度成熟的先进工业化国家正在吸取解除金融规制的深刻教训,而另一方面,国际货币基金组织却正携带着这一里根-撒切尔的信息到发展中国家去,也就是那些即使在最好的条件之下也对管理充满风险的困难任务也准备不足的国家。先进工业化国家直到发展到相当成熟的阶段,才尝试资本市场的自由化——欧洲国家直到20世纪70年代才解除资本市场的管制——而发展中国家却一直被鼓励要加快实施。"②明显的双重标准,实际上,说是发达资本主义对边缘区国家的阴谋也可以,因为资本市场的自由化有利于发达国家的金融资本对边缘区产业的控制。"由'华盛顿共识'所实施的政策效果并不怎么令人鼓舞:大多数遵循这些建议的国家,不仅发展一直是缓慢的,而且在那些出现增长的地方,所获利益并没有得到平等分享;危机是处置不当的;从共产主义向市场经济的转型(如同我们将会看到的那样)一直是令人失望的。从发展中世界内部发出的问题相当深刻。"③

3. 为保护其垄断市场,限制边缘区的创新能力

资本主义世界体系的中心区向来采取双重政策,一方面要求边缘区开放市场,另一方面又利用各种保护主义措施限制边缘区产品和服务的进入。"西方国家推动贸易自由化是为了其产品的出口,但是与此同时却继续保护那些有可能受到来自发展中国家竞争威胁的部门……在最新一轮的乌拉圭回合贸易谈判中,引入了服务贸易的主题。然而最终市场主要是对由先进国家所出口的服务予以开放——金融服务和信息技术——但是不对海事服务和建筑服务开放,而在这些领域,发展中国家是有可能获得立足点的。"④

---

① 斯蒂格利兹:《全球化及其不满》,夏业良译,北京:机械工业出版社,2004年,第4页。

② 斯蒂格利兹:《全球化及其不满》,夏业良译,北京:机械工业出版社,2004年,第52—53页。

③ 斯蒂格利兹:《全球化及其不满》,夏业良译,北京:机械工业出版社,2004年,第69页。

④ 斯蒂格利兹:《全球化及其不满》,夏业良译,北京:机械工业出版社,2004年,第49页。

他们不仅在贸易政策上采取双重标准,更重要的是,他们通过技术政策控制边缘区的产业升级,防止边缘区威胁中心区在高技术产业的垄断地位,威胁其剩余价值的获取。

世界银行在《东亚复兴》报告中指出,中等收入国家之所以容易陷入经济停滞的"中等收入陷阱",是因为中等收入国家受到低收入国家和高收入国家的双重挤压式竞争:低收入国家在低端市场和高收入国家在高端市场上的竞争。对于中等收入国家而言,伴随经济发展而来的要素价格上升已经使其丧失了低端市场的竞争力。为此,中等收入国家必须实现产业升级,提升本国在中高端市场的竞争力。而在中高端市场,中等收入国家又受到高收入发达国家的竞争和限制。高收入发达国家通过技术控制,防止中等收入国家侵入自己的垄断市场。这明显地体现在以美国为首的西方发达国家对中国的技术进口的限制上。

中美贸易不平衡问题是国际经济中重要问题之一,对于其成因众说纷纭。但是,主要原因一方面在于"三角贸易"导致中国对美贸易顺差虚增,另一方面在于美国对中国的单方面的贸易歧视。美国以国家安全为由限制对中国的高科技出口,它不仅自己不对中国出口,还不允许其他国家对中国出口。[①] 实际上,国家安全仅仅是美国限制高科技出口的幌子,其真实意图在于防止中国进入其把持的垄断的高科技产品或服务市场,打破其垄断地位。随着中国创新能力的提升,在高铁、新能源等一些高科技产业取得了突破,美国近来开始放开一些对中国出口设限的高科技领域。一方面,美国试图通过高科技出口解决对中国贸易逆差问题,另一方面美国可能试图再次复制"运十",运用进口比自主创新更便宜,打击中国的自主创新能力的培养计划,这是值得中国警惕的。

(四)殖民、制度与经济发展

经济增长理论的最重要进展之一是认识到制度对长期经济发展的重要作用。而制度是在长期历史中演化而来的,因此,历史通过制度而对长期经

---

① 但是,当中国因为稀土矿开采严重破坏环境而限制稀土矿的出口时,美国联合欧盟和日本把中国告到WTO。这些案例处处体现了发达资本主义国家的双重标准和伪善。

济发展具有重要影响。现今中等收入国家之中,很多都有被殖民的历史,而殖民政府时期的殖民规则对这些国家独立后的制度建构有重要影响,而后者影响这些中等收入国家的发展。

历史事件对今天的经济发展具有重要决定性作用,其奠基性文献包括恩格曼和索科罗夫1997年和2002年文献,重点考察了要素禀赋和殖民规则对美洲殖民地随后经济发展的影响。[1] 阿科莫古鲁、约翰逊和罗宾逊等2001年和2002年文献,重点研究了当前制度的殖民起源及其对当前经济发展的影响。[2] 拉波尔塔、洛佩兹、谢里夫和维什尼等1997年和1998年文献,重点研究了殖民规则,特别是不同殖民者移植的不同法律制度,而这些法律制度又会影响到投资者的保护程度和金融发展,从而对今天的经济发展产生重要影响。[3] 这三类奠基性文献共同关注了起自16世纪的欧洲殖民扩张对世界各国今天发展的影响,及其影响机制。

拉波尔塔等着重强调了以英国普通法系为基础的法律制度和以欧洲大陆法系为基础的法律制度之间的差异。他们认为,相对于以大陆法系为基础的法律制度而言,以普通法系为基础的法律制度对投资者提供了更好的保护。而在英国的殖民地,移植了英国的普通法系,反之,在欧陆法国、西班

---

[1] Engerman, Stanley L., and Kenneth L. Sokoloff. 1997. "Factor Endowments, Institutions, and Differential Paths of Growth Among New World Economies: A View from Economic Historians of the United States". in Stephen Harber, ed., How Latin America Fell Behind (Stanford University Press, Stanford), pp.260 - 304;——2002. "Factor Endowments, Inequality, and Paths of Development Among New World Economies". Working Paper 9259, National Bureau of Economic Research.

[2] Acemoglu, Daron, Simon Johnson, and James A. Robinson. 2001. "The Colonial Origins of Comparative Development: An Empirical Investigation". American Economic Review, 91, pp. 1369 - 1401;——2002. "Reversal of Fortune: Geography and Institutions in the Making of the Modern World Income Distribution". Quarterly Journal of Economics, 117, pp.1231 - 1294.

[3] La Porta, Rafael, Florencio Lopez-de-Silanes, Andrei Shleifer, and Robert Vishny. 1997. "Legal Determinants of External Finance". Journal of Finance, 52, pp.1131 - 1150;——1998. "Law and Finance". Journal of Political Economy, 106, pp.1113 - 1155.

牙和葡萄牙等的殖民地,移植了大陆法系。他们利用这一事实来检测对投资者产权的保护程度与金融发展之间的因果关系。他们的研究表明,相对于移植大陆法系的前殖民地国家而言,移植普通法系的国家的投资者获得了更好的保护,从而其债券市场和股票市场得到了更好的发展。而金融发展又促进了经济发展。由此可见,殖民者的身份影响到其法律制度的构建,从而影响殖民地独立后国家的经济发展。

阿科莫古鲁等着重强调了殖民地环境对殖民者死亡率的影响,后者决定殖民者是建立掠夺性制度还是保护产权的制度,而这些制度影响这些殖民地独立后的制度构建,从而影响其长期发展。他们认为,当殖民地具有致命性病菌或疾病时,殖民者没有激励去建立保护产权的制度,而倾向于建立掠夺性制度。反之,当殖民地没有致命性疾病或病菌时,殖民者存在建立保护产权的制度的激励。他们的实证分析发现,在早期殖民者的死亡率与这些国家今天的制度质量之间存在强的负相关关系,而在国内制度与人均收入之间又存在显著的正相关关系。

恩格曼等集中探讨了新世界的不同发展道路。他们认为,新世界之所以走上不同发展道路,是因为初始的土地禀赋和环境适应性的差异。当初始的土地禀赋和地理环境适合采用奴隶种植的可贸易的大宗农产品时,将导致大种植园经济,其将导致严重的经济与政治不平等。而经济与政治的不平等又会影响殖民地独立后国家制度的演化,其趋向于保护少数精英的利益,而限制社会其他阶层的政治和经济参与。

不管是殖民地致命性病菌,还是殖民地的土地禀赋和地理环境,资本主义世界体系的中心区在边缘区的殖民活动,影响了这些殖民地独立后的制度构建,而后者成为影响这些国家长期经济发展的最关键因素。由此可见,尽管资本主义边缘区已经独立,但中心区在其内部复制中心——边缘的资本主义矛盾和剥削结构,按照这样的原则来重组这些殖民地内部的经济、政治和社会结构,从而导致独立之后的殖民地严重的经济和政治不平等以及社会割裂。这样的制度,不利于国家集体行动的形成,不利于分工的扩展等,从而不利于长期经济发展。另外,这种少数精英富裕,而大多数人贫困的国家最容易导致民粹主义政府上台,而后产生严重的政治不稳定,不利于投资的发生和长期经济发展。

二、不平等、经济增长停滞与中等收入陷阱[①]

资本主义世界体系的中心区在殖民地内部复制的矛盾和剥削结构,导致边缘区内部严重的不平等,而不平等成为边缘区经济增长停滞、陷入中等收入陷阱的关键因素。

(一)"涓滴"效应存在吗

1955年库兹涅茨在《美国经济评论》上发表著名论文"经济增长与收入不平等",提出了后来著名的库兹涅茨倒U曲线规律,即伴随着经济增长,收入不平等程度先上升、后下降,呈现倒U曲线形状。库兹涅茨倒U曲线提出之后,理论界的一个研究重点就是寻找倒U曲线背后的推动机制:为什么不平等有利于经济增长?经济增长的好处是如何惠及整个社会,即为什么不平等会随着经济增长而降低?

对于前一个问题,基本观点是,不平等的收入分配有利于储蓄率的提高,而储蓄率的提高或资本积累加速有利于经济增长。因此,这里的关键问题是不平等是否能够提高储蓄率?但是,有关不平等的收入分配与储蓄率二者之间关系的经验研究得出的结论却是模糊的。最早对储蓄与社会上层的收入之间的关系进行实证研究的是库兹涅茨和詹克斯,他们利用美国1913—1948年间不同来源的数据,研究得出储蓄率随着收入的上升而增加,但是其增加的速度是递减的。[②] 利用最近美国的微观数据,戴娜恩等证实了这一观察结果。他们指出,在储蓄率和终生收入之间存在强的正相关关系,并且发现在边际储蓄倾向和终生收入之间存在一种较弱但是仍然是正的相关关系。[③] 但是,斯密茨·海波尔和舍温的研究指出,从理论基础来看,不平

[①] 本部分曾经以《不平等增长理论的新进展》为题,发表于《当代经济研究》2011年第4期。

[②] Kuznets, S. 1953. "Shares of Upper Income Groups in Income and Savings". National Bureau of Economic Research, New York.

[③] Dynan, K.E., J.Skinner, and S.P.Zeldes. 2004. "Do the Rich Save More?". Journal of Political Economy 112, pp.397–444.

等和储蓄率之间的关系是模棱两可的,而利用一个工业化国家和发展中国家的新的以及改进了的收入分配数据库,作者没有发现收入不平等对总储蓄率的系统性影响,因此,从实证角度看,不平等和储蓄率之间的关系也是模棱两可的。[①] 戴娜恩等的文章也指出,收入不平等趋于增加储蓄率,但是,这种变化的大小可能是温和的,因而在时间序列数据中是很难发现的。"尽管'向下滴流'[②]的经济学面临着显而易见的问题,但它颇受一些优秀学者的青睐。有一位诺贝尔经济学奖得主阿瑟·刘易斯(Arthur Lewis)主张,不平等对于发展和经济增长来说是有益的,因为富人储蓄比穷人多,而增长的关键是资本积累。另一位诺贝尔经济学奖得主西蒙·库兹涅茨(Simon Kuznets)也主张,在发展的起始阶段,不平等是增长的,以后该趋势就会发生逆转。然而,过去50年的历史并没有支持这些理论和假设。如同我们将在下一章中所看到的那样,东亚国家(韩国、中国和日本)表明高储蓄率并没有要求很高程度的不平等,一国完全可以在不平等状况没有显著增加的情况下达到迅速的经济增长。"[③]

对于第二个问题,经济学家用"涓滴"效应来解释。富人的储蓄或资本积累推动了投资,而投资增加了穷人的就业机会,把穷人带入整个经济增长过程之中,分享了增长的好处。除此之外,这种涓滴效应还可以通过如下途径发挥作用:提高教育的平均回报率、降低资本的市场报酬以及再分配政策。因此,全球经济环境的改善将解除穷人的束缚,并且有利于其最终实现赶超。但是,当这种涓滴效应微弱的时候,一国将进入一种不平等和低增长的长期恶性循环。例如,通过中间投票人机制的再分配政策将降低富人的投资动机,或者导致富人的资本外逃等,这些都将降低一国经济增长率。更

[①] Schmidt-Hebbel, K., and L. Serven. 2000. "Does Income Inequality Raise Aggregate Saving?". Journal of Development Economics 61, pp.417–446.

[②] 《全球化及其不满》一书译者夏业良把 Trickle-Down 译为"向下滴流",一般译作"涓滴"。

[③] 斯蒂格利茨:《全球化及其不满》,夏业良译,北京:机械工业出版社,2004年,第64页。

重要的是,从理论上说是存在这种"涓滴效应"的,而从经济发展实践看,这种"涓滴"效应的存在与否值得怀疑。"'向下滴流'的经济学一直都仅止于一种理念、一种信仰的宣言。19世纪的英格兰虽然整体经济相当繁荣,但是贫困似乎在增长。20世纪80年代美国的增长提供了最新的生动范例:当经济增长时,那些处于底层的人们却发现自己的真实收入在下降。克林顿当局针对'向下滴流'的经济学进行了强烈的争辩,它相信必须要有积极的计划来帮助穷人。当我离开白宫去世界银行任职时,我也带去了自己对于'向下滴流'的经济学的同样怀疑;如果这一'向下滴流'的逻辑没有在美国发生作用,难道它会在发展中国家发生作用?"[1]

（二）不平等阻碍经济增长

在"二战"后新独立的国家中,真正在经济上崛起的是少数几个东亚国家和地区,而东亚国家在实现高速经济增长的同时收入分配不仅没有恶化甚至还得到了改善。而那些没有崛起的国家,既失去了增长又失去了分配。

1993年,世界银行出版报告《东亚奇迹:经济增长和公共政策》,解读日本、中国香港、韩国、新加坡、中国台湾、印度尼西亚、马来西亚和泰国等东亚八国和地区平等的增长之路。报告指出:"在1965至1990年间,东亚23个国家和地区的增长速度高于世界其他地区。这种成绩的取得主要归功于其中8个经济体近乎奇迹般的增长。""自1960年以来,这8个经济体的增长速度是其他东亚经济体的两倍多,是拉丁美洲和南亚经济体的近三倍,比撒哈拉以南非洲经济体的5倍还要快。""在1960到1985年间,日本和四小龙的真实人均收入增长了4倍多,而东南亚的三个新兴工业化国家增长了两倍多。"[2]

最引人注目的是,这8个经济体不仅实现了快速的增长,而且还成功地大幅度地降低了收入的不平等程度。世界银行报告指出:"除了韩国和中国

---

[1] 斯蒂格利兹:《全球化及其不满》,夏业良译,北京:机械工业出版社,2004年,第63—64页。

[2] World Bank."The East Asian Miracle:Economic Growth and Public Policy". Washington,D.C.:The World Bank,1993,pp.1—4.

台湾之外,它们在经济增长开始之时收入分配就高度平等,这些东亚经济体在享受更高的人均收入增长的同时,收入分配状况也得到了大幅度的改进。这些东亚经济体是仅有的实现高速增长而不平等程度降低的经济体。"[1]

这些东亚经济体的经济发展实践表明,不平等并不一定是经济增长所必须付出的代价,平等的增长不仅是一种可能,更是一种现实。东亚经济体的平等增长之奇迹与拉丁美洲、撒哈拉以南非洲持续恶化的分配状况及低迷的经济增长形成了鲜明的对比,世界经济发展的这种冰火两重天的现象,迫使经济学家重新思考不平等与经济增长的关系,促使了不平等对经济增长的影响机制方面的文献的转向。

20世纪80年代中期,新增长理论兴起,把增长的核心要素由物质资本的积累转向了人力资本的积累、技术创新,并进一步推进到制度层面。如果经济增长主要由物质资本积累推动,那么不平等因为对储蓄的正影响将有利于经济增长。而如果经济增长主要是由人力资本积累、技术和制度等推动,那么不平等的社会将因为不利于人力资本的积累、技术创新和好的制度的创建等而不利于经济增长。

资本主义世界体系造成的边缘区的经济和政治不平等以及社会割裂,这些都通过各种不同的机制阻碍着经济增长,使这些国家深陷"中等收入陷阱"。

1. 收入不平等、人力资本积累与经济增长

收入不平等通过信贷市场的不完全和出生率影响到人力资本的积累。

落后国家不完美的信贷市场导致穷人难以进入信贷市场,从而穷人没有办法开展具有高回报的投资计划,特别是人力资本的投资。教育能够提高个人的劳动生产率,因而人力资本的投资能够确保受教育者工资的提高。如果教育投资遵循报酬递减规律,即投资于基础教育的回报率高于高等教育,那么收入分配的不平等将导致最具回报的基础教育投资不足,而高等教育相对过度,从而导致整个经济的增长速度放缓。由于存在代际的遗产转

---

[1] World Bank."The East Asian Miracle:Economic Growth and Public Policy".Washington,D.C.:The World Bank,1993,pp.1-4.

移,因此,初始的分配不平等将通过下一代的受教育程度而在代与代之间传承贫穷和不平等。

另外,收入分配的恶化导致出生率的上升,从而导致人均资本存量下降,特别是人均人力资本水平。对于穷人家庭而言,出生率机制主要通过三种渠道发挥作用:养育孩子的低机会成本、孩子未来的预期收入和老年保障的缺乏。穷人家庭不仅有着更高的出生率,而且其孩子的受教育水平较低。另外,如果未来收入是受教育水平的增函数的话,穷人家庭的高出生率将导致其深陷贫困陷阱。从宏观层面上看,高出生率将导致低的人力资本水平和低的熟练与非熟练工人比率或者低的劳动-资本比。而低的受教育水平将压低非熟练工人的工资,因此,带有严重贫困和高出生率的高度不平等环境将长期化。

2. 收入不平等、需求规模与产业结构

不平等的收入分配会影响到社会需求的规模和结构,从而影响到产业结构变迁和生产率,并最终影响经济增长。

贫穷的一个基本含义在于对制造业和高科技产品的需求不足,从而限制了在这些产业的投资和创新。尽管贫穷可能意味着资本的供给不足,从而限制了资本的形成和产出的增长等,但是,穷人之所以穷也可能是因为他们的需求不足以激励投资的发生和资本的形成,因此,即使存在足够的资本供给,贫穷也可能长期存在。就像纳克斯曾经说过的那样,购买能力决定了你的生产能力。①

我们可以假设穷人仅仅能够满足其基本需要,而富人需要奢侈品,因此,对大规模制造业产品的需求依靠中产阶级的规模。当一国的出口受限于贸易壁垒和竞争能力等的时候,国内市场需求对产业发展的限制就更加明显②。另外,一个强的预期需求有利于生产率的增长,鼓励了研发与创新,

---

① Nurkse, R.1953."Problems of Capital Formation in Underdeveloped Countries". Blackwell, Oxford.

② Murphy, K.M., A.Shleifer, and R.Vishny.1989."Income—Distribution, Market—Size, and Industrialization". Quarterly Journal of Economics 104, pp.537-564.

以及实现由低技能密集产品向中端技能密集产品的转变,而这反过来又可能导致价格的降低,工资的提高,以及市场规模的扩张。这一过程可能开始于某个新产品被导入市场,最初仅仅富人具有购买该产品的能力,但是,伴随价格-工资比率下降而来的需求扩张将导致市场规模的扩张,从而进一步进入由规模经济效应导致的大规模消费。

由上所述,相对于一个两极分化的高度不平等的社会而言,一个中产阶级庞大的更加平等的社会因为对制造业产品的庞大需求激发了投资、创新和技能的提升,从而加速了经济增长。反之,一个高度的不平等社会将因为市场需求的不足而限制了投资、创新和技能的转变,从而陷入长期的贫困陷阱。因此,对于一个高度不平等的社会而言,再分配政策可能是一个帕累托改进。①

3. 收入不平等、中间投票人机制与再分配

有研究认为,中产阶级在经济增长过程中的关键性作用源于这样一个基本事实,在一个民主社会中,中产阶级通过中间投票人机制决定了再分配政策。标准的中间投票人的再分配模型的核心在于中间投票人的收入水平与社会平均收入水平的差异。相对于社会平均收入水平而言,中间投票人的收入水平越低,再分配政策越容易实现。因此,不平等程度不同的社会将影响中间投票人的收入和社会平均收入的差异,进而影响一国的税收水平,而税收水平又将影响人们投资的激励,从而决定了资本的形成和经济增长。因此,税收政策的总效应取决于其对税收贡献者激励的削弱和再分配政策

---

① 但是,Foellmi and Zweimüller(2006)指出,从穷人到富人的收入再分配可能也是一个帕累托改进。因为购买能力的分布至少通过两个相反的过程影响创新和增长。一种途径是价格效应,即由于存在一个愿意为新产品支付高价格的富人阶层,从而诱发了创新和增长;另外一种途径是市场规模效应,即由于缺乏一个大规模的中产阶级,从而导致市场需求不足,进而限制了创新。在这篇文章中,他们证明了价格效应统治市场规模效应的可能,即通过从穷人到富人的收入再分配培育一个对新产品的需求市场,进一步诱致创新和增长,因此,从穷人到富人的收入再分配可能也是一个帕累托改进。Foellmi, R. and J. Zweimüller. 2006. "Income Distribution and Demand-Induced Innovations". Review of Economic Studies 73, pp.941-960.

的受益者之间的权衡。

假定在一个穷人消费其全部收入,而经济增长完全依靠富人的储蓄的社会中,有利于穷人的再分配政策将降低经济增长率。在这种情况下,不平等程度的上升将降低中间投票人收入与社会平均收入的比例,导致其不利于经济增长。

虽然早期的实证分析支持中间投票人机制作为不平等对经济增长负作用的一种解释,但是,这些文献自提出伊始就饱受批评,并且没有得到更广泛分析证据的很好支持。因为,衡量再分配政策是否有利于经济增长,关键是看政府的支出政策。如果政府的支出政策有利于公共投资和私人投资,例如投资于教育,那么政府税收对富裕的税收承担者的负面激励效应将被如下几种机制所抵消:因税收而受益的穷人的生产能力的提高,公共基础设施的改进带来的社会生产率的上升,以及更加稳定的投资环境。

4. 经济不平等、政治不平等与资源错配

不平等的收入分配导致一部分利益集团利用其权力游说甚至贿赂政府,以做出有利于自己的政策决策,从而导致资源配置达不到最优状态,不利于长期经济增长。富人可能通过寻租和腐败颠覆国家的法律和政治制度,把其经济权力扩展到政治领域,长期占有公共资源和服务,延缓民主化的进程和阻挠不利于他们的经济改革及其他政策的实施,如医疗健康保障、教育、基础设施或金融市场的发展等,而这些都不利于经济增长。当存在信贷约束时,即使不存在官僚的腐败,富人也可以通过游说政府实施向他们倾斜的资源配置制度而获益。当然,这类文献也考察了财富集中可能的积极效应,即改进了促进投资和经济增长的虚弱的制度。

5. 经济不平等、社会割裂与经济增长

经济不平等导致的社会割裂,会从社会犯罪率、社会不满和社会资本等多角度伤害经济增长。

不平等的收入分配将导致更加严重的经济犯罪,从而降低社会积累率,这不利于长期经济增长。当来自非法活动的净收入高于合法活动或者投资于教育的收入的时候,人们从事非法活动的激励增加。对穷人而言,当工资很低而且失业率很高的时候,来自非法活动的净收入比来自合法活动的更高。而且,在高度不平等的环境中,随着富人变得更加富有,抢劫等犯罪的预期收益增加了。而犯罪率的上升将降低合法活动的预期回报,并导致更高的犯罪率出现,这种逆向选择行为将导致人们不愿意投资和积累人力资本,从而最终限制长期经济增长。

利用来自美国城市的调查数据,克莱报告,犯罪率与贫困高度相关,贫困的犯罪弹性超过 0.5,但是其与不平等不存在这种关系。而不平等解释了不求钱财的暴力犯罪。这一发现的解释是,经济犯罪可以由犯罪经济学解释,而暴力犯罪应由紧张和社会失序来解释。[1] 利用英国和威尔士 1975 至 1996 年间数据,美琴等报告,收入分配底层的工资变化与经济犯罪有很强的负相关关系。[2]

收入分配不平等的社会可能出现两极分化,而分化的两极之间缺乏信任从而会影响社会的稳定,进而影响人力资本和物质资本的投资以及 FDI 的进入等,这不利于长期经济增长。当社会分化非常严重的时候,不同阶层之间的合作成本可能会远远超过合作可能带来的收益。因此,无论是极高收入阶层,还是极低收入阶层都希望对对方采取剥夺政策。最终,政治的不稳定、社会不满和产权的不安全等将增加生产成本、运输成本以及增加职员和工厂保安的支出,阿莱西纳等的实证研究为这种不平等和不稳定提供了证据。[3]

社会资本是指通过社会网络、信任和互惠性而获得的难以计量的资源。[4] 有关这一主题的正在涌现的文献认为,社会资本培育了社区内的合作,降低了交易成本,促进了公民参与,最终导致了社会凝聚力和政府效率

---

[1] Kelly, M. 2000. "Inequality and Crime". Review of Economics and Statistics 82, pp. 530-539.

[2] Machin, S., and C. Meghir. 2004. "Crime and Economic Incentives". Journal of Human Resources 39, pp.958-979.

[3] Alesina, A., and R. Perotti. 1996. "Income Distribution, Political Instability, and Investment". European Economic Review 40, pp.1203-1228.

[4] Putnam, R.D. 2000. "Bowling Alone: the Collapse and Revival of American Community". Simon & Schuster, New York; London.

的提升以及长期经济增长。在企业层面,社会资本能够促进合作伙伴或雇主逐渐的信息交流以及新技术的采用。而在家庭层面,以社区为基础的社会资本有利于人们的健康和教育投资。尼科的实证研究表明,在跨国研究中团队成员身份(世界价值调查用于测度社会资本的一种指标)对经济增长和投资有显著的影响,但是,团队成员身份和不平等分别对信任有一种正的和负的影响。[1]

三、无效政府与"中等收入陷阱"的形成

（一）"中等收入陷阱"形成的导火线、外因和内因

在研究第三世界国家经济欠发达时,都会遇到一个难以回避的问题:内因还是外因是第三世界欠发达的根本原因。

按照马克思主义辩证唯物主义方法论,内因是根本,外因是条件。因此,在研究"中等收入陷阱"或第三世界欠发达时,如果把资本主义中心-边缘式世界体系作为"中等收入陷阱"的根本原因,就违背了辩证唯物主义世界观。但是,我们在研究"中等收入陷阱"时仍然把资本主义中心-边缘式世界体系作为第一位的因素,是因为这一体系在边缘区内部复制了中心对边缘的控制和剥削的制度结构,而这一制度结构是这些边缘区陷入"中等收入陷阱"的根本原因,从这个角度看,资本主义中心-边缘式世界体系是"中等收入陷阱"的导火线。

虽然殖民早已成为历史,但并不等于殖民剥削和控制不存在了。资本主义世界体系的中心仍然通过国际组织(如国际货币基金组织、世界银行、世界贸易组织等)、国际市场(特别是国际金融市场),甚至军事手段等维持对边缘区的控制和剥削,维护中心区垄断市场地位,限制边缘区的创新能力和产业升级,这仍然是边缘区陷入"中等收入陷阱"的最重要外因。

边缘区内部的中心对边缘的控制和剥削导致边缘区内部经济、政治的不平等以及社会割裂,这种不平等和社会割裂通过人力资本的积累、再分

---

[1] Knack,S.2003."Groups,Growth and Trust:Cross-Country Evidence on the Olson and Putnam Hypotheses".Public Choice 117,pp.341-355.

配、创新和产业升级、社会资本、犯罪率等多种途径限制一国经济增长。特别地,边缘区内部的不平等的阶级或阶层结构导致无效政府的出现并长期化,这是边缘区深陷"中等收入陷阱"的根本内因。

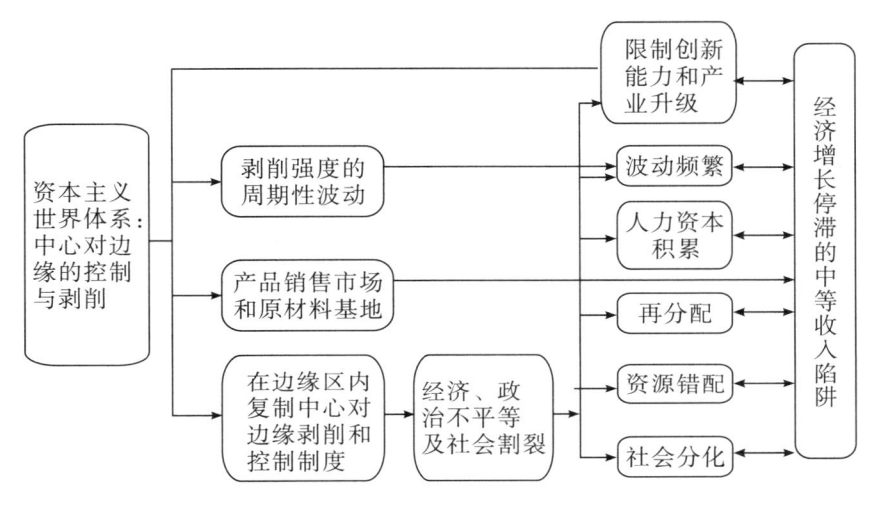

图 3-3 "中等收入陷阱"的形成机理

（二）国家是长期经济增长的决定性因素

如果说殖民者通过殖民统治控制了欠发达地区,使欠发达地区成为原材料的基地和产品销售市场,那么,随着殖民地的独立,为什么有的前殖民地仍然接受了殖民地时期在世界市场中的位置？更重要的是,为什么国家独立后殖民时期坏的制度仍然保存了下来,并影响了这些国家的长期发展？因此,研究这些无效国家的出现和长期存在对于理解"中等收入陷阱"具有重要意义。

经济增长理论的最大进展在于认识到,制度是长期经济增长的最关键性决定因素。新制度经济学的代表人物诺斯和托马斯认为:"我们列出的原因（创新、规模经济、教育、资本积累等）并不是经济增长的原因,他们乃是增长。"[①]他们认为,制度才是经济增长、国富国穷的根本原因。正如诺斯和托

---

① 诺斯、托马斯:《西方世界的兴起》,厉以平等译,北京:华夏出版社,1999年,第6页。

马斯所言:"本书的中心论点是一目了然的,那就是有效率的经济组织是经济增长的关键;一个有效率的经济组织在西欧的发展正是西方兴起的原因所在。有效率的组织需要在制度上做出安排和确立所有权以便造成一种刺激,将个人的经济努力变成私人收益率接近于社会收益率的活动。"①

制度是长期经济增长的关键性因素,而国家又是制度的最重要供给者。诺斯说,"理解制度结构的两个主要基石是国家理论和产权理论……因为是国家界定了产权结构,因而国家理论是根本性的。最终是国家要对造成经济增长、停滞和衰退的产权结构的效率负责。因而国家理论必须对造成无效率产权的政治-经济单位的内在倾向作出解释,而且要说明历史中国家的不稳定性。不幸的是,在解释经济史中的长期制度变迁时,这一重要的基石却被人们忽略了。"②

(三)无效政府与"中等收入陷阱"的形成

1. 国家的契约理论和掠夺理论

对国家的定义主要有组织和功能两种视角。组织视角把国家看成"一系列具有相对新近历史起源的政府组织机构的总和"。功能视角的国家有两种定义:"第一,从'事先'的角度将国家定义为一系列完成特殊目标的机构……第二,根据结果从'事后'的角度定义国家,也就是社会秩序的维系。"③由于功能视角的定义更切合本研究的需要,因此,本研究主要从国家职能角度定义国家。从功能角度看,国家的存在主要有两种基本解释:契约理论和掠夺或剥削理论。

国家的契约解释由来久远,霍布斯、洛克和卢梭等都是其代表人物。契约论认为,自由、平等和财产等都是处于自然状态下人的自然权利。但是,当自然状态下缺乏规则和仲裁者时,每个人的福利水平都会降低。为此,理

---

① 诺斯、托马斯:《西方世界的兴起》,厉以平等译,北京:华夏出版社,1999年,第5页。
② 诺斯:《经济史中的结构与变迁》,陈郁等译,上海:上海三联书店,上海人民出版社,2002年,第17页。
③ 帕特里克·邓利维、布伦登·奥利里:《国家理论:自由民主的政治学》,欧阳景根等译,杭州:浙江人民出版社,2007年,第1—3页。

性的个人从自身利益出发同意订立契约,放弃个人一部分自然权利,把它交付给某个人或者一个由多人组成的集体,由它们借助法律来保护和约束个人的自由,保护人们的财产,这个集体就是国家。由此可见,国家的出现增进了社会福利,其功能在于实现整个社会的福利的最大化。

国家的掠夺或剥削解释最知名的代表就是马克思主义的国家理论。马克思在《法兰西内战》中如是说,"现代工业的进步促使资本和劳动之间的阶级对立更为发展、扩大和深化,国家政权也就随着愈益具有资本压迫劳动的全国政权的性质,具有为进行社会奴役而组织起来的社会力量的性质,具有阶级统治机器的性质。"①恩格斯在《家庭、私有制和国家的起源》中说,"由于国家是从控制阶级对立的需要中产生的,同时又是在这些阶级的冲突中产生的,所以,它照例是最强大的、在经济上占统治地位的阶级的国家,这个阶级借助于国家而在政治上也成为占统治地位的阶级,因而获得了镇压和剥削被压迫阶级的新手段……现代的代议制的国家是资本剥削雇佣劳动的工具。"②当然,除了马克思主义者之外,这一理论也获得了部分新古典经济学家的支持。它们认为,国家是某个阶级或集团的代理人,它的功能是代表该阶级或集团剥夺其他阶级或集团的利益,以增进自身的利益。"掠夺性的国家将界定一套产权,使权力集团的收益最大化而无视它对社会整体福利的影响。"③

诺斯在《经济史中的结构与变迁》中认为,"掠夺论忽略了契约最初签订的得利而着眼于掌握国家控制权的人从其选民中榨取租金"。实际上,这是一种明显的误读。恩格斯在《家庭、私有制和国家的起源》中写道:"可见,国家绝不是从外部强加于社会的一种力量。国家也不像黑格尔所断言的是

---

① 马克思、恩格斯:《马克思恩格斯选集》(第二卷),中共中央马克思恩格斯列宁斯大林著作编译局译,北京:人民出版社,1972年,第372页。

② 马克思、恩格斯:《马克思恩格斯选集》(第四卷),中共中央马克思恩格斯列宁斯大林著作编译局译,北京:人民出版社,1972年,第168页。

③ 诺斯:《经济史中的结构与变迁》,陈郁等译,上海:上海三联书店,上海人民出版社,2002年,第22页。

'道德观念的现实','理性的形象和现实'。毋宁说,国家是社会在一定发展阶段上的产物;国家是表示:这个社会陷入了不可解决的自我矛盾,分裂为不可调和的对立面而又无力摆脱这些对立面。而为了使这些对立面,这些经济利益互相冲突的阶级,不致在无为的斗争中把自己和社会消灭,就需要有一种表面上驾于社会之上的力量,这种力量应当缓和冲突,把冲突保持在'秩序'的范围以内:这种从社会上产生但又居于社会之上并且日益同社会脱离的力量,就是国家。"① 实际上,国家的剥削或掠夺解释并不排斥国家的契约解释,或者说前者是建基于后者基础上的,这鲜明地体现了马克思主义历史与逻辑统一的分析方法。

2. 无形之手、扶持之手到掠夺之手

看待国家的不同视角意味着,人们认为国家在长期经济增长过程中的作用不同。在经济增长理论的演进中,人们对国家的认识发生了一个重要的转变,国家从一个仁慈的无限理性的利他主义者转变成了一个有限理性的经济人,国家在经济发展过程中的角色相应地经历了从无形之手到扶持之手,再到掠夺之手的转变。②

"无形之手"来自于斯密《国富论》中的"看不见的手"思想。斯密认为,分工是效率的最重要源泉,而分工和市场规模的互动决定了一个国家或地区的分工水平,进而决定了一个国家的经济发展水平。但是,有分工,就需要协调。而斯密认为,在市场这只"看不见的手"的协调和引导下,追求自利个人的自利行为最终实现了整个社会福利的最大。因此,市场这只"看不见的手"运行良好,不需要政府的干预。政府仅仅需要执行一些市场经济赖以运行的基本职能,如提供法律、秩序和国防。

"扶持之手"来自于"二战"之后兴起的政府大规模干预经济的思想。根

---

① 马克思、恩格斯:《马克思恩格斯选集》(第四卷),中共中央马克思恩格斯列宁斯大林著作编译局译,北京:人民出版社,1972年,第166页。

② 从理性选择角度研究政府的公共政策,以至政治过程的学术流派称为公共选择理论。这一学派公认的思想来源是瑞典著名经济学家维克塞尔。但是,从对马克思恩格斯的国家理论的研究,可以看出马克思和恩格斯应该是这一思想渊源的创始人。

据"扶持之手"思想,不受约束的自由市场会导致多重市场失灵,既包括垄断、外部性、公共产品和信息不对称等微观市场失灵,也包括大规模失业、经济衰退、通货膨胀等宏观市场失灵。为了矫正这些市场失灵,人们提出了各种微观规制政策和宏观调控政策。

无论是"无形之手"还是"扶持之手",都以国家的契约理论为基础,都把政府看成是追求社会福利最大化的组织。这里反映了经济学家内在的矛盾:当经济学家研究私人部门的选择行为时,他们坚持理性经济人假设。但是,当他们研究公共部门的决策时,他们便放弃了这一假设,把政府及其官员看成是利他主义者。

"掠夺之手"是与"扶持之手"和"无形之手"不同的一种政治哲学。它认为政府行为是由政治过程决定的,而政治过程是由政治企业家的行为决定。政治企业家既不是好人,也不是坏人,而是一个普普通通的一般人,用经济学的话说,就是一个理性的经济人,追求自身经济利益的最大满足。"独裁者运用他们的权力来维护自己的地位,将资源配置给自己的政治支持者,打击政敌,中饱私囊,以牺牲公共福利为代价。民主政治中的政治家常常抱有更多的功利动机,部分原因在于他们需要再次当选,但是,通过民主方式选举的政治家一般也不会追求社会福利的最大化。"①从"掠夺之手"模型就可以较好地解释为什么一个无效政府能够在一个国家长期存在,这种无效政府的长期存在实际上是这个国家当政者的最优选择。自1993年第一任民选总统被刺杀之后,非洲的布隆迪一直处于内战之中。经济没有效率,以市场为基础的活动彻底崩溃。人均预期寿命由1992年54岁降低到2000年的41岁,从1980年以来家庭的最终消费支出降低了35%。然而,军队的精英们却从内战的混乱中获益颇丰。因此,军队领导人持续颠覆将导致军队改革的和平进程。②

---

① 安德烈·施莱弗、罗伯特·维什尼编著:《掠夺之手——政府病及其治疗》,赵红军译,北京:中信出版社,2004年,第4页。

② Azariadis, Costas and John Stachurski." Poverty Traps.in Aghion, Philippe and Steven Durlauf, eds.The Handbook of Economic Growth". Amsterdam: North-Holland.

3. 无效政府的出现并长期化："中等收入陷阱"的根本原因

在一个由富人精英和穷人组成的国家中，政府通过累进所得税为公共产品募资。由于所承担税收与其收入成正比例，因此，富人反对高税收和公共产品的投资。但是，高税收和公共产品投资的政策受到穷人的支持。这一政策能否得以实施取决于富人和穷人谁控制了政府。政府雇佣官员进行税收征管，防止偷逃税。由于政府官员本身也是理性经济人，因此，他们的努力程度取决于其从中所获取的回报。当税收征管官员的收入与所征管的税收呈正方向变化时，其努力程度更高。而政府官员的努力程度又决定了政府税收水平，进而决定了社会公共产品的供给。

这里存在两种情况：一是出现一种有效率的政府，因为税收征管官员的行为很容易监督；二是出现一种无效率的政府，因为监督税收征管官员的行为是困难的或者成本高昂的行为。在绝大多数发展中国家，无效率的政府出现的概率更大。因为，一方面，发展中国家经济中现代公司制企业非常少，而缺乏正式财务制度的非正规经济或地下经济比重非常大，这增加了税收征管官员的难度，同时也为其偷懒行为提供了条件；另一方面，发展中国家的金融体系不发达、市场中介组织缺乏、没有全国性的结算中心等，这些导致政府部门缺乏私人部门的相关信息，从而提高了税收征管的难度。发展中国家的这些特征给了其税收征管官员很高的自由裁量权，从而导致税收征管官员与富人之间可能达成共谋行为：富人贿赂税收征管官员，税收征管官员向富人征收低税。

最容易出现这种富人与政府官员共谋的是由一个威权政府向民主政府过渡的时候。不论是一个富人统治的威权政府，还是一个长期的民主统治，国家都将演化出有效率的政府，因为一个无效率的政府会给国家统治增加额外的成本，却不能给权力掌控者带来利益。但是，当一个富人统治的威权政府即将进行民主化转型时，富人发现和政府官员合谋创建一个无效政府是有利的，一方面无效政府为政府官员获取租金提供了可能，因为一旦穷人上台执政将进行政府改革，从而导致其租金损失；另一方面，富人可以利用庇护政治避免财富的再分配。因此，当一国从富人威权统治转向民主统治时，最容易出现富人和政府官员的同盟，富人利用这个同盟控制国家政策过程,而政府官员利用这个同盟获取持续的租金收入。因此,当发展中国家从威权政府转向民主政府时,无效政府最容易出现,而且其可能长期存在。因为,政府官员和富人发现,共谋是它们各自的占优策略。

可以考虑如图 3-4 所示的富人和政府官员的合作共谋博弈。在博弈中,富人决定是否贿赂政府官员以获得低税,而政府官员决定是否接受富人的贿赂。给定政府官员和富人都是理性经济人假设情况下,富人预测政府官员会选择接受贿赂并选择低税政策,因为这是政府官员的最优选择,因为此时政府官员的收益是 4 单位,远大于不接受的 1 单位。在政府官员接受贿赂的前提下,政府官员预测富人会选择贿赂,因为此时富人的收益是 -5,远高于不贿赂下的 -10。因此,此博弈的子博弈均衡是(贿赂,低税),从而实现了富人与政府官员之间的共谋。

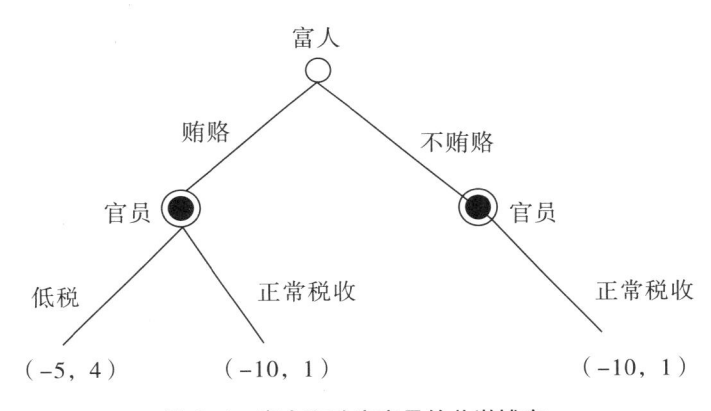

图 3-4 富人和政府官员的共谋博弈

1930—1945 年执政巴西的瓦加斯和巴西军队之间的合作很好地体现了这种共谋。1930 年,瓦加斯竞选失败,但是,瓦加斯的支持者认为政府在选举中的舞弊导致了瓦加斯的失败。在瓦加斯的出生地巴西南里约格朗德,他的铁杆支持者在政治上和军事上挑战选举的裁决。同时,第一共和国的各反对力量也暗中支持瓦加斯,这导致瓦加斯最终掌权。"瓦加斯获胜的诸多要素中,有两个方面值得注意:军队所起的关键作用以及咖啡利益集团的缴械投降。"①瓦加斯上台之后,也没有忘记军队给他的支持,给予了军队更多的利益输送。"在1930年的时候,巴西军队的人数为48000人;到了1936年,军队人数增加到了80000人。到了1945年,人数则增加到了171000人。军队开销所占预算的比重也从1931年的19.4%增长到了1938年的30.4%。"②

  资本主义中心与边缘的世界体系,及其在边缘区国家内部对这一体系的复制,导致边缘区发展中国家内部的高度不平等,形成了富人精英和穷人两大对立的阶级或阶层。而随着这些国家走出贫困陷阱,很多国家都开始了从威权政府向民主统治的转向。在这一转向过程中,富人精英为了掌控国家政权而与政府官员形成了同盟,这导致这些国家无效率政府的出现并长期化。这种无效率政府既没有能力,也没有意愿来为国家或地区公共产品的提供征集税收,这导致这些国家公共产品普遍的供给不足,表现为公共基础设施不足、基础教育难以普及、犯罪率居高不下和失业、养老等社会保障严重缺乏,等等。而公共产品的供给不足又限制了这些国家和地区的长期经济增长及其向高收入国家迈进。

---

① 阿图尔·科利:《国家引导的发展——全球边缘地区的政治权力与工业化》,朱天飚等译,长春:吉林出版集团有限责任公司,2007年,第160页。
② 阿图尔·科利:《国家引导的发展——全球边缘地区的政治权力与工业化》,朱天飚等译,长春:吉林出版集团有限责任公司,2007年,第167页。

第四章 | 跨越"中等收入陷阱"过程中的有效政府：比较的视角

一、美国、日本和德国：保护主义的先驱

对于英国的崛起，人们多将其归功于"工业革命"和"自由贸易"的作用。的确，在英国的经济发展过程中相当长的时间里推行过自由贸易政策，但那是在经过了数个世纪的直追与赶超，特别是经过工业革命，已经取得了在世界范围内无可匹敌的强势地位后。英国最初追赶欧洲低地国家以致率先进行工业革命的秘诀并不是靠自由贸易的政策，恰恰相反靠的是重商主义经济思想，以及由此而推行的严格贸易保护主义政策。当然，"即使英国似乎并没有前后一贯的有形发展计划，政治精英也是代有新人，但国家政策的总方向一直没有偏离重商主义"①。英国之所以选择保护主义政策并非是它的创新，它也是在借鉴别国的发展经验后长期推行的政策。"在1680—1820年间，英国人均收入的增长超过了其他任何一个欧洲国家。这归功于它对由荷兰人建立的银行、金融、财政和农业制度的改进，以及在此期间工业生产率的提高。"②

如果说保护主义是英国的"专利"的话，那就大错特错了。在追赶英国的后来者当中，美国可谓令人瞩目，不仅仅是因为其发展过程比其母国短暂而迅速（从1776年独立到20世纪上半叶取得霸权地位仅一个半世纪的时间），更在于其经济是脱胎于16—18世纪重商主义经济学革命时代的母体。最初的北美殖民者希望将英国的制度移植到美洲，但美国人"青出于蓝而胜于蓝"，成功逃脱了诸如拉丁美洲等其他殖民地的"第三世界"的命运，原因就是美国继承了英国重商主义的传统，并将其发扬光大到极致。即，美国实施了世所罕见的保护主义，从而成功实现了对英国的经济赶超。日本在20世纪的经济追赶，特别是"二战"后从废墟上重新站起来，创造了"日本奇迹"，也是通产省通过制定细致入微的系统产业政策，并坚定不移地贯彻下去，才逐步走向辉煌的。德国的经济崛起也不例外。从19世纪70年代后期起，德国就开始推行贸易保护政策。德意志爱国者弗里德里希·李斯特

---

① 梅俊杰：《自由贸易的神话》，上海：上海三联书店，2008年，第109页。
② 安格斯·麦迪森：《世界经济千年史》，伍晓鹰等译，北京：北京大学出版社，2004年，第7页。

(1789—1846)认为,"一国的发展程度主要取决于其生产力的发展程度,其中最为关键的是工业化的程度……国家作为一支政治力量对工业化的推进具有举足轻重的影响;特别是国家可通过保护性关税扶持工业及整个经济的发展"①。在德国,政府很少让经济"自由放任",政府与经济之间的关系一直很紧密,以至到19世纪末"经济领域更需要来自政府的战略思考、相机行事及灵活行动和决策的能力"②。

当然,诸如以上所述受益于严格的贸易保护主义的并非仅英国、美国、日本、德国等国,法国、加拿大、俄国等许多国家都在此列。由于史料众多,难以尽述,在此仅以美、日、德为例,阐述经济发展进程中国家的力量。

（一）美国的保护主义关税政策③

有这么一个公式,美国体系＝保护制＋国内改进。意即:征收保护性关税以利于制造业,建立国内市场和改善交通运输以利于农民。而且,在这个公式的发明人亨利·克莱看来,实行保护关税制、征收高额进口关税是建立"美国体系"的根本。之所以提高关税,是想通过征收关税增加国家的财政收入,限制外国商品流入和本国短缺商品流出,保护和促进国内产业的发展。④

1. 保护主义关税简史

美国在立国之初就遭遇英国廉价工业品的入侵。"1783年巴黎和约签署后,英美两国恢复正常贸易,英国的制成品便潮水般地运销美国。"⑤史学家们认为,1781—1789年的邦联是美国在经济、政治、外交上均为极度困难的时期,一个直接原因就是英国货的大举涌入与冲击。并且这一入侵还包

---

① 梅俊杰:《自由贸易的神话》,上海:上海三联书店,2008年,第364—365页。
② 彼得·马赛厄斯、悉尼·波拉德:《剑桥欧洲经济史(第八卷)》,王宏伟等译,北京:经济科学出版社,2004年,第669页。
③ 本部分曾经以《美国关税政策的演变、经济绩效及其对中国的启示》为题,发表于《当代经济研究》2012年第1期。
④ Stanley Lebergott, The Americans: "An Economic Record". W. W. Norton&Company 1984, pp.140—156.
⑤ 梅俊杰:《自由贸易的神话》,上海三联书店,2008年,第206页。

含有摧毁其弱小工业的企图。此时的美国还是一个由各州组成的松散邦联,内部组织松散甚至意见相左,政府无法开展有效的干预活动。面对着独立战争之后邦联的财政捉襟见肘,一项从殖民地时期(1620—1776)就沿袭下来的保护主义政策——关税保护——被用来解决长期的贸易赤字。"当第一届大陆会议着手于建立一个税收体系,以使政府能够运转和偿还部分战争债务时……代表们很快批准了在独立战争和邦联时期曾被各州破坏的关税准则。"①事实上,关税一直都被认为是邦联收入的基本来源。内战前,"关税收入占邦联政府收入的85%以上。"②

众所周知,立国之初的美国是由两个相互竞争经济体系组成的混合体,即北方幼稚工业和南方奴隶种植园经济。二者之间由于利益的焦点不同,北方希望形成全国统一的消费品市场、保护幼稚工业;南方需要为它的农产品寻找海外市场,由此导致了南北双方经济、政治上的长期对峙,矛盾的焦点之一就是对关税的争论。"美国国会通过的第一个法案《1789年关税法案》,将从价税从5.25%提高到7.5%,并对酒类、糖类与咖啡征收特别关税……在接下来的15年里,许多商品以每次约2.5%的比例共分五次加税,税率最终几乎都翻了两番"③。通常认为这第一个关税法是温和的保护主义。此后美国的工业蓬勃发展。

虽然南北之间的矛盾由于1812年的对英战争而暂时得到缓解,但该年美国全部关税都翻了一倍,用于资助美军的军事行动。而1812—1815年英美战争结束后签订的《根特条约》(1815年2月7日经美国会批准)则带来了国内更高呼声的保护主义高关税的主张。因为在战争之前,由于英美之间的摩擦致使美国于1807年出台了彻底断绝对英贸易的《禁运法案》和随后

---

① 斯坦利·L.恩格尔曼、罗伯特·E.高尔曼:《剑桥美国经济史(第一卷)》,亚云仙等译,北京:中国人民大学出版社,2009年,第296页。

② 彼得·马赛厄斯、悉尼·波拉德:《剑桥欧洲经济史(第八卷)》,王宏伟等译,北京:经济科学出版社,2004年,第584页。

③ 迈克尔·赫德森:《保护主义:美国经济崛起的秘诀(1815—1914)》,贾根良等译,北京:中国人民大学出版社,2010年,第31页。

1809年的《互不往来法案》。在这7年多的时间里,美国对英进口大幅降低,从而培育了北方的进口替代工业。此时,南方"杰斐逊主义者认为国内工业为保障美国经济独立所必需,即使这将可能将经济权力转移至工业化程度更高的北方"。杰斐逊说:"要想独立自主的幸福生活,我们必须自力更生。当前,我们务必要把工业提升到与农业同等的地位。"①麦迪逊曾经反对过保护性关税,但他在1815年的国会咨文中却呼吁征收关税,这促成了《1816年关税法案》的出台。"1816年的关税被认为保护了民族工业——纺织、钢铁和其他一些较少的工业企业,这些工业在1812年战争之前及战争期间,因为对外贸易的减少而扩大了市场规模,恢复和平后,它们被迫面对高效率的外国对手的竞争。出于以上考虑,议会将关税税率定为25%或更高"②。它被认为是美国历史上第一个保护性关税。如当时印度的棉布每码售价6美分,而该关税条例实施后,进口棉布的售价每码卖到不低于25美分,保护了本国棉纺织业发展。

"从那时(1816年)起,可以把19世纪的美国商业史划分为三个相对独立的时期。第一个时期,从1816年持续到1846年,可称为保护主义时期。第二个时期,从1846年持续到1861年,有时被称为自由主义时期,但更准确地说应该是非常温和的保护主义时期。最后一个时期,从1861年到此时期末(实际上是到了第二次世界大战末期),是严格的保护主义时期。"③

而《1824年关税法案》关税率又大幅度提高,达到进口货价的27%。具体来说,1816年所有棉纺织品均征收25%的关税,凡价格低于每码25美分的均按25美分征税。而这一价格在1824年升至30美分。④ 该法案出台之

---

① 迈克尔·赫德森:《保护主义:美国经济崛起的秘诀(1815—1914)》,贾根良等译,北京:中国人民大学出版社,2010年,第32页。
② 彼得·马赛厄斯、悉尼·波拉德:《剑桥欧洲经济史(第八卷)》,王宏伟等译,北京:经济科学出版社,2004年,第585页。
③ 彼得·马赛厄斯、悉尼·波拉德:《剑桥欧洲经济史(第八卷)》,王宏伟等译,北京:经济科学出版社,2004年,第127页。
④ 参见梅俊杰:《自由贸易的神话》,上海:上海三联书店,2008年,第224页。

前,南北方关于关税的争论非常激烈,南方各州几乎全部反对关税壁垒。尽管如此,历届的总统候选人还是都声称支持关税(没有关税的保护,工业无法发展)。比如,1824年虽然对毛织品征收33%的关税,但是美国制造商要承担当时40%的跨大西洋运输成本和政府对羊毛征收的20%的关税。故而美国制造商要想和具有低工资成本和高度机械化优势的英国产品竞争,只有提高劳动生产率,而这需要资本投入。当时的资本只能通过高关税保护获取。①

而到1827—1828年关税进一步上升,从量关税达到了平均45%。1828年"可憎法案"的通过使棉纺织品的关税达到内战前最高点,1830—1832年更是上升到71%。1833年棉布每码绝对税额虽然从8.75美分下降到8.4美分,但它的价格降幅更大,所以关税率反而达到82%。到1842年棉布每码税额下调为7.53美分,由于棉布价格跌到7美分以下,所以实际关税率超过100%!② 从以下的数据中我们可以看到美国棉纺织业的发展:1815—1833年棉布产量年均增长15.4%,1834—1860年增幅虽然放慢,但依然维持在5.1%。另据统计,全美棉纺厂在1831年已有795家,1859年再增至1091家,数量仅次于英国。③ "可憎法案"引起了南北矛盾的激化,甚至出现了"南卡来罗纳拒绝联邦危机",后亨利·克莱推行了《1833年妥协关税》,建议在4年中逐步降低关税率;到1842年所有关税率不得超过20%。此后到1862年关税率一直比较稳定。

由于南北各种矛盾激化并最终导致了美国内战的爆发。战争带来的是财政的窘迫,联邦政府的开支急剧上升。为了获得足够的资金,联邦政府不断提高关税(这是常见的税收来源),"为了应对大量的紧急情况税率有时还

---

① 参见迈克尔·赫德森:《保护主义:美国经济崛起的秘诀(1815—1914)》,贾根良等译,北京:中国人民大学出版社,2010年,第66页。
② 参见梅俊杰:《自由贸易的神话》,上海:上海三联书店,2008年,第224页。
③ 参见梅俊杰:《自由贸易的神话》,上海:上海三联书店,2008年,第225页。

会翻上两倍"①。战后,贸易保护主义者极力反对将关税降至战前水平。1883年关税发生了明显的变化:对制造品平均征收45%的关税;"进口量最大的羊毛和棉纺织品的进口税率被大大提高;钢轨的税率由每吨28美元降至17美元,这仍足以排斥此后的钢轨进口……"②1890年后的保护主义关税高潮主要反映在两个关税法案上:一是1890的麦金利公司法案,马口铁和马口刚的关税率1890年之前在15%~30%之间,而1890年后则提升了70%。到1894年,美国国产马口铁的产量就达到7300万吨,占国内马口铁总消耗量的1/4;而到1897年虽然税率下调了40%,但美国本土产量已达2.57亿吨,占国内马口铁总消耗量的3/4。③ 这足以表明美国的保护主义对本国幼稚工业发展的推动作用。二是1897年丁利法,这个法案因为确定了平均57%的关税税率而成为当时最具保护主义的法案。

第一次世界大战的爆发使美国的经济迎来了空前的繁荣阶段,所以保护主义的呼声有所缓和。但战后的环境使人们又回到保护主义的轨道上来,只不过这一阶段的关税是为了保护农民的利益。1921年的紧急关税法案提高了农产品的关税,同时制造品实际支付关税上升了30%。1922年福特尼-麦坝贝尔高速法案和1930年6月9日生效的豪利-斯莫特(Hawley—Smoot)关税法进一步提高了农产品关税,豪利-斯莫特关税法更是使美国的贸易保护达到了顶峰,平均关税率达到了53%。人们普遍认为这一法案中的保护性关税为陷入危机中的美国经济提供了力所能及的帮助,从而该法案也成为美国历史上最具保护主义的法案。

通过关税保护,美国逐步从一个落后的农业国成长为工业强国。"到1900年时,美国明显地从一个处于困境的、不发达国家转变为一个世界上最

---

① 彼得·马赛厄斯、悉尼·波拉德:《剑桥欧洲经济史(第八卷)》,王宏伟等译,北京:经济科学出版社,2004年,第586页。

② 彼得·马赛厄斯、悉尼·波拉德:《剑桥欧洲经济史(第八卷)》,王宏伟等译,北京:经济科学出版社,2004年,第586页。

③ 参见彼得·马赛厄斯、悉尼·波拉德:《剑桥欧洲经济史(第八卷)》,王宏伟等译,北京:经济科学出版社,2004年,第587页。

富裕的和经济高度发达的国家,此时再保护国内工业将不可避免地使世界各地的生产处于萧条状态。"①随着美国工业的迅速发展,制造业的全球竞争力不断增强,一个开放的、自由的全球市场成为美国工业持续扩张的基本条件。因而,继续此前的贸易保护主义政策已不合时宜。所以此后美国的关税税率不断下降,到1991年美国的平均关税率为3.4%。

表4-1　美国重大政策时期进口关税与进口的比率

	进口关税与进口的比率(%)	
	全部进口(免税和应征关税)	应征进口关税
1821—1824	43.4	45.8
1829—1831	50.8	54.4
1842—1846	25.3	31.9
1857—1861	16.3	20.6
1867—1871	44.3	46.7
1891—1894	22.9	48.9
1908—1913	20.1	41.3
1914	14.9	37.6
1923—1927	14.1	37.7
1931—1933	19.0	55.3
1935—1938	16.4	39.8
1944—1946	9.5	28.3
1968—1972	6.5	10.1
1978—1982	3.5	5.8

资料来源:转引自[英]彼得·马赛厄斯、[英]悉尼·波拉德:《剑桥欧洲经济史(第八卷)》,王宏伟等译,北京:经济科学出版社,2004年,第128页。

---

① 彼得·马赛厄斯、悉尼·波拉德:《剑桥欧洲经济史(第八卷)》,王宏伟等译,北京:经济科学出版社,2004年,第590页。

2. 关税保护的经济影响

美国通过关税的保护,北方幼稚工业逐渐发展壮大,从而成为世界首屈一指的工业强国。"一战"前美国年总产值已大于英国、德国、法国三国之和。① 按照贝洛赫(Bairoch,Paul)《国际工业化水平》一书提供的数据,到1913年,美国已经超越英国和其他欧洲国家,成为世界人均工业化水平最高的国家,人均工业化指数达到126(见表4-2)。

表4-2 人均工业化水平的演进(1900年联合王国=100)

	1860	1880	1900	1913
美国	21	38	69	126
欧洲(包括俄国)	19	29	41	58
联合王国	64	87	100	115
比利时	28	43	56	88
瑞士	26	39	67	87
法国	20	28	39	59
德国	15	25	52	85

资料来源:[法]贝洛赫:《国际工业化水平》,第269—333页。

从表4-3中我们可以清楚地看到,随着保护主义关税政策的加强,美国人均GNP迅速增加,其中保护主义最为严重的时期(1869—1909)人均GNP达到"一战"前的最高值2.4%。

表4-3 美国人均GNP的长期年均变化率(1860年价格)(%)

1774—1800	0.3
1800—1834/1843	0.9
1834/1843—1869	1.3(1.7)[a]

---

① 参见斯坦利·L.恩格尔曼、罗伯特·E.高尔曼:《剑桥美国经济史(第二卷)》,王珏等译,北京:中国人民大学出版社,2009年,第5页。

续表

1774—1800	0.3
1869—1909	2.4
1774—1909	1.1

注:a.1.7 指 1834/1843—1859 年数据。

资料来源:转引自[美]斯坦利·L.恩格尔曼、[美]罗伯特·E.高尔曼:《剑桥美国经济史(第二卷)》,王珏等译,北京:中国人民大学出版社,2009年,第18页。

长时间的关税保护带来的另一个变化是美国经济结构的彻底转变,虽然农业在内战后也迅速发展,但似乎被蓬勃兴起的制造业远远甩在了后面。就占国民经济的比重而言,"1869年时,农业占53%,制造业占33%,矿业和建筑业和占14%;30年后,则分别为33%、53%、14%",制造业与农业的位置发生了戏剧性的颠倒,不能不引起人们的深思。"到1900年,制造业的年产值为农业年产值的两倍还多。"在制造业内部,机器制造根据产业按附加值所作的排名,1860年只是美国第六大产业,而到1880年,它的排名已位居第一,第二是钢铁业,并且这个排名到1920年一直都没有变化。[①] 表4-4反映的是"一战"前(也就是美国已成世界最发达国家时)农业与制造业出口结构变化,从该表可以间接反映出两者之间的惊人转变。总的趋势是农产品出口比率逐渐下降(虽然农产品出口比重此时仍然较大),制造业产品出口却逐年增加。近一个半世纪以来美国从一个依靠大宗农产品的出口国变成了制造业发达的工业强国。

表4-4　1770年和1803—1913年的美国出口(宽泛的商品目录)结构(%)

时期	产品					林业	海产品	制造业	未知或未分类的
	农业								
	总和	畜产品	蔬菜食品	烟草	棉花				
1770	69.5	4.8	32.0	27.3	0	12.4	15.8	0.2	2.3[a]

---

① 参见梅俊杰:《自由贸易的神话》,上海:上海三联书店,2008年,第250页。

续表

时期	产品					林业	海产品	制造业	未知或未分类的
	农业								
	总和	畜产品	蔬菜食品	烟草	棉花				
1803—1810	75.3	8.2	25.4	13.0	24.4	12.4	6.6	4.7	1.0
1811—1820	83.2	4.4	35.4	10.9	31.6	9.1	2.8	3.5	1.4
1821—1830	79.4	5.0	18.0	10.6	47.6	7.8	3.0	8.0	1.8
1831—1840	81.4	3.4	10.2	8.3	58.0	5.8	2.9	8.6	1.3
1841—1850	80.4	6.9	16.1	7.4	49.8	5.4	2.8	9.3	2.0
1851—1860	80.4	NA	NA	6.1	53.2	5.0	1.5	12.1	—
1869—1878	81.5	13.1[b]	16.6[c]	4.9	40.2	4.0	NA	15.8	—
1879—1888	78.0	14.1	30.9	2.7	28.9	3.4	NA	13.7	—
1889—1898	72.5	16.8	27.6	2.5	24.6	3.9	NA	16.2	—
1899—1908	59.7	14.4	20.0	2.0	23.2	4.8	NA	23.3	—
1904—1913	52.9	11.5	14.4	2.0	25.5	5.3	NA	27.3	—

注：a.主要指矿产品。b.只指肉类和肉产品。1879—1888 年的相应数据是 10.0%。
c.仅指小麦和面粉。1879—1888 年的相应数据是 20.4%。

资料来源：转引自[美]斯坦利·L.恩格尔曼、[美]罗伯特·E.高尔曼：《剑桥美国经济史（第二卷）》，王珏等译，北京：中国人民大学出版社，2009 年，第 494 页。

贸易条件指数也称"进出口比价指数"，通常是通过出口物价指数和进口物价指数相比而得的一种相对指标。一般来说，一国贸易条件指数的上升通常被看作是经济的进步和贸易条件的该善。而长期依靠出口初级产品的国家，其贸易条件指数会下降。表 4-5 为我们提供了一幅美国贸易条件长期发展的美好图景，其数据涵盖了从建国之初到"一战"前，也就是美国从一个不发达的农业国成长为发达的工业国的发展过程，贸易条件指数几乎增长了 2/3（见表 4-5）。

表 4-5 美国的贸易条件(1913=100)

时期	贸易条件指数	时期	贸易条件指数
1789—1798	58	1849—1858	90
1799—1808	66	1859—1868	80
1809—1818	60	1869—1878	87
1819—1828	65	1879—1888	97
1829—1838	79	1889—1898	90
1834—1843	83	1899—1908	97
1839—1848	77	1904—1913	99

资料来源:转引自[美]斯坦利·L.恩格尔曼、[美]罗伯特·E.高尔曼:《剑桥美国经济史(第二卷)》,王珏等译,北京:中国人民大学出版社,2009年,第506页。

(二)日本的产业政策

1. 产业政策成长历程

根据罗伯特·尾崎(Robert Ozaki)的观点,产业政策"是一个土生土长的日本名词,无法在西方经济学专业词典里找到。然而,在博览有关文献的基础上,可作如下界定:它是指一套复杂的政策,涉及保护本国产品,发展战略工业,调整产业结构,以适应当前或未来国内外经济形势的变化。这套政策是由通产省根据它对民族利益的理解,为实现民族利益的目标而制定和推行的"[1]。日本自明治维新走上资本主义发展道路以来,其经济发展速度之快,特别是"二战"后所创造的"日本奇迹",对于许多西方人来说如谜一般神秘,引起了学者们对日本经济研究的极大兴趣。查默斯·约翰逊的经典名著《通产省与日本奇迹》为我们揭示了这一谜团,"日本奇迹"的发生有赖于日本政府制定的细致入微的系统产业政策以及坚定不移地贯彻执行。在此笔者试图梳理日本战略性产业政策成长历程以获得有益借鉴。

众所周知,日本国土面积狭小,资源匮乏,经济发展很大程度上依赖对

---

[1] 查默斯·约翰逊:《通产省与日本奇迹》,金毅等译,长春:吉林出版集团有限责任公司,2010年,第27页。

外贸易。但是日本并没有遵循李嘉图的比较优势理论让自己的相对优势决定产业的发展方向,而是有选择地进行干预以改变日本的产业结构,先是由轻工业转向重化工业,后又转向知识技术密集型产业。日本政府对经济干预的手段也是世所罕见的,从扶持到高压。美国政府一般采用立法手段干预经济,而日本则通过被称为"政府引导"的非正式手段进行干预。"政府引导在任何法律中都没有明文规定,其影响来自政府官僚的权力,他们可以对那些不听从其'建议'的公司加以惩罚或把这些公司置于不利地位。"[1]总体来说,日本产业政策的发展经历了三个阶段:"1931—1945年间的管制经济范式、20世纪50年代推动出口的范式以及20世纪60年代的高速增长和自由化范式。"[2]

(1)管制经济范式

日本产业政策中的管制经济范式出现在20世纪20年代末到"二战"结束后。这一时期,日本经济治理方式发生了重大变化——政府出现,这一变化主要受德国的强烈影响。"尽管政府干预在日本产业化中有悠久的传统,但产业政策的系统实践却直到20世纪20年代后期才开始。"[3]第一阶段从1931—1937年,该阶段主要通过对中小企业的保护和援助,强制实行行业内的自主管理活动,以达到管制经济的目的;第二阶段从1937年日本发动全面侵华战争开始,以《全国总动员法》为标志,对经济实行直接控制;到第三阶段《重要产业团体令》通过后,日本政府制定战略性产业政策的能力已大大增强。"同时,各种各样约束市场力量的治理结构,以及终身雇佣制、年功序列制和企业内工会为标志的当代日本管理的雏形也发展起来。"[4]

---

[1] 托马斯·K.麦格劳:《现代资本主义——三次工业革命的成功者》,赵文书译,南京:江苏人民出版社,2000年,第532页。

[2] 高柏:《经济意识形态与日本产业政策》,安佳译,上海:上海人民出版社,2008年,第12页。

[3] 高柏:《经济意识形态与日本产业政策》,安佳译,上海:上海人民出版社,2008年,第61页。

[4] 高柏:《经济意识形态与日本产业政策》,安佳译,上海:上海人民出版社,2008年,第93页。

日本政府对企业的干预与扶持由来已久,到20世纪30年代达到前所未有的程度。1918年制定的《军需工业动员法》是日本在战时通过的第一部产业管理的法令。这部法令规定了军需品的范围,并宣布政府有权征用生产军需品的企业。1925年日本政府为保护中小企业,结束中小企业之间的过度竞争,通过了《输出协会法》和《主要输出品工业协会法》,强制成立特定产业出口卡特尔。在这之前,日本已有过企业联合组织的先例。

1931年的《重要产业统制法》,虽然只有10条内容,但它被认为是当时唯一最重要的产业立法。该法规定,"控制应该由各企业自身在各行业中进行,也就是说,该法批准了以企业间卡特尔协议为形式的所谓'自我控制',以确定产量、价格、限制新企业进入本行业和控制本行业的产品销售。"①该法还规定,如果某个产业中有2/3的企业同意组成卡特尔,经商工省审查同意即可组建卡特尔。当然,政府有权更改条文和废除已建的卡特尔。如某卡特尔中2/3的成员达成某种协议,则其他成员必须遵从。非卡特尔成员如不遵守协议,政府可强制他们遵守。此后,日本卡特尔成员数量剧增。根据该法案,"卡特尔在26个被指定的'重要产业'中组织起来,包括生丝、人造丝、造纸、水泥、面粉、钢铁以及煤炭等行业。"②之后,许多工厂合并了,如王子造纸公司、三和银行、三菱重工和住友金属公司等,而这促进了经济势力的集中——近乎垄断的集中。

在《重要产业统制法》实施后一个月,日本侵占了中国东北三省,整个经济都开始向备战转移。1934年通过的《石油工业法》及其随后制定的相关法令保护了汽车制造、人造汽油、钢铁、机床、航空器材生产和造船等产业,限制了进口和外来竞争,强化了政府对相关产业的控制。该法是1962年通过的石油工业法的前身。1936年的《汽车制造业法》规定在日本的汽车制造商必须获得政府特许,获特许的公司可以得到政府一半资金的支持,而且免征

---

① 查默斯·约翰逊:《通产省与日本奇迹》,金毅等译,长春:吉林出版集团有限责任公司,2010年,第120页。
② 查默斯·约翰逊:《通产省与日本奇迹》,金毅等译,长春:吉林出版集团有限责任公司,2010年,第122页。

5年营业税和进口税。获得特许的公司只有两家，丰田和日产。这一法令成功地将外国汽车企业（福特和通用）拒之门外，这也是该法制定的意图所在。《石油工业法》和《汽车制造业法》是政府为实施保护主义产业政策所制定的第一批重要法令，它也对战前和战后的产业政策的制定起到了承上启下的作用。

1937年7月，日本发动了全面侵华战争，经济也开始全面支持军事需要，产业结构明显倾向于重化工业，这可以从以下列举的法令中体现出来：1937年8月10日的《人造石油法》、1937年8月12日的《钢铁工业法》、1938年3月30日的《机床工业法》和《飞机制造业法》、1939年4月5日的《造船业法》、1939年5月1日的《轻金属制造业法》、1941年5月3日的《重要机械制造业法》。当时的这些法令促进了相关产业的发展，同时，政府对企业干预和控制也越来越强烈。1938年通过的《全国总动员法》则极大增强了政府官员干预经济的权力，它将科技、文教、新闻报道、工业、交通运输、金融贸易等都置于政府控制之下。其后又根据此法颁布了各种统制法令，将国民生活的各个方面都纳入国家统制范围。

其后，日本政府又先后公布了一系列的法令如《重要产业团体令》（1941年8月）、《军需公司法》（1943年9月）等，这样，日本政府就以人、钱、物的全面统制为中心，并配合以产业团体和舆论宣传等方面的严格控制，彻底实施了进行"总力战"的战时统制经济。

"二战"后，日本国内由于通货膨胀和物质短缺引发了严重经济危机。为了重建工业，政府采取了将资源集中于煤炭、钢铁和化肥产业的倾斜生产方式。因此，在产业政策中，生产仍处于优先地位。所以，1946—1949年，日本经济基本延续了管制经济的范式，这一时期日本政府对经济的干预达到了空前的程度。盟军最高统帅部采取的一些民主改革政策——军国主义势力的消除、财阀的解体、对工会的支持、土改消灭地主阶级——也为日本政府实践产业政策创造了一个崭新环境。倾斜生产方式使日本政府对经济的管制不仅作用于对生产资料的分配，还渗透到对居民的日常生活用品如食品、衣服、家用燃料等的分配上。这一制度为日本由管制经济向战后"推动出口的范式"过渡，起到了重要作用。

倾斜生产方式的实施极大地刺激了重要产业生产力的发展。如果把1934年和1936年的生产指数定为100的话,到1947年为22.6,1949年为55.2。同时平均每个煤矿的年产量由1948年的5.8吨增加到8吨。① 但此时的日本经济仍不稳定。美国政府认为日本经济存在两个严重的依赖:一是私营企业严重依赖政府补贴,二是政府又严重依赖美国政府的援助,所以应把日本发展成为自给自足的民主国家。道奇计划应运而生,它的实施结束了管制经济的时代。

（2）促进出口的范式

日本在"二战"后经历了十多年的经济孤立,而道奇计划的实施则为日本创造了一个全新的经济环境:政府成功实现了财政收支平衡,更抑制了恶性通货膨胀,使日本基本摆脱了物价与工资轮番上涨的恶性循环。当日本再次面对国际竞争时,产业政策不得不发生重大转变,竞争力和效率开始成为主题。熊彼特的创新理论在日本得到了较好的应用和发展。日本经济学家认为,一国企业能否具有国际竞争力取决于其生产技术的比较优势,而生产技术的比较优势来自不断地有意识地培育。"为了获得这种优势,日本政府不仅应该为私营企业提供可以用于生产设备投资和技术改造的政府贷款,而且必须支持或发起企业层面上的制度改革,以使日本的管理环境更有利于创新的实现。"②因此,日本政府产业政策的重点开始由控制资源配置转移到提高战略性产业的竞争力上来,促进出口成为此时产业政策的核心目标。

为了建立生产技术的比较优势,日本政府建立了一个扶植新工业的制度。具体措施有:第一,首先进行调研,再起草基本政策报告,内容是关于该工业的需要和发展前景。第二,由通产省批准外汇配额,开发银行提供贷款。第三,授予引进外国技术的许可证。第四,为了便于批准新生的投资做

---

① 参见高柏:《经济意识形态与日本产业政策》,安佳译,上海:上海人民出版社,2008年,第134页。

② 高柏:《经济意识形态与日本产业政策》,安佳译,上海:上海人民出版社,2008年,第139页。

特别和加速的折旧。第五,无偿或以象征性的价格为新生工业提供土地供其建造厂房。第六,减免新生工业关键性税收(如免去石化工业进口催化剂和特殊机械设备的关税等)。第七,通产省成立"行政指导卡特尔",协调产业中企业之间的竞争。① 为鼓励出口,日本政府于1950年建立了出口银行,为企业提供长期存款贷款。1951年又建立了发展银行,为电力、造船业等行业提供资金支持。在钢铁行业,政府为企业提供总资本15%的资金。同时,日本也进口了大量专利技术,其中主要是从美国进口。

在促进出口政策范式的作用下,日本政府和市场的关系发生了变化。政府与市场之间的关系不再相互排斥,而是在一定程度上相互补充,市场开始取代政府对资源进行配置和调节价格。虽然市场的功能被恢复,但政府并不是完全放任,而是通过市场作用激发企业的竞争力,并实现其政策目标。政府为战略性企业的竞争提供优惠条件,并通过政府管制严格限制其他企业的进入。

战后,日本在恢复重建过程中面临着一个巨大的问题:美元的短缺。为解决这一问题,日本政府实行外汇管制措施,通过了《外汇和外贸法》。该法规定企业出口所得外汇必须全部上缴,进口所需外汇由政府配给。这一政策一方面使有限外汇得到有效使用,另一方面也限制了进口,保护了本国工业。同时,日本也于1951年实施关税策略,高筑关税壁垒,保护本国企业免受外国企业的冲击,丰田汽车公司就是在日本高关税保护下成长壮大的例子,类似的例子还有很多。

日本政府为消除过度竞争,先后两次修订了反垄断法,意在将有限物质集中至大企业,培养战略行业的国家竞争力。为此目的,卡特尔被允许甚至得到鼓励,由以下的一系列法规可以得到见证:1955年的《煤炭产业合理化临时法》,1956年的《促进机械工具发展临时法》和《纤维行业设备临时法》,1957年的《促进电子业发展临时法》和《生丝生产设备临时法》等。先前被解散的财阀也在这一时期被重组为关联公司集团,银行由于为其提供贷款

---

① 参见查默斯·约翰逊:《通产省与日本奇迹》,金毅等译,长春:吉林出版集团有限责任公司,2010年,第259、260页。

而成为集团的股东,公司之间交叉持股也迅速发展。

如果说内部的产业政策的调整为日本经济迎来高速增长积蓄了力量的话,那么朝鲜战争的爆发则提供了外部的机遇。朝鲜战争的爆发对于正在接受美国援助的日本经济来说,犹如注射了一支强心剂,帮助(严格地说是部分帮助)渡过了日本所谓的"安定恐慌"状态,但也对日本的产业政策产生了冲击。来自美国的巨额军需品和服务的订单源源不断,不仅满足了日本战后重建的资本需求,也促进了日本的出口工业发展。这些订单的数量列举如下:1950年1.49亿美元,1951年5.92亿美元,1952年猛增到8.24亿美元,1953年为8.09亿美元,1954年为5.96亿美元,1955年为5.57亿美元。日本的出口也由1949年的5.1亿美元猛增到1950年8.09亿美元和1951年的13亿美元。①

由于战争的需要,重整军备被提上议事日程,之前美国曾提出过此要求,战争状态下重整军备对美国来说更显重要。虽然国内民众出于安全考虑,也有部分表示支持重整军备计划,但反对的呼声也很高,日本此时面临着一个两难的选择,是要政治独立还是要经济发展。面对国内的众说纷纭和各种势力之间的争斗,日本的两大战略逐渐清晰。一是吉田茂的政治战略:既要与美国建立联盟,获得经济发展和军事庇护,又不能因重整军备而卷入美苏两大集团的军事冲突之中;二是日本经济学家根据熊彼特的创新理论提出的经济战略,认为经济的增长必须依靠技术创新。1956年经济白皮书发表后,日本对比较优势的认识更深入。他们认为:比较优势不一定要建立在自然禀赋上,通过有目的的努力比较优势是可以建构起来。一国开始可以依靠自然禀赋出口低级产品来获得资本积累,但它也必须发展国家战略性产业(如重化工业),以增强国家竞争力。这些思想极大影响了日本的产业政策的制定。

(3)高速增长和自由化范式

20世纪60年代,日本迎来了高速增长期,产业政策的经济战略观也发

---

① 参见高柏:《经济意识形态与日本产业政策》,安佳译,上海:上海人民出版社,2008年,第153页。

展到了一个新的水平,由过去强调战略产业扩展到综合国力。政府也开始采用积极的财政政策,着力于产业结构升级,提升国家竞争力。同时,日本也开始实行贸易自由化,将日本企业纳入一个新的体制。按照有泽广巳的定义,"新的产业体制是为了协调私营企业行为、企业间关系,以及政府与私营企业在经济生活中的角色与责任做出的制度性安排"①。

实际上,到1953年日本的人均国民生产总值已超过战前,朝鲜战争又为日本带来了空前的繁荣。"从50年代后期起,日本开始进入大众消费时期,消费者争先恐后地购买耐用消费品,先是冰箱、洗衣机和黑白电视机这三大件,后来又是彩电、汽车和空调新三大件。"②为维持经济的高增长,日本政府于1960年采纳了国民所得倍增计划,该计划通过政府大量投资公共基础设施建设,创造更多就业机会,提高国民收入。要实现这一宏大计划就必须使经济增长率连续10年达到7.2%以上,这在当时看来似乎不可能实现。实际上日本仅用6年就完成了预定目标,到1973年日本人均收入是1953年的4.6倍(见表4-6)。

表4-6　日本人均GDP(1990年国际元)

年份	人均GDP	年份	人均GDP
1953	2474	1964	5668
1954	2582	1965	5934
1955	2771	1966	6506
1956	2948	1967	7152
1957	3136	1968	7983
1958	3289	1969	8874
1959	3554	1970	9714

① 高柏:《经济意识形态与日本产业政策》,安佳译,上海:上海人民出版社,2008年,第186页。
② 托马斯·K.麦格劳:《现代资本主义——三次工业革命的成功者》,赵文书译,南京:江苏人民出版社,2000年,第524页。

续表

年份	人均GDP	年份	人均GDP
1960	3986	1971	10040
1961	4426	1972	10734
1962	4777	1973	11434
1963	5129	1974	11145

资料来源：[英]安格斯·麦迪森：《世界经济千年统计》，伍晓鹰等译，北京：北京大学出版社，2009年，第172页。

在培育国际竞争力时，日本政府着力于技术比较优势的培养。为此，政府大力支持教育、科学和技术的发展，增加对战略性产业研发的投入，研发资金占国民收入的比例由0.9%增加到1970年2%。[1] 反对过度竞争这时也发展到一个新水平。为打造日本的规模经济，政府鼓励个体企业在研发、发展、投资等方面展开合作，甚至通过鼓励卡特尔等形式来限制竞争的范围和程度。1962年日本国会通过了《石油产业法》，依据该法案，大石油公司组成卡特尔，而政府则成立公共石油公司。由于该法案严重制约了竞争，所以成为大众批评的目标，同时也促使日本政府加大反垄断的力度。

1964年东京奥运会后的日本经历了一次经济衰退，政府为了维持高增长，不得不削减税收，而新建的基础设施项目又需要大量资金，因此政府作出了发行国债的决定。"日本政府通过1965年普通账户的补充预算发行了2600亿日元的国债，又通过1966的预算发行了7400亿日元的建设债券来维持经济增长。1965—1970年，通过公共支出的刺激，生产设备的私人投资也以平均21.1%的速度增长。"[2]

通过以上的论述，我们可以清晰地看到日本经济发展走过的道路，有成功有失败，有经济高速增长也有衰退和萧条。我们可以得出如下结论："日

---

[1] 参见高柏：《经济意识形态与日本产业政策》，安佳译，上海：上海人民出版社，2008年，第185页。

[2] 高柏：《经济意识形态与日本产业政策》，安佳译，上海：上海人民出版社，2008年，第205页。

本奇迹"的发生端赖于深深扎根在日本经济思想中的"民族——国家"的思想。"从 1931—1945 年的总体战争总动员,到 20 世纪 50 年代推动出口的努力,再到 20 世纪 60 年代面对贸易自由化和资本投资自由化的挑战,对国家利益的考虑一直是日本产业政策的推动力量。"①

2. 保护主义产业政策的经济影响

日本从产业政策的出现(大约 20 世纪 20 年代)到系统形成(大约 20 世纪 60 年代)的仅仅几十年的时间里,经济产生了巨大变化。这时期日本经济发生的变化,学者们通常喜欢用"日本奇迹"一词来形容。根据学者们的研究,奇迹之所以发生有赖于日本政府通过制定的系统产业政策,扶植干预本国产业的发展,而这种扶植与干预达到了前所未有的程度。在日本政府严格的产业干预下,迎来了经济的高速增长,见图 4-1。如果把 1951—1953 年日本国民生产总值的指数定为 100 的话,那么 1934—1936 年为 90,1961—1963 年为 248,1971—1973 年为 664。② 到 1968 年,日本成为仅次于美国的第二大经济强国。③

仔细观察图 4-1 我们可以发现,在日本政府开始加强政府干预的时期里(20 世纪 30 年代),日本经济稳步增长,虽然"二战"后略有下降。在战后重建过程中加强了对经济的干预,日本起死回生,从废墟中站起来,到 50 年代初国民生产总值已恢复到战前水平。60 年代开始推行国民收入倍增计划后,日本经济高速增长。日本人一般认为是从 1962 年起"奇迹"开始发生,这是因为,此时日本的产业政策已开始逐渐成熟,政府对经济的干预和企业的扶植也达到顶峰。虽然此期间有过经济危机和衰退,但都阻挡不了日本经济高速增长的步伐。

---

① 高柏:《经济意识形态与日本产业政策》,安佳译,上海:上海人民出版社,2008 年,第 217 页。

② 参见查默斯·约翰逊:《通产省与日本奇迹》,金毅等译,长春:吉林出版集团有限责任公司,2010 年,第 2 页。

③ 参见高柏:《经济意识形态与日本产业政策》,安佳译,上海:上海人民出版社,2008 年,第 525 页。

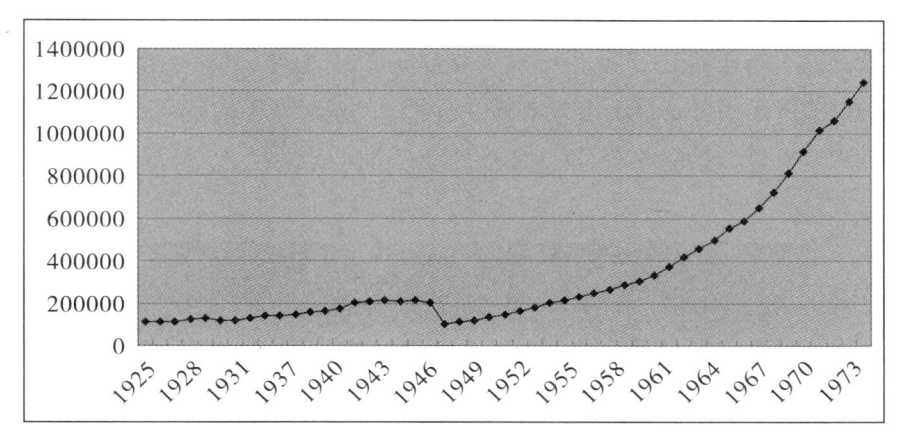

图 4-1 日本 GDP 水平（百万 1990 年国际元）

资料来源：[英]安格斯·麦迪森：《世界经济千年统计》，伍晓鹰等译，北京：北京大学出版社，2009 年，第 172 页。

日本实施的保护主义产业政策带来的另一个变化是工业结构的巨大变化。日本自"二战"前就采取的保护主义产业政策，强调重化工业的发展。在此，笔者统计了日本重化工业的数据包括化学工业、石油和煤产品、橡胶制品、钢铁、非铁金属、金属制品、通用机械、电器机械器具制造业、运输设备、精密机械器具制造业等产业（以下称重化工业）。轻纺工业的数据包括纤维制品（包括衣服和其他纤维制品）、木材、木制品（家具除外）、家具、装饰品、纸浆、纸和纸制品、印刷、出版及有关行业（以下称轻纺工业）。

1950 年重化工业的总产值为 3755 亿日元，到 1973 年增长为 155632 亿日元，增加了 40.45 倍。其中从 1950—1970 年化学工业增长了 22.84 倍，钢铁增长了 24.16 倍，通用机械增长了 60.30 倍，精密机械器具制造业增长了 104.84 倍。石油和煤产品更是从 1950 年的 86 亿日元增加到 1970 年的 2650 亿日元，增长了 29.81 倍。① 由此清楚表明，日本在重化工业方面的产业扶植力度和保护程度，促进了该产业的蓬勃发展。对有些产业而言，几乎完全是依靠政府的保护发展起来的，比如石油和汽车、飞机等产业。众所周知的日本丰田汽车公司前身是纺织品公司，20 世纪 30 年代开始生产汽车，

---

① 根据日本统计局公布数字作者计算得来。

得到了政府的扶持与保护（前已有论述），迅速发展，到 1966 年已成为日本最大的汽车制造商。同时，丰田汽车致力于打入"汽车王国"美国市场，1967 年美国成为丰田公司最大出口市场。而到 20 世纪 80 年代后，日产汽车则占美国汽车总进口量的 67%，这一发展速度是令人震惊的。[①]

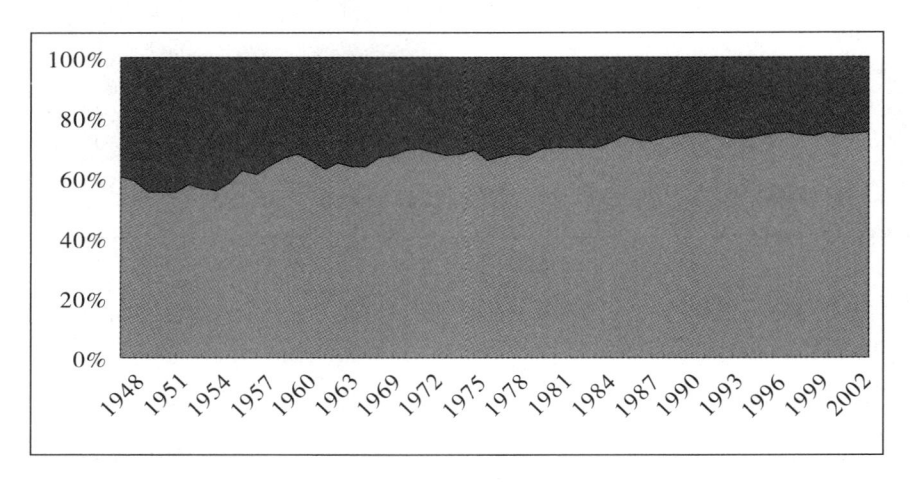

图 4-2　日本重化工业和轻纺工业产值比重

资料来源：根据日本统计局公布数字作者计算得来。

如果假设日本重化工业和轻纺工业产值比重之和为 100 的话，从图 4-2 可见，日本重化工业与轻工业产值比重之间的巨大差异。从 50 年代到 70 年代重化工业产值一直处于增长状态，而轻纺工业产值比重则在下降，虽然其产值总数是不断增加的。

在保护性产业政策的作用下，日本的非农产业有了巨大进步。1950 年日本农林水产业产值占 GDP 的比重为 17%，非农产业产值所占比重为 62.4%，制造业产值占 13%，到 1975 年这一数字改变为 4.6%、87% 和 25%。从图 3 也可以清楚看出非农产业一直增长的趋势。而这一时期就业人数发生的变化则是戏剧性的，1950 年农林就业人数占总就业的比重为 49%，非农就业人数占总就业的比重为 51%，到 1975 年则为 12% 和 88%，一个下降了

---

① 参见托马斯·K.麦格劳：《现代资本主义——三次工业革命的成功者》，赵文书译，南京：江苏人民出版社，2000 年，第 472、480 页。

37%，而另一个则增加了 37%。①（见图 4-3）

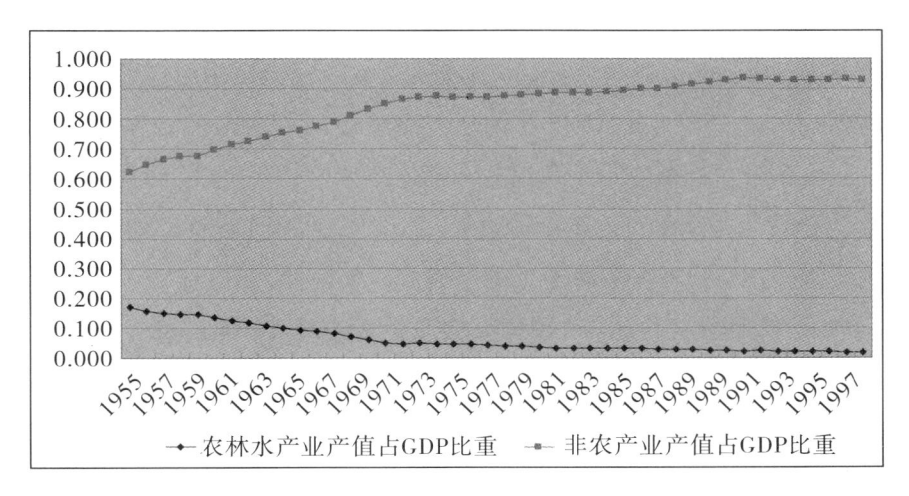

图 4-3　日本农林水产与非农产值占 GDP 比重

资料来源：根据日本统计局公布数字作者计算得来。

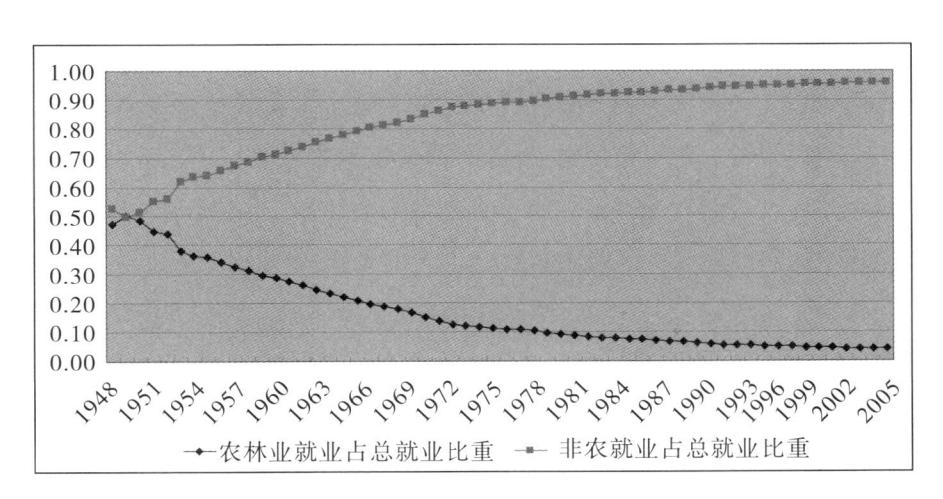

图 4-4　日本农林业和非农就业人数占总就业的比重

资料来源：根据日本统计局公布数字作者计算得来。

(三) 德国的社会政策

世界上首次使用社会政策（Sozialpolitik）这个词是在德国，1872 年德国

---

① 根据日本统计局公布数字作者计算得来。

社会政策学会将社会政策定义为"以财富的公平分配和在此基础上调整社会对立为目标"的改良的社会政策。①"在德国,一种系统和连续的社会政策的开端是在社会保险领域。"②1881年俾斯麦在帝国宣言中启动了一项工人强制保险的政策。对此,俾斯麦在社会政策领域最亲密的合作伙伴西奥多·洛曼认为,"这即使不是一件非常紧迫和重要的事,也是很紧迫很重要的事"③。因为俾斯麦对迅速成长的工人阶级运动感到恐惧,希望通过推进工人阶级的社会福利来解决劳工的不满问题。对此,德皇威廉一世大力支持。1881年,他在黄金诏书"德国社会政策大宪章"中说,"社会恶害的矫正,只靠镇压社会民主党的煽动骚扰是不够的,还要逐渐寻求方法,积极增进劳动者的福祉。对于祖国,应谋求国内和平的永续保证;对于贫者,应谋求他们生活上的更安定与更丰富"④。

1. 社会保险政策

(1) 形成时期(1881年—19世纪末、20世纪初)

19世纪80年代德国通过了三个法案,但保护对象只限于产业工人本人,并且只有当他们丧失收入能力之后才可以获益。第一个法案是1883年的《健康保险法》。根据该法案,工业和商业机构中大多数手工劳动者必须加入医疗保险基金会,基金由工人和雇主共同缴纳,工人支付2/3,雇主支付1/3,这一比例也决定了管理该基金会代表的比例,给了工人们更多的发言权。第二个法案是1884年的《事故保险法》。俾斯麦设想的方案是使政府成为工人的恩人,所以费用应大部分由政府和雇主承担,但由于一些党派的反对,到该法颁布时,雇主不得不单独承担保险费用。同时雇主不仅要承担

---

① 参见田中洋子:《德国的社会政策》,http://news.chinatime.de/data/2006/0312/article_485.htm。

② 彼得·马赛厄斯、悉尼·波拉德:《剑桥欧洲经济史(第八卷)》,王宏伟等译,北京:经济科学出版社,2004年,第706页。

③ 转引自彼得·马赛厄斯、悉尼·波拉德:《剑桥欧洲经济史(第八卷)》,王宏伟等译,北京:经济科学出版社,2004年,第706页。

④ 转引自和春雷:《当代德国社会保障制度》,北京:法律出版社,2001年,第54页。

由于自己的过失造成的责任,还要对在其厂房设施中发生的所有工作事故承担责任。帝国在实际的保险运作过程中没有发挥任何作用,这一点与俾斯麦的意图是相左的。帝国议会随后于1885年、1886年、1887年对这一法案多次作了补充和修改,到1886年,事故保险范围扩大到农业和林业工人。第三个法案是1889年的《伤残和养老保险法》,养老保险费用主要由雇主和雇员共同承担,公共资助资金大约占1/3左右。基金由同等数量的工人和雇主组成的委员会协同帝国文职人员共同管理,但这也违背了俾斯麦希望工人广泛参与的期望。这三个法案颁布后,强制性保险的范围又扩大到白领雇员,养老保险是在1900年,健康保险在1903年。而一种体制独立、收益较高的白领雇员保险于1911年建立。

1911年是德国社会政策形成发展的重要时期。这一年,德国通过了《帝国保险条例》(RVO),也就是上述三项法规的汇总。它包括总则、医疗保险、意外事故保险、养老保险、保险机构之间及其他义务者的关系、法律程序等内容,为社会保险制度的运行提供了统一的规则与法律保障。保险条例将那些没有自己产业的人,尤其是农业工人纳入健康保险体系中,同时被保险人的家属也被纳入伤残和养老保险体系中。1911年,又颁布了第一个针对职员保险的法规《职员保险法》(AVG)。

到魏玛共和国时期,这一社会保险体系有了一定程度的改善。首先,所有的保险都将家庭包括在内,还增加了投保人子女的津贴费。在残疾保险中,子女津贴费由战前每月的2马克提高到10马克。在工伤保险中,每位受伤索赔者子女也有权领取保险金的10%。在医疗保险方面,规定了对投保人家属全面提供医疗处置。病假津贴不仅包含工作日,而且也包括星期日和节假日。对所有的生育妇女,无论是否投保人的家属,均能获得生育后的免费助产服务、医药、分娩津贴,以及先是8周,后是10周(1927年)的产假补助。其次,工伤事故保险自1925年以后不仅只对劳动事故进行赔偿,而且也对上下班途中发生的事故以及看护劳动工具时发生的事故进行赔偿。越来越多的职业病也被列为工伤事故并给予赔偿。再次,养老保险将家庭手工企业的雇员也纳入其中。投保人所获取的养老金已由战前最后几年的每年平均180马克提高到1929年的400至700马克;根据工龄长短,工人每月为33至58马克,职员每月为65至70马克。最后,在遗嘱年金方面,丧失就业能力的工人寡妇能享受亡夫年金的6/10(过去为3/10),孤儿享受5/10(过去为2/10)。若孤儿在接受教育,这笔年金可从18岁延续到21岁(过去是16岁)。①

1927年增加了失业保险,原则上所有的雇员都要参加保险,费用由雇员承担一半,雇主承担一半,政府则通过无限制地的贷款保证任何时候的支付能力。主要的待遇包括:免费培训、失业津贴、职业咨询、短时工作津贴等。做得最好的要数事故保险的理赔,待遇包括工伤补助、健康恢复治疗、职业恢复、伤残养老金、死亡抚恤金、遗属养老金、补偿费和孤儿补助金。"如果完全残废,则可得到其最后工资的2/3的支付。如果死亡,其妻及每一个不足15岁的孩子每人可领到20%,但加起来总共不超过60%的保险支付。"②在帝国时期,健康保险机构支付的保险额,最多不超过13周,到1930年则按被保险人平均工资的一半支付26周。在退休养老保险方面,最初的养老保险金的给付是在支付保险金满20年,且年满70岁后,1916年将给付年龄降至65岁,这大大提高了保险覆盖范围。魏玛共和国时期的平均退休金也提高了,"在1925至1930年间,退休金从约400马克勉强增加到450马克;外加120马克给每一位18岁以下的需抚养的小孩"③。至此,德国的社会保险制度全面建立。

(2)低迷时期(20世纪20—30年代经济危机期间)

1929年开始的世界经济危机对德国经济和社会产生了极大的影响,德国政府数次颁布紧急法令,实施紧缩的社会保障政策。1929年,德国通过《失业保险法》修正案,将失业保险缴费率提高到相当于工资的3.5%,1937

---

① 参见李工真:《德国魏玛时代"社会福利"政策的扩展与危机》,http://www.cssci-paper.com/history/world/109050.html。

② 彼得·马赛厄斯、悉尼·波拉德:《剑桥欧洲经济史(第八卷)》,王宏伟等译,北京:经济科学出版社,2004年,第709页。

③ 彼得·马赛厄斯、悉尼·波拉德:《剑桥欧洲经济史(第八卷)》,王宏伟等译,北京:经济科学出版社,2004年,第709页。

年又提高到 4.5% 和 6.5%。1931 年,将失业保险津贴降低了 14.3%,1932 年又降低 23%。① 在其他社会保障领域也同样。1930 年,领取疾病保险津贴的等待的时间为 3 天;1931 年工伤事故保险不再对上下班途中所发生的事故提供津贴;养老金制度中的儿童津贴标准由每人每月 10 马克减少到 7.5 马克;丧失就业能力的工人寡妇享受亡夫年金的标准由 6/10 降为 1/2,孤儿由 5/10 降为 2/5,15 岁以上孤儿不再享受这笔年金,而过去要补贴到 21 岁。

(3) 快速发展变革期("二战"后至今)

"二战"后德国的社会保险制度得到了恢复和重建。1949 年德国颁布社会保险调整法,废除了战时的一些特殊法令,提高了养老金津贴,实行每周 50 马克的最低养老金标准。同时,养老保险缴费率从 5.6% 提高到 10%,失业保险缴费率从 6.5% 降低到 4%。疾病保险缴费由雇主与雇员平均分担,而过去雇主仅承担 1/3。

1957 年,德国又颁布了战后具有重要影响的《养老金改革法》,该法规定,残疾人保险分为残疾保险和失去就业能力者保险两部分,残疾人养老金领取年龄延长至 55 岁;失业 1 年后达 60 岁者可以退休;丈夫在 1949 年前死亡的寡妇可以无条件享受年金。同时,养老保险缴费率从 11% 提高到 14%,失业保险缴费率则由 3% 降到 2%。

1956 年德国对《手工业者保险法》进行修改,规定手工业者保险费收支分开。1960 年又对其进行了较大的修改,将所有手工业者的强制保险限制到 18 年。1963 年对事故保险法进行了改革,强调事故预防的重要性,在拓展职业病赔偿范围的同时,扩大了康复、职业咨询。

在疾病保险方面,1957 年政府将工人疾病保险制度中前 6 周的津贴标准从工资的 50% 提高到 65%,对抚养者补贴标准提高到工资的 75%,并规定雇主必须支付病假工资与净工资 90% 之间的差额。1961 年又通过雇主必须支付病假工资与全部工资之间的差额。1969 年通过法令,工人有权获得不超过 6 周、由雇主支付的全额病假工资。

在失业保险方面,1969 年颁布的就业促进法规定,年龄未满 65 岁、足额

---

① 参见姚珍玲:《德国社会保障制度》,上海:上海人民出版社,2011 年,第 31 页。

缴纳社会保险费、参加失业保险时间已经达到26周的失业者，可以领取失业保险金。标准为失业前20天以时计算的平均收入的62.5%，最高标准为每天60马克。

2. 社会救助政策

德国还通过颁布一系列的法令，逐步建立起了比较完善的社会救助制度。德国政府于1961年通过了《联邦社会救助法案》，明确了"社会救助的唯一标准是需要原则，满足贫困人群的生活保障需要和生命尊严需要"①。根据该法，德国每一个处于困境中的居民，无论是德国人还是外国人都可要求提供社会救助。社会救助的主要形式有两种，一是生存救助，面向受灾居民、失业者、贫困者和低收入家庭。对失业者来说，政府社会救助制度将登记的失业者分成地位不同的群体而获得相应的救助。"最能享受特权的是具有完全社会保险缴费记录的短期失业者，他们能够拿到失业前收入的68%，能够领取最多一年称之为'失业救济金'的税后净薪。"②二是特别救助，主要是针对社会保险体系之外的病人和残疾者的救助。另外，德国政府还规定了贫困线标准，以向那些需要帮助者提供现金或实物救济。家庭收入达到或低于贫困线的家庭有资格获得以家计调查为基础的社会救助。

到20世纪80年代，德国建立起了比较完善的社会保障制度，成为整个欧洲乃至全世界公民享受福利待遇较高、范围较广的国家，享受社会保障的人数在不断增加。"享受社会保障的人数在1890年为24.5%，1925年为48.8%，1955年为73.3%，1975年为81.8%。"③

二、东亚崛起中的政府力量：韩国和中国台湾地区

近年来，东亚工业发展迅速，取得了惊人的经济增长率，学者们往往喜欢以"奇迹"来描述这个变化。因此，东亚的崛起引起了学者们的广泛关注，并试图从中总结出东亚崛起的经验。根据琳达·维斯和约翰·M.霍布森的

---

① 杨海涛：《漫谈德国的社会救助制度》，http://www.lw23.com/paper_14185141/。
② 诺尔曼·金斯伯格：《福利分化》，姚俊译，杭州：浙江大学出版社，2010年，第83页。
③ 姚珍玲：《德国社会保障制度》，上海：上海人民出版社，2011年，第32—33页。

观点:"东亚发展的最重要的特征是国家和市场的协同作用或'被引导的市场'。"①具有这一特征的国家被查默斯·约翰逊概括为"发展型国家",其中以韩国和中国台湾地区为典型。在发展中国家的历史记录中,韩国可以说是20世纪最大的经济奇迹。从20世纪50年代中期一个被战争严重破坏的经济开始起步,韩国经历了快速的工业化,并于20世纪90年代进入高收入国家的行列。与它相类似的另一个例子中国台湾地区,也同样在这一时期经历了快速的工业化,只不过中国台湾地区比韩国进入高收入国家行列的时间略早几年,他们都有着相同的发展路径——从进口替代到出口导向,和较为相似的发展背景。

(一)韩国

1. 日本的殖民遗产

韩国和中国台湾地区一样,都曾经是日本的殖民地。1905年,日本取得1904年日俄战争胜利之后,获得了对朝鲜半岛的绝对控制权。同其他西方列强一样,日本开始了对朝鲜的基于日本利益的改造:既在政治上控制它,又为了自身的经济利益对其进行剥削。日本著名首相伊藤博文在朝鲜早期改革中扮演了重要的角色,主要任务是加强对日本控制的朝鲜新政权的国家控制力。"新政府主要模仿日本帝国公共行政系统的复杂规则,因此朝鲜的新政权很快就变得十分理性化。"②与日本政府不同的是,殖民政府在对待臣民时更加残忍和暴戾。

(1)殖民政权的官僚体制

日本在朝鲜建立了强大的官僚体制,这一官僚体制具有极强渗透能力。日本在朝鲜培训了大量的政府官员,这些官员在朝鲜日后成为独立的主权国家后,在国家治理方面起到了重要作用。朝鲜殖民政府官僚体制另一特点是,必须确保中央的命令可以得到底层官僚的有效执行,这就要求下级绝

---

① 琳达·维斯、约翰·M.霍布森:《国家与经济发展》,黄兆辉等译,长春:吉林出版集团有限责任公司,2009年,第151—152页。

② 阿图尔·科利:《国家引导的发展——全球边缘地区的政治权力与工业化》,朱天飚等译,长春:吉林出版集团有限责任公司,2007年,12页。

对服从上级。(殖民政府要求本地官员穿崭新制服并带佩剑,以将他们与普通市民区别开来,通过他们将国家意志传达到社会最深处)如果本地官员不能完全服从其上级时,殖民政府选择以更为听话的日本官员代替本地官员,直至找到更为合适的朝鲜人为止。

更具日本特色的殖民统治措施还有对朝鲜警察队伍的建设,殖民朝鲜的警察具有极强控制力与极广的控制范围,而这与日本明治政府的警察部队可以说是一脉相承。朝鲜的警察数量众多,且都是在日本人开设的警察学院里接受培训。"警察数量如此之多,几乎可以保证最底层的警察可以认识村庄里的每一个人"①。这些警察身着统一制服并戴佩剑,他们几乎深入朝鲜的每一个村庄,其工作职责也不仅仅局限于维持治安。他们"有权对轻微犯罪进行裁判和惩罚,如鞭挞"。"甚至在农业生产中,地方警察还可以迫使村民从栽种粮食作物转为经济作物,或是在稻米种植中采用新技术,以满足向日本出口的需求"②。殖民朝鲜警察权力还远远不止于此,他们的影响力甚至渗透到一般民众生产生活的各个方面,包括诸如"生育控制、种植作物的类型、人口的统计与迁移、防治疾病、动员劳役……以及对违法的通报,等等"③。日本人对朝鲜警察还保持了密切的监察,以至于"在1915年到1920年期间,每年都有大约2000名警察——接近所有警员的十分之一——因触犯警察条例而遭到严厉的惩罚"④。朝鲜战争之后,警察队伍被直接吸收到新政权中。

---

① 阿图尔·科利:《国家引导的发展——全球边缘地区的政治权力与工业化》,朱天飚等译,长春:吉林出版集团有限责任公司,2007年,第15页。
② 阿图尔·科利:《国家引导的发展——全球边缘地区的政治权力与工业化》,朱天飚等译,长春:吉林出版集团有限责任公司,2007年,第15页。
③ 阿图尔·科利:《国家引导的发展——全球边缘地区的政治权力与工业化》,朱天飚等译,长春:吉林出版集团有限责任公司,2007年,第16页。
④ 禹贞恩:《发展型国家》,曹海军译,长春:吉林出版集团有限责任公司,2008年,第123页。

（2）殖民政权的国家政治

日本在朝鲜的政治统治是残暴而威权的。到20世纪30年代这种情况就更加严重，因为日本本土此时发展的法西斯主义正积极向殖民地扩张。比如，朝鲜人自己办的报纸要么停办要么接受严格的审查。政治抗议是不可以的，政治组织和公共集会也被禁止，具有民族倾向的人会被流放。整个殖民时期，共产主义和民族主义运动都处于低迷状态。日本人甚至使用"思想警察"来控制和消灭持不同政见者，"他们甚至建立了一套特务体系来支持文职官员与警察队伍，这套特务体系可能比世界上其他地方的类似体系都要有效得多"[①]。

（3）殖民地国家的农业

日本很重视殖民朝鲜的农业生产，因为日本把朝鲜视为帝国的粮仓，特别是在两次世界大战期间。日本首先通过土地改革，清除了阻碍它获取生产大米的土地的地主阶级，弱化了地主阶级对国家的控制；其次又通过立法，保障了拥有土地的私人财产的合法性，抵御了农民的反抗。其结果是日本人在朝鲜获得了大量土地。而原来的土地精英中的部分人则被整合到地方治理中，以协助殖民政府加强对村庄的控制。

日本积极采取各种措施提高朝鲜的农业生产，特别是大米的产量。日本人努力集中改进土地，普及使用改进的种子和化肥（有时甚至采用强制手段，前已有论述），大大提高了朝鲜的大米产量。但这些都是基于日本国内需要的基础之上。1918年，由于日本国内的大米减产和暴动的影响，在朝鲜增加大米生产作为一个重大计划开始实施。这个计划成功导致了朝鲜的大米"生产过剩"，从而引起日本国内大米生产商的强烈反对。到1933年，在朝增产大米的计划全部被取消。而后，事情又发生了完全相反的转变，由于日本全面侵略中国战争的爆发，导致日本国内粮食短缺，朝鲜"再次成为帝

---

① 阿图尔·科利：《国家引导的发展——全球边缘地区的政治权力与工业化》，朱天飚等译，长春：吉林出版集团有限责任公司，2007年，第17页。

国的粮仓"。①

朝鲜的日本统治者运用在明治时期获得的知识对朝鲜的农业生产进行改进,取得了明显的效果,朝鲜的农业生产力有了较大的提高。但是增产的粮食作物并没有给朝鲜本地人带来粮食消费的增加,增产的粮食最终流入了出口市场。日本的公司在这其中发挥了重要作用,特别是"东洋开发公司","与其他大多数日本地主一样,他们将土地租给佃农,征收实物地租,大多数是大米,而后在出口市场将大米贩回日本"。② 这其中的利润远远高过在日本从事同样的活动。

殖民朝鲜的小农和佃农的收入虽然没有明显增加,但日本人不遗余力地推动作为"帝国粮仓"的朝鲜的农业生产的改进也大大提高了朝鲜的农业生产力。虽然日本对外实施严格的贸易保护主义,但帝国内部的贸易是不设关税壁垒和其他限制措施的,这直接促进了朝鲜的粮食生产。特别是"二战"前,朝鲜的大米产量直逼日本。假如美国的大米产量在1938年为100,日本是154,朝鲜则为111。③ 农业生产迅速增长为以后获得主权的韩国的工业化提供了坚实基础。

(4) 殖民地国家的工业

殖民时期的朝鲜初期只是被日本作为其工业品的输出地,所以,朝鲜本地的工业受到了日本的严格限制。日本人不允许朝鲜本地新办任何企业,不论是日本人还是朝鲜人。但是这一时期的工业还是有了一定程度的发展,因为为满足日本人对朝鲜大米的需求,朝鲜的公共基础设施开始改善。同时,朝鲜的食品加工业开始发展,主要是磨粉厂,而这是源于日本移民希望将大米磨好后再卖到日本,而且小型磨粉厂的开设是不需要总督批准的。

---

① 禹贞恩:《发展型国家》,曹海军译,长春:吉林出版集团有限责任公司,2008年,第131页。

② 禹贞恩:《发展型国家》,曹海军译,长春:吉林出版集团有限责任公司,2008年,第133页。

③ 参见禹贞恩:《发展型国家》,曹海军译,长春:吉林出版集团有限责任公司,2008年,第134页。

"一战"使日本从债务国变成了债权国,公司的利润迅速膨胀,急需在海外寻找投资机会,朝鲜当然是理想的投资场所。但是日本政府进入朝鲜市场是有计划的,他们希望"建立一种非竞争的互补关系",于是,"像三井与三菱这样的大企业集团开始进军朝鲜,其他一些企业集团随后也相继进入"。[①]

随着日本经济的增长,在朝鲜的日本人和朝鲜的地主阶层收入不断增加,需求也开始多样化,这迫使殖民政府调整统治战略。一些有钱的愿意与殖民政府合作的朝鲜商人得到政府的青睐,甚至得到政府的补贴和贷款,开始进入中等或大规模的贸易和制造业中。"1930年在雇用人数超过50人的230个工厂中,有49个是朝鲜人开办的。"[②] 到"二战"前,朝鲜经历了快速的工业化,工业年均增长率达到15%。[③]

由于日本蓄谋已久想侵略中国,作为其战争经济链条中的一部分的朝鲜经济当然是服务于其国内经济发展和战争需要的。朝鲜殖民政府提供了大量的补贴,以支持那些政府优先发展的产业。其中很大一部分的补贴给了三菱集团,用于开采黄金,因为日本政府需要大量黄金购买美国的铁、铜、锌等战略物资。少部分提供给了生产锌和镁的厂商,这些都是制造飞机的必备原料。当然,类似的补贴还有很多。在这样一个战争经济的框架下,有计划的政商合作关系成为朝鲜1930—1945年间快速工业化的基础。到"二战"前,工农业产值都占国民生产总值的40%。

日本占领朝鲜以后,以强有力的中央集权代替了破落的李氏王朝。虽然这一政权的主要目标是为了追求日本帝国的利益,但客观上它还是为殖民朝鲜建立了一个强有力的政权,殖民政府的执行能力大大提高。比如征税,殖民政府精心打造的文官和警察体系,渗透性极强,从1905—1908年朝

---

① 阿图尔·科利:《国家引导的发展——全球边缘地区的政治权力与工业化》,朱天飚等译,长春:吉林出版集团有限责任公司,2007年,第1页。

② 阿图尔·科利:《国家引导的发展——全球边缘地区的政治权力与工业化》,朱天飚等译,长春:吉林出版集团有限责任公司,2007年,第32页。

③ 参见阿图尔·科利:《国家引导的发展——全球边缘地区的政治权力与工业化》,朱天飚等译,长春:吉林出版集团有限责任公司,2007年,第32页。

鲜的税收增长了近30%。① 同时殖民政府也重视对公共基础设施和基础教育的投入,这都为朝鲜后来的工业化提供了坚实的基础和训练有素而又听话的工人阶级。殖民朝鲜被占之初是被当作日本的粮仓,日本为提高朝鲜大米的产量,强力干预农业生产。同时,日本国内更高的农业生产率也迫使向日本出口粮食的朝鲜农业加速农业革命的步伐。农业的迅速发展为启动工业化提供了丰富的原材料。殖民朝鲜同时还被作为日本工业品的销售地,虽然日本对外实行严格的贸易保护,但帝国内的无障碍贸易以及日本较先进的技术和剩余资本的输入都为工业化的启动积蓄了条件。

2. 李承晚过渡政府

"二战"后,日本溃败,李承晚主宰了分裂后的韩国政治。基于地缘政治的考虑,美国给予韩国大量的援助以保持政治经济的稳定,从而遏制共产主义的威胁。李承晚乐于接受美国的援助以维持他的独裁统治,所以他无心于制定国内经济发展的长期计划。因为相对于得来容易的美援来说,长期经济计划的执行风险更大。可以说,李承晚政府是不注重发展经济的。即使这样,李承晚治下的韩国在这一时期的几项关键的发展为后来经济奇迹的创造奠定了坚实基础。

(1)殖民国家的继承

"二战"后日本人匆忙撤离,但日本殖民时代的行政机构却保留了下来,为韩国官僚体系日后的长期发展提供了最基本的模型。而且在朝鲜战争期间这个体系更加牢固,仍然按照日本治下的政府运行,李承晚政权也多少保留了这个结构。这个体系对李承晚政府来说最大的益处在于它的征税能力很强,而李承晚政府非常依赖直接税的征收。"为了保证税收,他几乎不干预税务部门,甚至还保留了日本人训练的高级文职官员(也就是那些通敌者)作为税务部门的主管"②。类似的连续性还体现在警察队伍上,他们仍然

---

① 参见阿图尔·科利:《国家引导的发展——全球边缘地区的政治权力与工业化》,朱天飚等译,长春:吉林出版集团有限责任公司,2007年,第21页。
② 阿图尔·科利:《国家引导的发展——全球边缘地区的政治权力与工业化》,朱天飚等译,长春:吉林出版集团有限责任公司,2007年,第50页。

发挥了高度有效的控制作用,甚至还承担了某些经济职能。殖民时期的教育传统被保留——与美国的意愿相反——大班上课、尊重权威和老师、政府管理的入学和考试体系等。在农业方面,此时的韩国已经从殖民时代继承了先进的农业生产技术,虽然工业在朝鲜战争中遭到严重破坏,但有较强的农业基础,工业的恢复容易得多。此外,韩国保留的有意义的遗产还有:"有能力的企业家阶层、工业技术与管理的知识、城市生活的经验、一支受过教育培训的有纪律的劳动力队伍"[①]。这些都为后来的经济复苏和发展提供了有利条件。

(2)美国的援助

韩国经济复苏及后来走上进口替代型经济,在很大程度上得益于美国的援助。最初的美国援助几乎都是直接赠予,"1953年至1962年,援助为近70%的进口总额提供了资金,相当于75%固定资本形成总值"[②]。在美国的直接援助下,韩国遭到战争破坏的基础设施、电力得到恢复,矿山和工厂重新开工。最大的成就表现在韩国纺织业的重建,而纺织业成为日后韩国出口浪潮的开路先锋。美国援助的成就不仅体现在经济领域,还有对教育的重视。美国援助的很大一部分被用在了教育基础设施的建设,如教学楼等,这大大提高了韩国的识字率。美国的援助还体现在许多间接方面,如美国国内市场的准入大大提高了韩国的出口,美国发起并督促的韩国各项制度改革提升了韩国的制度环境。

(3)土地改革

韩国新政权建立后,为恢复被战争破坏的农业生产,政府决定进行土地制度改革。这一时期土地改革主要清算殖民时期的租佃关系,以向佃农出售土地的方式再分配了日本人遗留的土地。到朝鲜战争及正式土改之前,

---

[①] 阿图尔·科利:《国家引导的发展——全球边缘地区的政治权力与工业化》,朱天飚等译,长春:吉林出版集团有限责任公司,2007年,第63页。

[②] 斯蒂芬·哈格德:《走出边缘》,陈慧荣译,长春:吉林出版集团有限责任公司,2009年,第56页。

韩国的土地情况已发生很大变化。"自耕农控制的土地已经从36%上升到了73%"①。之后,又颁布了一系列法律,推动土地改革的深入开展。综合来看,这一阶段的土地政策主要侧重于两个方面:一是农地分配,提出了耕者有其田的原则;二是对财产权的保有和限制,以此作为资本主义经济秩序的基础。经过土地改革,土地的分配更加平等,缓和了农村的社会矛盾,解放了农业生产力,促进了农业的大发展,并且为工业的发展提供了资本、劳动力和市场的支持。

外部的约束(如与日本的经济关系被切断)、长期的国家收支平衡困难、战争导致的动乱、美援的减少以及美国塑造的大的政治背景,都促使了韩国选择进口替代工业化战略。

3. 朴正熙政府治下韩国的快速工业化

1961年5月的军事政变之后朴正熙上台,给韩国带来了极其深远的影响。朴正熙是年轻的少壮派,他军旅生涯中的留日经历使他非常向往明治维新时期的日本,所以他认为,国家应该积极介入经济活动。朴正熙掌权后,开始将"恢复政治秩序"和"促进经济发展"作为首要目标。

(1)官僚体系

朴正熙首先重建了自上而下的军事化国家。这个国家中一个重要的部门——韩国中央情报部,被称为"国家中的国家",它拥有无限的权力,几乎可以监视所有的韩国人。这样超强的国家渗透力不仅培育了纪律严明的韩国工人,也使得国家可以不考虑社会公众的利益诉求而专注于国家经济发展。朴正熙政府将经济发展作为唯一目标来追求,所以他把自己的亲信都安排到了重要的岗位,特别是管理经济的部门。他们把军人作风也带到工作中,不仅对朴正熙绝对服从,而且还向其他官僚施加压力以执行朴正熙的决策,这就使得这种管理体制具有某种"强制性的效率"。朴正熙还积极惩治腐败,把走私犯、黄牛党、高利贷者拉来游街,赢得了社会大众的广泛支持。但朴正熙不允许有反对的声音,任何异议都被禁止,中央情报部在这方

---

① 阿图尔·科利:《国家引导的发展——全球边缘地区的政治权力与工业化》,朱天飚等译,长春:吉林出版集团有限责任公司,2007年,第57页。

面起了重要作用。

朴正熙模仿日本管理经济的模式(如通产省)创立了经济企划院,还在总统官邸青瓦台设立了总统秘书处。这样,朴正熙每天都可以监视经济问题。另外,经济企划院还具有规划和预算功能,掌握着外国借债和直接投资的权力,后来又兼并了统计局,其信息收集能力极大增强。由于不受立法机关的约束,经济企划院实际上掌握着极大的经济决策权。朴正熙治下的这种官僚体系虽然也存在很多问题,但官员们大多受过良好的教育,又非常专业化,所以在执行经济决策和发挥国家效能方面起着重要作用。

(2)周密的工业化计划

朴正熙为了"促进经济发展"的目标,对经济发展制定了整体发展规划和愿景,主要体现在五年计划的制定。第一个五年计划包含了部门和整体目标,这些目标被人为地拔高。"该计划展望了一幅'有指导的资本主义'图景。在那里,'自由经营的原则将得到遵守……但是政府将或者直接参与间接基础产业和其他重要领域提供指导'。"①该计划还预计,将扩大初级产品和制成品的出口,为"自力更生"发展经济提供资金来源。第二个五年计划将韩国经济调整到发展劳动密集型产业,主要是纺织业和轻工制造业。而第三、第四个五年计划则将注意力转向了重工业,具体就是要发展钢铁、化工、金属、器械、电力、电子、造船等产业。虽然这些经济计划对韩国经济的具体影响很难评估,但是,这四个五年计划在相当于朴正熙的统治时代确立了其经济发展的大体框架,为快速工业化指明了方向。

韩国经济发展关键性的短期政策大多是由总统办公室的经济秘书处(20世纪70年代韩国的经济决策中心由经济企划院转移至此)制定。在总统府经常举行政府官员和商人们的聚会,讨论当前的经济状况,并就当时的经济问题提出解决对策,其标准只有一个,那就是经济增长。如果市场运作良好,就自由发展;如果市场有问题,政府就立即干预。

---

① 斯蒂芬·哈格德:《走出边缘》,陈慧荣译,长春:吉林出版集团有限责任公司,2009年,第70页。

(3) 新的政策工具的发展

朴正熙上台后,很快将银行收归国有,又设立了两个新的国有金融机构,并将其置于财政部的控制之下。银行则执行经济企划院和财政部提出的计划。而管理这些银行的官员注重的是 GNP 目标,而不是银行利润。朴正熙政府也会不断给这些官员施压,要求他们将贷款发放到"合格的客户",这些"合格的客户"不是从银行利润的角度来理解的,而是从政府的具体发展偏好来理解。① 韩国还创造性发展了一种国内信用证制度,这一制度使得财政资助的范围不仅包括直接出口商,还扩展到了他们的供应商和供应商的供应商。为鼓励投资于出口产业,韩国还提供了长期的财政资助和外币贷款。

(4) 高素质的劳工队伍

在韩国快速的工业化中,劳工扮演了重要的角色。众所周知,韩国的劳工听话、勤劳而且文化程度高。打造这样一支劳工队伍并不仅仅是朴正熙的功劳,当然朴正熙政府对劳工队伍的控制所起的作用也很重要。朴正熙设立了中央情报部后,就开始着手对劳工组织进行重组。比如,中央情报部将他们培养的工会领导安插到劳工队伍中掌权,以达到瓦解劳工运动的目的。同时,中央情报部还严密监视劳工,几乎是延续了日本人的那种残暴,对不听话的劳工严厉惩罚。

另外,朴正熙还对劳工实行军事化的管理,许多工厂的工人身穿统一制服,衣服上带有标明级别的牌子,甚至员工在见到上司的时候还要敬礼。这些军事化管理的经济绩效虽然很难以评价,但它至少可以将纪律松散的农民迅速转变成组织纪律性强的工人,最大化他们的劳动生产率。同时,工人的工作也是得到保障的,绝大多数的工厂实行的都是终身制"合同"。国家也会不断地对工人进行爱国主义的教育,这种爱国主义是基于不断强调的外部威胁之下的国家安全,这点的典型体现是朴正熙政府发起的工厂新村运动。新村运动的内容是将来自朝鲜的威胁、为国家生存而扩大出口、牺牲精神以及勤勉工作等精神传达给工人。有学者(Choi)经过研究发现新村运

---

① 参见阿图尔·科利:《国家引导的发展——全球边缘地区的政治权力与工业化》,朱天飚等译,长春:吉林出版集团有限责任公司,2007年,第102页。

动为塑造"勤劳驯服的劳动力队伍"起了重要作用。①

总之,朴正熙治下的劳工运动被成功压制,"在韩国,协会成员大约占工人的10%"②。成功压制劳工让朴正熙可以专注于国家的经济发展目标。

(5)与日本关系的正常化

"二战"后日本人仓促撤退,给韩国留下了大量没来得及处理的财产,由于日本治下的朝鲜与日本密切的经济政治关系,韩国人很快掌管起了这些财产。随着日本经济的快速发展,日本急需为它们的过剩资本寻找投资场所,还要转移本国高污染和低附加值的产业。由于此前与韩国有过良好合作,而且韩国的工人更便宜、听话,所以此时与韩国重修旧好成为日本国内一些商人的重大利益。他们结成一股势力,不断在政府游说。而此时朴正熙政府由于被断绝了美国的援助而陷入外汇困境,急需扩大出口,而发展出口工业需要资本和技术。就这样,韩国与日本再次合作,得到了日本大量的资本和技术支持,从设计蓝图到运作程序,甚至成套项目。由于与日本有着某种亲缘关系,韩日两国的人员交往频繁,韩国的工程师都到日本培训,而韩国企业中也常常会看到日本的顾问。虽然,日本人转移到韩国的技术往往是他们准备放弃的产业,因此会"比前沿水平差个十年左右"③,但这仍大大提高了韩国的生产率和工业化速度。

(二)中国台湾地区

中国台湾地区(以下简称台湾)的发展与韩国有着极为相似的地方,政治的分裂、传统外部市场的丧失和严重的外汇约束。但是,与韩国相比,台湾的经济发展规划开展得更早,技术官僚给予的支持更有力,与美国的援助关系也更顺畅。

---

① 参见 Choi. Jan-Jip, "Labor and Authoritarian State: Labor Unionsim South Korean manufacturing Industries: 1961—1980". Seoul: Korean University press, 1989. pp. 188。

② 禹贞恩:《发展型国家》,曹海军译,长春:吉林出版集团有限责任公司,2008年,第193页。

③ Chang Dal-Joong, "Economic Control and Political Authoritarianism: the Role of Japanese Corporations in Korean Politics 1965—1979". Sogang University Press, 1985, pp. 195.

1. 地缘政治中的国家力量:美国的援助

国民党在大陆的军事行动失败后溃逃到台湾,台湾成了地缘政治的分界线。美国基于自身安全的政治考虑,给台湾提供了大量的援助,包括经济和军事援助。从1950—1964年,美国对台湾的援助是15亿美元,大概相当于台湾岛上每人10美元。① 除此以外,美国还向台湾提供了超过25亿美元的军事装备(这些军事装备在市场上的售卖价格高昂),这使得台湾不必花费有限的外汇购买价格高昂的军事设备。在美国的军事保护下,台湾可以专注于经济建设。同时,美国的市场准入同样也给台湾带来了大量的出口商机。

与韩国相比,美国与台湾的援助关系更为顺畅。在整个20世纪50年代,美国人的经济建议更加符合台湾当局自身的目标,尽管也存在冲突。美国人警告国民党人,美国不会永远援助台湾,要求国民党采取措施厉行节约,进行各项财政改革,"如提高税收、改革税收结构以及革新公营企业的人事和借贷政策"②。美国还强力支持国民党在农村的经济和政治改革。在美国的建议下,"经济安定委员会"成立,该委员会由"财政部长"主持,负责协调贸易政策、批准所有岛内外的大宗贷款、为对应援助基金编制预算、审查所有私人投资申请以及监管公营企业的运营。总之,在台湾的改革过程中,美国通过威胁与承诺并用,不断地敦促国民党的改革步伐。

直到50年代后期,国民党人仍然热衷于"反攻大陆",奉行以军事目标为主的重工业战略。随着美国1963年宣布援助将于1965年停止,"台湾"当局逐渐将战略重点从军事对抗转变到经济的自主。所以,从这个意义上说,是地缘政治的力量使政府的能力发生了转变。因此,有学者认为"美国撤走援助的作用比提供援助更为重要"③。

---

① 参见禹贞恩:《发展型国家》,曹海军译,长春:吉林出版集团有限责任公司,2008年,第177页。

② 斯蒂芬·哈格德:《走出边缘》,陈慧荣译,长春:吉林出版集团有限责任公司,2009年,第88—89页。

③ 琳达·维斯、约翰·M.霍布森:《国家与经济发展》,黄兆辉等译,长春:吉林出版集团有限责任公司,2009年,第212页。

2. 土地改革

国民党自溃逃台湾以后先后进行过三次土地改革,其土地制度的改革可称为卓有成就的。

(1)和平土改

国民党进驻台湾时,台湾的土地制度极不合理,土地分配严重不均。国民党不愿重蹈在祖国大陆的覆辙,积极推行土地改革,以减轻地主对农民的剥削。第一次土地改革分三个阶段进行:第一阶段从1949年开始,推行所谓"三七五减租"。也即,假如农民的收获量是100%,扣除25%的农业成本,剩下的75%农民和地主五五分成,就是37.5%的收获量作为地租交给地主。同时还规定,佃农必须按时交租,欠缴地租两年的地主可以解除雇约。第二阶段是从1951年开始的"公地放领"时期。也就是将从日本人手中接收的土地出售给农民,地价是农民在土地上收获正产品所得收入的2.5倍,农民不必一次付清,可以分10年20期平均摊还,并且不必负担利息。第三阶段实行"耕者有其田"制度。按照规定,地主可以保留法定数额的土地,超过部分由政府收购并卖给没有土地的农民,地价同样按照农民在土地上收获正产品所得收入的2.5倍,"以实物土地债券(占70%)和公营企业股票(30%)作为补偿。实物土地债券由台湾当局委托台湾土地银行发放,年利率为4%,在10年内分20期偿清本息;公营企业股票是从日本人手中接收过来的四大公司(水泥、造纸、农林、工矿)的股票"[①]。

(2)农业集约化的改革

第一次土地改革实现了耕者有其田,将土地化整为零。然而,这种小农经济对经济增长的推动是有限的。为了结束土地小块耕作,扩大土地的经营面积,台湾进行了第二次土地改革。主要内容之一是推行农地重新规划,鼓励农民互换耕地,将分散的小块土地集中成大块土地,以利于推行农场化的耕作方式。同时,"政府"辅导小农转业,也就是要求将岛上90万公顷的土地,从分属90万农户转变为分属30万农户,即将每户平均拥有耕地从1

---

① 李菲:《台湾土地改革的启示》,http://business.sohu.com/20090213/n262226029.shtml,2009年2月13日。

公顷扩大至 3 公顷,安排 60 万农户、约 370 万农民转业。为此,台湾当局鼓励无耕作能力的农民将其土地出售,并辅导其转业;另一方面,采取措施帮助有耕种能力的农民购买弃耕或厌耕的土地,扩大种植面积,形成适度的规模经营。为此,台湾专门设立了"农地购置基金"约合 25 亿新台币,帮助小农户购置新土地,凡增购的土地免纳 5 年的农业土地税。这些措施有助于土地所有权的转移和合并,在一定程度上扩大自耕农的耕地面积。

(3) 放宽土地流转限制

台湾的第三次土地改革主要是解决农地的市场化问题。台湾《土地法》第 30 条规定:"私有农地所有权之转移,其承受人以能自耕者为限,并不得转移共有,但因继承而转移者,得为共有。违反前项规定者,其所有权转移无效。"①1990 年台湾当局对此条款进行修订,调整私有农地所有权转移受让人必须为自耕农的限定,从而为土地流转制度的改革扫清法律上的障碍。

台湾通过土地改革,削弱了地主阶级的势力,理顺了农村生产关系,解放了农村生产力,极大地提高了农民的生产积极性,实现了增加供给,降低物价,为工业提供原材料的目的,为台湾的经济腾飞奠定了物质基础。对此,爱丽·丝阿姆斯登总结道:"三个最成功的后起工业化国家(地区)——日本、韩国和台湾地区,在第二次世界大战后经历土地改革并不是巧合,土地改革对支撑这三个国家(地区)的政府力量非常重要。"②

3. 国家的发展意愿

国民党退守台湾后,一心要"反攻大陆",所以台湾当局的政策都是服务于军事目标的,发展重工业。随着美国援助的终止,台湾当局不得不把战略重点转移到发展经济上,"台湾地区向其他地区提供廉价的出口货品,是因为政府十分需要外汇购买军备","所以台湾地区……转向工业化和出口导

---

① 李菲:《台湾土地改革的启示》,http://business.sohu.com/20090213/n262226029.shtml,2009 年 2 月 13 日。
② 转引自琳达·维斯、约翰·M.霍布森:《国家与经济发展》,黄兆辉等译,长春:吉林出版集团有限责任公司,2009 年,第 184 页。

向战略在很大程度上是由美国撤援引起的,结果是变得更依赖于通过国际市场赚取外汇以巩固自身安全"。① 因此从这个意义上来说,台湾转向工业化的原因在于,持续存在的安全压力为它追赶和超越敌对方提供了动力,是基于生存的压力使得经济发展成为地区的强烈意愿,是地区发展的意愿促使"政府"职能的转变。

4."政府"的扶植政策

台湾的工业化进程离不开农业的支持。20世纪50年代"台湾省政府"主席陈诚提出"以农业培养工业,由工业扶植农业"的经济发展总方针②,此后,农业扮演的都是"培养工业"的角色。工农业产品之间的不平等交换也即工农业产品价格剪刀差逐渐增大。台湾当局为满足不断涌入的城市人口对大米的需要,提出"肥料换谷"政策。1950年,肥-谷交换比率为1∶1.2,到1965年这一比率虽然下降为1∶0.85,但这一比率仍高于日本、美国等农民所付的肥料价格。③ 在化肥短缺的情况下"肥料换谷"本是分配肥料的一项应急措施,但却成为台湾当局长期用来控制粮食来源、平抑粮价的手段,同时也造成了资本从农村隐蔽地流向城市和工业部门。到20世纪60年代,台湾农产品已自给有余,近半数的农业劳动力转移到非农部门。

带动台湾经济起飞的三大部门之一的纺织部门也是在当局的扶植下发展起来的。1950年,台湾就为纺织工业制定了产业规划,并得到了美国的技术支持,同时还有自日本进口的动力织布机和美国援助的原棉。当局通过纺织行会向其成员以配额的制度分配毛线,并保证回购。工厂如果扩张,还可以经由美援得到贷款。

---

① 琳达·维斯、约翰·M.霍布森:《国家与经济发展》,黄兆辉等译,长春:吉林出版集团有限责任公司,2009年,第208页。

② 转引自董正华:《世界现代化历程(东亚卷)》,南京:江苏人民出版社,2010年,第257页。

③ 参见董正华:《世界现代化历程(东亚卷)》,南京:江苏人民出版社,2010年,第259页。

现实与历史惊人地相似。当今的发达国家在竭尽全力地向发展中国家推销其自由放任的市场模式,包括通过它们控制的国际货币基金组织、世界银行和世界贸易组织等国际组织。它们试图说服发展中国家政府放弃对市场的积极干预,以保护其幼稚产业,培育其产业的国际竞争力。但是,回顾当今发达国家走向发达的历史,政府对幼稚产业的积极保护,为其产业发展和国际竞争力的提升创造发展条件,恰恰是其成功的关键。联邦制取代邦联制是美国崛起的关键,因为在联邦制政府下,虽然美国政府不直接经营产业,但其拥有足够的权力,为美国经济的发展创造条件。"联邦制除了保证政府和政治制度的稳定以外,它从一开始就通过增加经济资源——土地、劳动力和资本——实现了经济的快速增长。要全面理解美国史无前例的经济扩张,很重要的一点就是要认识到政府在创造有利的初始条件中的作用。"[①]而德国和日本的崛起深受德国历史学派经济思想的影响[②],历史学派的开创者李斯特从德国作为后发国家的基本国情出发,反对英国倡导的自由放任经济学,主张通过国家的积极干预,保护幼稚产业。尽管德国和日本没有通过国有制模式直接介入产业发展,但是,两国都以产业发展为核心构建国家政策体系,提升产业国际竞争力。因此,有效政府不一定直接介入物质的生产过程,但是,它要为各种经济主体创造财富提供初始条件。有效政府的存在保证了国家能够独立自主地制定战略规划及其支持政策体系,特别是产业发展战略规划,并具有足够能力为战略规划集中各种资源,以保证战略规划的实现。

---

① 理查德·西拉:《实验联邦主义:1789—1914年美国政府的经济学》,载斯坦利·L.恩格尔曼、罗伯特·E.高尔曼:《剑桥美国经济史(第二卷)》,王珏等译,北京:中国人民大学出版社,2009年,第346页。

② 实际上,德国历史学派同样深刻地影响了美国经济学界,乃至美国政府政策,因为,20世纪30年代以前,美国经济学界的领军人物都曾赴德国留学并师从德国历史学派。详细讨论参见:杰弗里·M.霍奇逊:《经济学是如何忘记历史的:社会科学中的历史特性问题》,北京:中国人民大学出版社,2008年,第158页。

第五章 | 深陷"中等收入陷阱"中的无效政府：
　　　　　拉丁美洲各国

拉丁美洲是世界上自然条件最优越的大陆之一,也是人民最穷困的大陆之一。E.布拉德福德·伯恩斯教授称这一问题为一个谜:"贫困的人民在富裕的土地上生活。"关于拉丁美洲问题的研究成果很多,有学者认为,"贫穷的原因不是由于那里的人懒惰,甚至主要也不是领导层的昏庸无能。制造'原罪'的罪魁祸首是现代资本主义的祖宗——殖民主义制度。"①笔者认为,殖民主义固然给拉丁美洲带来了巨大的灾难,但并不能将拉美现今的深陷"中等收入陷阱"的原因完全归结于此。(美国也曾是英国的殖民地,遭受英国的剥削。但美国独立后,依靠强大的国家力量,在"二战"后成为世界最强大的国家)拉美之所以饱受殖民主义的剥削和蹂躏是因为,在强大的侵略者面前,拉美各国政府职能的缺失,或者说政府能力弱,无法有效地组织人民起来抵抗。甚至可以说是领导层的昏庸无能,造成了政府职能的缺失。在以下的论述中笔者试图说明:拉美各国在政府能力强的时候,会出现政治稳定、经济发展的繁荣时期,如"巴西奇迹"和"墨西哥奇迹"以及中美洲的哥斯达黎加等"特例";拉美各国在政府能力弱的时候,会出现诸如政治动荡、依附经济、单一种植、外债高筑。这一切的变化都和政府能力的强弱有关。

一、"二战"前的拉美:殖民主义下的原料基地和销售市场

有学者说:"所谓国际分工就是指一些国家专门盈利,而另外一些国家专门遭受损失。"②自欧洲人第一次登上这块土地时起,拉美就沦为专门遭受损失的地区。这个地区的一切先是被转化为欧洲资本,而后又转化为美国资本。这一切包括土地——地上丰富的物产和地下富饶的矿藏;人——人的劳动和人的消费能力。至今拉丁美洲仍起着附庸的作用。而欧洲各国从消费这些原料中所获得的利润远远超过拉丁美洲在生产这些原料过程中所获得的利润。正如人们所说,拉丁美洲不发达的历史构成了世界资本主义发展的历史。

---

① 爱德华多·加莱亚诺:《拉丁美洲被切开的血管》,王玫等译,北京:人民文学出版社,2009年,前言第2页。
② 爱德华多·加莱亚诺:《拉丁美洲被切开的血管》,王玫等译,北京:人民文学出版社,2009年,第1页。

玻利维亚的波托西——就是当时震惊欧洲的著名银城,被证明是世界上有史以来含银量最大的银矿之一——源源不断地为欧洲输送了大量的白银。由于在这里发现了银矿,一个富饶但却杂乱无章的社会伴随着白银在波托西诞生。到1650年,波托西已经成为世界上最大、最富有的城市之一,而那时还没有出现纽约这个名称。有一位玻利维亚的作家曾说:"西班牙三百年中从波托西得到的矿石足够架起一座从山顶通向大洋彼岸皇宫门口的银桥。"① 同时期,墨西哥的萨卡特卡斯和瓜纳华托的银矿也相继被殖民者发现,据粗略估计,"从1760到1809年的仅仅半个世纪里,由于出口白银和黄金,墨西哥外流的经济款项就相当于现在的约五十亿美元"②。现在这些地方沦为世界上最贫穷最落后的地区。

西班牙美洲的主要黄金来源是新格拉纳达(即今哥伦比亚前身)。到1600年,从这里出口了400多万盎司黄金,这些黄金主要由奴隶劳工开采。总体来说,这里向西班牙提供了大约3000万盎司的黄金。到殖民时代的晚期,在巴西的马托格罗索和戈亚斯发现了丰富的黄金,淘金的热潮促使了人口急剧迁移,促进了黄金产量的大幅增加,到18世纪末,巴西生产了大约3200万盎司黄金。"根据英国的资料,有些时候,巴西每周有5万英镑黄金运入伦敦。如果没有积累这样大量的黄金储备,英国在后来是不可能对付拿破仑的。"③

巴西的黄金热时期也是葡萄牙和英国签订梅休因条约的那一时期。葡萄牙为自己的酒类赢得了英国市场,作为交换,葡萄牙向英国产品开放了本国及其葡属殖民地的市场。在当时,这一措施就意味着地方工业的破产。英国没有遇到抵抗就征服了葡萄牙,提供了葡萄牙所需的绝大部分产品。

---

① 爱德华多·加莱亚诺:《拉丁美洲被切开的血管》,王玫等译,北京:人民文学出版社,2009年,第13页。

② 爱德华多·加莱亚诺:《拉丁美洲被切开的血管》,王玫等译,北京:人民文学出版社,2009年,第28页。

③ 爱德华多·加莱亚诺:《拉丁美洲被切开的血管》,王玫等译,北京:人民文学出版社,2009年,第49页。

1715年巴西殖民政府禁止炼糖厂开工,1729年殖民政府又宣布在矿区开辟新的交通线是有罪的,1785年下令烧掉巴西的织布机和纺织机。

在巴西金矿几近枯竭时,采金活动在殖民地经济中的重要性逐渐被棉花生产所代替。因为18世纪的英国在工业革命后,纺织业迅速发展,此时棉花成为国际市场上抢手的产品。适宜种植棉花的巴西东北部地区开始大量种植,巴西很快成为世界主要棉花生产国和出口国。但是,1818年巴西经历了一次历史上罕见的旱灾,导致棉花生产大量减产;同时,美国加入世界棉花的竞争市场,巴西开始结束了棉花种植业。同时期的欧洲人对咖啡的喜爱与日俱增,在咖啡试种成功以后,巴西又开始了咖啡的生产周期。在极短的时间里,咖啡的种植面积迅速扩大,咖啡也开始成为巴西的主要甚至是支撑性的出口产品。"1908年咖啡出口占巴西出口总额的53%,1924—1929年咖啡出口收入占巴西全国出口收入的73%。"[1]由此可见巴西经济的单一性和依附性。这种单一和依附经济极容易受外部市场不稳定因素的影响,有时甚至带来灭顶之灾。巴西如此,拉丁美洲各国同样如此。

古巴最初是被西班牙当作战略要地而加以控制,因此其经济在西属殖民体系一直处于落后状态。随着欧洲居民对糖的需求与日俱增,甘蔗在美洲试种成功,古巴的甘蔗种植开始逐渐扩大。由于18世纪末期世界产糖中心的海地爆发了独立战争,所以当时被认为是世界上最适宜种植甘蔗的古巴的蔗糖经济迅速发展起来,并成为古巴的主要出口产业。尽管古巴蔗糖经济为西班牙王室带来了大量的财政收入,但是,西班牙殖民政府仍在政治上采取严格的措施。古巴土生白人与西班牙人之间始终存在着难以逾越的社会隔阂,古巴人被禁止参与行政管理,西班牙人根本不给他们从政的机会。而对古巴垂涎已久的美国借古巴独立革命的机会出兵干涉,让古巴这颗"熟透的果子,自然落入美国的土地"[2]。1898年,在没有古巴代表参加的情况下,美国同西班牙政府签署了《巴黎和约》,规定古巴由美国占领。之后通过了《普拉特修正案》,把古巴的内政、外交、社会经济发展全部纳入美国

---

[1] 韩琦:《世界现代化历程》,南京:江苏人民出版社,2010年,第44—45页。
[2] 韩琦:《世界现代化历程》,南京:江苏人民出版社,2010年,第372页。

体系,开始了对古巴的新殖民统治。

由于美国控制了古巴的制糖工业,使古巴的蔗糖经济更加扩大和持久,单一产品生产和出口成为古巴难以突破的经济发展模式,古巴对美国的经济依附更加严重。一方面,战争造成古巴大多数甘蔗种植园主和甘蔗垦殖农破产,不得不以出卖蔗田和地产偿还债务,美国财团乘机以低廉的价格收购。另一方面,美国财团大量侵占土地,开辟蔗田。同时,美国通过资本输出扩大美国资本在古巴蔗糖经济中的比重。1898年以前,美国在古巴的投资只有5000万美元,1906年增加到1.59亿美元,1925年迅速上升到17.5亿美元,这些资本集中投向了古巴的制糖业。①"据统计,在1926—1927年,古巴的糖产量大约440万吨,其中的62.5%是美古合资兴建的糖厂生产的。"②

值得一提的是,1930年美国通过了对古巴的《哈里-斯穆特关税法案》(Hawley-Smoot Tariff Law)。该法案旨在要求古巴限制蔗糖产量,调高古巴蔗糖的进口关税,从而达到限制古巴蔗糖输入的目的。这一法案的通过是在1929年世界经济大危机背景下,美国试图向不发达国家转嫁危机成本。一来美国国内对蔗糖的需求减少;二来美国国内已经能够生产蔗糖,且能满足国内的消费需求。但是对于古巴这个经济高度依附美国的国家来说,无疑是个致命的打击。

石油是这个时代的主要燃料,美国是石油消耗大国;美国所需的铜有五分之一、铁有三分之一需要进口;美国本土基本没有铝土矿,而没有铝就不能制造飞机;锰全部靠进口,美国几乎没有生产喷气式发动机所需的镍和铬。"美国经济需要拉美的矿产,就像肺需要空气一样。"③委内瑞拉蕴含丰富的石油,美国从拉丁美洲攫取的利润中有近一半来自委内瑞拉。委内瑞拉主要产油区马拉开波湖上钻塔林立,半个世纪以来,采油树一直在不停地

---

① 参见韩琦:《世界现代化历程》,南京:江苏人民出版社,2010年,第375页。
② 韩琦:《世界现代化历程》,南京:江苏人民出版社,2010年,第376页。
③ 爱德华多·加莱亚诺:《拉丁美洲被切开的血管》,王玫等译,北京:人民文学出版社,2009年,第149页。

工作。委内瑞拉就像一口巨大的油井,但是国家所需要的一切,大到小轿车、电冰箱,小到鸡蛋、莴苣,乃至法律和法令,都需要从美国进口。

和委内瑞拉一样,拉美许多国家除了提供单一的矿产或农产品外,几乎什么都不生产。他们依靠出口原材料获得的利润购买英美等国的制成品。英国驻拉普拉塔大使这样描述阿根廷大草原上的高乔人:"看看他周围的一切用品……有哪一样不是英国货?如果他的妻子有一条裙子,十有八九是曼彻斯特的产品。他们做饭的炉子或锅,吃饭用的瓷碗,他们的刀具、马刺、马嚼子,和身上披着的彭乔,都是来之英国的舶来品。"①甚至连铺路用的石料,阿根廷也从英国进口。他们还向盛产木材的巴西出口即可入殓的棺材;还向热带沿海地区出口冰鞋,虽然冰鞋在那里毫无用处;巴西所有的日用品——从大头针到昂贵的衣物——几乎所有的奢侈品和实用品都由英国进口。虽然巴西当时并无纸币,仍然进口钱夹。被收买的政府将国家拱手让出,以求得英美的保护,维持其独裁政权。

"一种产品越是受到世界市场的青睐,它带给为生产这种产品而作出牺牲的拉美人民的灾难也就越大。"②西班牙人走了,英国人来了;英国人走了,美国人来了。拉丁美洲丰富的资源有力地促进了欧洲的繁荣、美国的进步,但数百年来,拉丁美洲贫困依旧。"中心资本主义可以制造并使人相信有关他富裕的神话,但是神话不能当饭充饥。构成了资本主义广大外围的穷国对此是十分清楚的。"③

二、"二战"之后的拉美:进口替代战略和新自由主义

两次世界大战之间,拉丁美洲受到国际事件的冲击,为对世界经济过于开放付出了代价。虽然"一战"为拉美一些国家提供了发展机会,如委内瑞

---

① 爱德华多·加莱亚诺:《拉丁美洲被切开的血管》,王玫等译,北京:人民文学出版社,2009年,第203页。
② 爱德华多·加莱亚诺:《拉丁美洲被切开的血管》,王玫等译,北京:人民文学出版社,2009年,第60页。
③ 爱德华多·加莱亚诺:《拉丁美洲被切开的血管》,王玫等译,北京:人民文学出版社,2009年,第3页。

拉开始出口石油;秘鲁的铜矿、玻利维亚的锡矿和智利的硝酸盐都是国际热销产品,但是由于进口价格上涨等原因,拉美经济蒙受了巨大损失。1929年大危机的来临又使拉美经济雪上加霜。随着工业化国家工业的收缩,初级产品需求和价格大幅下跌,完全依靠单一产品出口的国家经济崩溃。古巴经济破产,它在30年代初的贸易量只是1929年的10%,到1932年,拉丁美洲出口总值比1929年减少了65%。① 经济的困境再一次告诉拉美人民依附性的经济是多么的脆弱。

面对严重的经济危机,拉美各国开始意识到国家对经济干预的积极作用。他们开始生产过去进口的商品,实施两个策略——进口替代工业化和进口替代农业化。一些国家,如巴西、墨西哥、智利等国家的经济都有所恢复。

(一)进口替代战略与债务危机

所谓进口替代战略是指大力发展本国产品以替代原先需要进口的产品。或者说,通过限制工业制成品的进口来促进本国发展的战略。在经历了世界经济大危机和第二次世界大战以后,拉美各国纷纷开始实行此项战略。早在大萧条来临之前,智利就通过了一个关税法案。1928—1931年智利的关税平均增加了71%,到1933—1934年又增加了100%的关税。② 另外,智利还通过控制汇率和进口配额制度等措施的结合,成功地培育了国内市场。据统计,1929年到1944年智利的生产增加了2倍,1929—1952年则增加了3倍。③

巴西也同样高举保护主义关税的大旗,同时颁布法令,"禁止一切被认为处于生产过剩状态的工业部门的设备进口"。1947年还实行进口许可证制,严禁那些国内已能生产的产品进口,从而鼓励和保护了巴西国内民族工业的发展。巴西政府还积极制定工业发展战略和规划,初步实现了国民经

---

① 参见E.布拉德福德·伯恩斯、朱莉·阿·查利普:《简明拉丁美洲史(插图第8版)》,王宁坤译,北京:世界图书出版社,2009年,第242页。
② 参见韩琦:《世界现代化历程》,南京:江苏人民出版社,2010年,第288页。
③ 参见韩琦:《世界现代化历程》,南京:江苏人民出版社,2010年,第288页。

济有计划地发展。正是因为巴西政府推行的进口替代工业化战略,并采取了一系列具体的方针政策和措施,巴西的工业化进程得到了明显的推进,经济实力明显增强。1932—1961 年间巴西的 GDP 年均增长率为 6.1%,高于拉美同期平均水平;巴西人均国民收入年均增长 3.4%。[①] 巴西这一阶段的工业化推进为后来的"经济奇迹"的发生奠定了坚实的物质基础。

1929—1933 年的经济危机给墨西哥带来的是经济的衰退和社会的动荡,罢工、示威游行、抢占土地等事件频发。在危机的冲击下,墨西哥的政治精英们意识到国家干预的重要性,积极推行经济改革,实行进口替代工业化战略。墨西哥首先进行了比较彻底的土地改革,不仅征收大庄园的土地,还将外国公司的土地没收,将其分配给无地的农民。同时,墨西哥还注重建设村社,为帮助村社有效经营农业,政府还成立了国家土地信贷银行和国家村社信贷银行,为村社提供购买机器、农具、种子和化肥的资金。墨西哥政府推行的另一项重要的改革是石油产业国有运动。政府支持石油工人工会为提高工资而进行的斗争,在外国石油公司拒绝的情况下,墨西哥政府果断地将英美等国 17 家石油企业收归国有。墨西哥政府还注重对教育的支持,1935—1940 年间教育支持从占政府支出的 12% 提高到 14%,印第安人和农村的教育都得到加强。这些改革政策为墨西哥此后保持长达 30 多年的经济繁荣奠定了基础,这一时期也被人们称为"墨西哥奇迹"。

拉丁美洲各国面临经济危机的冲击,纷纷选择发展进口替代工业化战略,保护了本国市场,发展了民族工业,取得了令世人瞩目的成绩。但是,到二十世纪五、六十年代,进口替代工业化战略的缺陷和弊端逐渐显现。其一,进口替代内向性严重,进出口部门缺乏活力;其二,过度保护国内市场,经济发展缺乏竞争力;其三,依赖进口技术和资本,经济缺乏自主性。

[①] 参见苏振兴、徐文渊:《拉丁美洲国家经济发展战略研究》,北京:北京大学出版社,1987 年,第 87 页。

表 5-1　拉美国家引进 FDI 及外债（单位：亿美元　1980 年价格）

	1950—1960	1961—1965	1966—1970	1971—1973	1974—1977	1978—1981	1982—1989
FDI	21	11	23	34	35	59	46
外债	15	19	55	118	204	292	55

资料来源：杜锦：《拉丁美洲债务危机的国内外原因及 IMF 在其中的作用》，《天府新论》2006 年第 12 期，第 105 页。

由于拉美各国过度依赖进口技术和中间产品，而国内外汇储备不足导致巨大的外贸赤字，外贸赤字只能靠外债来弥补。由上表可以看出拉美国家引进 FDI 及外债情况。在 20 世纪 50 年代，拉美主要以引进 FDI 为主；60 年代，拉美国家举借外债的数量大大增加；到 70 年代外债的数额是 FDI 的 3 倍；而到 70 年代中后期，这一数字更是扩大到 5 倍。1970—1980 年拉美外债总额由 270 亿美元上升为 2310 亿美元。[①] 具体来说，墨西哥 1977—1981 年外贸赤字达 164 亿美元，到 1982 年底外债总额高达 850 亿美元。[②] 1981 年，国际市场石油价格下跌，使一向依赖石油出口获取外汇收入的墨西哥经济受到极大冲击，到 1982 年，墨西哥政府不得不宣布无力偿还巨额外债，拉丁美洲债务危机由此爆发。

（二）拉美债务危机的原因

许多学者认为，拉丁美洲债务危机与进口替代工业化战略有直接的关系。在二十世纪六、七十年代进口替代工业化战略显现出弊端时，就应该放弃此战略，实行出口导向发展战略。东亚的几个国家和地区正是由于及时地完成了这种转换，所以没有陷入 20 世纪 80 年代的债务危机。但是，智利于 20 世纪 70 年代就完成了战略转型，但最终也没能逃脱债务危机。所以，这种看法具有一定的片面性。"实际上，80 年代东亚之所以能躲过债务危机，固然与它们选择的外向型发展战略有关，但主要的还是与美国在这个地

[①] 参见杜锦：《拉丁美洲债务危机的国内外原因及 IMF 在其中的作用》，《天府新论》2006 年第 12 期，第 105 页。

[②] 参见韩琦：《世界现代化历程》，南京：江苏人民出版社，2010 年，第 141 页。

区的地缘政治经济战略有关。"①

那么,拉丁美洲20世纪80年代债务危机的真正原因是什么呢?

笔者认为,拉美20世纪80年代债务危机并不是由于实施进口替代工业化战略后没有及时转型引起的,而是因为,在以美国为首的霸权国家政治的框架下,拉美的进口替代工业化战略没有发挥正常的作用,甚至可以说演变成了一种扭曲的工业化战略。"拉美国家虽然实行的是进口替代工业化发展战略,但是在很多工业部门中,如金属机械、机器制造、化工、石油化工、电力以及耐用消费品和轻工产品等主要为国内市场生产的部门中,其发展基本上都有跨国公司的参与,它们对资本、原材料和技术进口的要求与日俱增,并要求向外国资本支付大量的服务费和各种补贴。"②所以最终导致拉美进口替代工业化战略的崩溃和债务危机的爆发。是这种不合理的国际经济秩序,而不是进口替代工业化战略本身导致了债务危机。

这种不合理的国际经济秩序包括:"工业中心与农矿业边缘的旧的国际分工,由此产生的国际贸易中的不平等交换关系,国际资本流动中的剥削关系,国际金融体系中的不平等借贷关系,国际经济与货币组织中的不平等权力关系,国际贸易中决定竞争规则的大国支配关系,国际技术转让中的控制关系以及自由市场经济中资本的无序状态,等等。"③在这样一种不合理的国际经济秩序下,世界性的资本主义经济危机周期性的爆发是客观地,是任何一种发展战略都避免不了的。所以,我们应该改造这种现行的、由资本主义中心国家控制的、不合理的国际经济秩序。

---

① 曾昭耀:《有关进口替代工业化战略评价中的几个问题》,《拉丁美洲研究》1999年第3期,第32页。

② 曾昭耀:《有关进口替代工业化战略评价中的几个问题》,《拉丁美洲研究》1999年第3期,第33页。

③ 曾昭耀:《有关进口替代工业化战略评价中的几个问题》,《拉丁美洲研究》1999年第3期,第32页。

(三) 新自由主义

1. 新自由主义的由来及实质

拉美各国在普遍遭受债务危机的困扰后,纷纷选择了"芝加哥弟子"开出的"新自由主义"的药方。所谓的"新自由主义"是一种西方早已存在的政治思潮——自由主义的发展与变种,是为资产阶级利益服务的意识形态。在不同国家的不同时期,它有着不同的思想内涵和实践表现。到20世纪80年代末,"新自由主义已经发展成为以美国为代表的西方发达资本主义国家对内制定社会发展战略(政治上为保守主义,经济上为狭义的新自由主义),对外制定扩张战略,推行单边主义、霸权主义和强权政治的理论基础(即新帝国主义理论)。"[①]可以说,新自由主义的核心就是尽可能弱化政府的作用,主张由市场绝对控制经济。"新自由主义貌似推行市场自由化,实质上是图谋让强国担负起组织和管理世界经济的任务,阻止弱国拥有保护自己市场的机制和手段,保证其企业对弱国市场行使霸权。"[②]

拉美各国在两次世界大战期间,由于深受战争和经济危机的冲击,各国政府都加大了国家干预经济及保护本国市场的力度。美国基于其国际战略与自身利益的需要,支持拉美的上述战略。但"二战"后,美国迅速成长为世界最大的经济体。此时,美国需要的是广阔的国外市场,于是,美国开始大力鼓吹"自由贸易"、"自由投资"、"自由企业"等原则。正如有的评论所指出:"大战结束时,美国的政策制定者对于重建国际经济所必要的改革有比较明确的主张。首先,必须彻底消除在30年代确立并在战时必然大大增加了的管制。这就是说,要取消战前已有证据的保护主义和结束随着战争而增生的各种干预。"[③]1982年8月墨西哥政府宣布延期支付债务,拉丁美洲债务危机爆发。美国借此机会,加大宣传新自由主义的力度,竭力鼓吹"市场化改革"是拉丁美洲摆脱危机的唯一出路。而20世纪80年代末90年代初,

---

① 亓成章:《怎样认识新自由主义》,《理论视野》2004年第3期,第42页。
② 江白宋:《拉美反思新自由主义》,《天涯》2002年第1期,第189页。
③ 莱斯利·贝瑟尔:《剑桥拉丁美洲史》中文版第六卷(上),中国社会科学院拉丁美洲研究所组译,北京:当代世界出版社,2000年,第127页。

随着两德的统一、东欧剧变、苏联解体,美国成为世界上唯一的超级大国,它所代表的西方民主制度似乎最终胜利。1989年,又抛出了所谓的"华盛顿共识",见表5-2。拉美国家经受不住西方强大的舆论宣传,纷纷走上新自由主义经济改革的道路。

表5-2 华盛顿共识(1989)

要点	后经修改或增加的条件
1.财政纪律(fiscal discipline)	—
2.对公共支出的优先权进行重新排序,从无效益津贴转向公共产品(比如医疗和教育)	—
3.将扩大税收基础和降低边际税率结合起来的税制改革	*
4.自由化的利率	*
5.竞争性的汇率	*
6.贸易自由化	
7.输入性外国直接投资的自由化	—
8.私有化	*
9.放松政府管制,消除市场准入和退出的障碍	*
10.有力的产权保护	*

资料来源:[美]斯科特·肯尼迪:《"北京共识"的神话》,《国外理论动态》2010年第4期,第41页。

2. 新自由主义给拉美带来的危害

在20世纪的整个90年代,拉丁美洲各国的政府都忙于削减社会项目的花费,降低和免除关税,欢迎外国投资,出售国有企业。国有企业的私有化迅速地将财富集中到极少数人手中,因为很少有人能购买这些企业,这大大增加了外国公司占有拉美经济的所有权。"从1990年到2002年,多国公司在拉丁美洲收购了4000家银行、通信、交通、石油和采矿公司。"[1]国有企业

---

[1] E.布拉德福德·伯恩斯、朱莉·阿·查利普:《简明拉丁美洲史(插图第8版)》,王宁坤译,北京:世界图书出版社,2009年,第332页。

的私有化的结果是,公共事业费用上涨,但拉丁美洲人民所享受的服务质量却下降了。

新自由主义鼓吹的自由贸易给拉丁美洲人民带来的结果是,极大地冲击了本国的幼稚产业,出现了一个所谓的"逆工业化"进程,导致大量企业倒闭,工人失业剧增。比如,"1975—1981年,阿根廷制造业连续出现负增长,在国内生产总值中的比重由37.3%下降到22.4%";"国内生产总值下降11.4%,制造业生产萎缩22.9%,实际工资减少19.2%"。① 到2002年44%的拉丁美洲人生活在贫困中,而拉丁美洲的贫困线是每天收入两美元,贫困的部分原因是失业率的上升。

虽然新自由主义政策是为解决拉美债务危机而开出的良方,但是,它并没能遏制住拉丁美洲对外贷款的急剧增长。到2005年,拉美地区的贷款总额达到7200亿美元,占国内生产总值的38%。② "虽然纯外国直接投资量在2004年为440亿美元,但流出去的496亿美元远远将其抵消了。资金流出包括贷款偿还和资本逃逸。"③

总之,新自由主义虽然给拉美国家也带来了一定的正面影响,比如:遏制了通货膨胀、促进了企业利润率的提高、企业竞争能力有了一定程度的增强等。但新自由主义给拉美带来的危害更大:它使拉美各国的经济更加依赖外资,形成了新的依附经济;造成了各国国内收入严重不均,贫富两极分化加剧;失业率居高不下;人民享受的社会福利下降等。

3. 对新自由主义的正确认识

在拉美实行新自由主义以前,各国由于受20世纪30年代经济大危机的影响,意识到国家干预的重要,纷纷选择进口替代发展战略。在近40年的时间里,拉美许多国家经济发展、社会进步,出现了一个又一个的经济奇迹。

---

① 韩琦:《世界现代化历程》,南京:江苏人民出版社,2010年,第255页。
② 参见E.布拉德福德·伯恩斯、朱莉·阿·查利普:《简明拉丁美洲史(插图第8版)》,王宁坤译,北京:世界图书出版社,2009年,第332页。
③ E.布拉德福德·伯恩斯、朱莉·阿·查利普:《简明拉丁美洲史(插图第8版)》,王宁坤译,北京:世界图书出版社,2009年,第332页。

随着债务危机席卷拉美，新自由主义备受青睐。新自由主义鼓吹"自由化"、"私有化"、"市场化"。拉丁美洲作为新自由主义的"实验室"，已经证明新自由主义不能挽救拉美，在推行新自由主义时期，国家的治理能力极大下降，政府控制经济和金融活动的能力不断被弱化。

三、自由市场与政府干预之辩

众所周知，自由市场就是市场在资源配置中起主要作用，即相信自由市场的调节力量，也就是相信"看不见的手"的作用。这种思想的兴起，是与当时的社会经济发展相适应的。19世纪，西方主要资本主义国家经过工业革命，确立了资本主义的生产方式，此时重商主义的经济思想已经成为经济发展的障碍。为顺应时代的要求，自由、开放的社会经济结构成为大多数资产阶级政权的选择。

虽然市场能够有效率地配置资源，但是市场也有失灵的时候。20世纪30年代，西方世界普遍经历了经济大危机后，凯恩斯的经济学说大放异彩。以"罗斯福新政"为标志，西方国家为摆脱经济危机，采取了凯恩斯的经济学说理论，普遍加强了对经济的宏观干预。世界经济的发展史也无数次地证明，如果只依靠"看不见的手"来调节市场，必然会出现市场失灵的状况，因为市场自身具有盲目性。在市场失灵的时候，就需要发挥政府这只"看得见的手"的作用。就像美国经济学家斯蒂格利茨所说："市场之所以出现失灵现象，是因为没有人对市场负责。资源配置的决定是由成千上万不同的企业作出的，从而造成了重复生产和无效率。"所以，"一般而言，如果没有政府干预，就不能实现有效的市场配置"。

纵观世界经济的发展历史和各国不同的发展模式可以发现，各国之所以会形成不同的经济发展模式，是由各国政府在经济发展中所起的作用决定，而各种发展模式的成败，很大程度上与对政府作用的"度"的把握有关。

盎格鲁-撒克逊模式是属于成功的发展模式，我们来看看这种发展模式中市场与政府的关系。英国是最早采用这种经济发展模式的国家，在英国崛起之前，已有西班牙、葡萄牙和荷兰等强国，英国是靠对纺织业的严格保护，实现了对前述各国的赶超。尤其是英国政府对毛纺织业的培植可以说是煞费苦心。早在1258年，英国政府就颁布保护主义的条例，规定"英国所生产的羊毛必须在国内加工生产，不准卖给外国人；人人都必须穿本国织造的呢绒"①。从这里可以看出，英国的政府干预真是细致入微。英国通过实行严格的贸易保护主义，实现了对荷兰等国家的赶超后，开始推行自由贸易。实际上英国宣扬的自由贸易是要求他国开放市场，以使本国的工业品能够自由贸易；而对别国工业品进入本国市场则严加阻拦。其核心还是贸易保护主义和国家干预。

美国标榜自己是世界上最自由的国家，其发展模式也是盎格鲁-撒克逊模式。在这个世界上"最自由"的国家里，是否完全遵循着由"看不见的手"的调节呢？非也。众所周知，美国发家致富的秘密就是在于广泛的政府干预和严格的贸易保护主义。本书前已详述了美国的关税政策，在此不再赘述。20世纪30年代的经济危机后盛行的凯恩斯主义将政府干预变成了一种常态，也就是说，一旦经济运行发生波动，美国政府就会使用财政和货币政策，或其他政策组合对经济进行干预，以期达到预期的目标。美国发生次贷危机后，放弃了自己在微观领域长期恪守的自由放任的原则，对企业债务进行重组，对产权进行干预，也就是采取了所谓"国有化"的措施，虽然这些措施是短暂的。

被视为成功的发展模式中还有东亚模式，东亚模式的崛起与政府的强势作用有极大的关系。"作为一种官方意识形态的'亚洲价值观'，在解释东亚崛起时强调……'好政府'和'强干预'等核心论点"。"在古典自由主义者看来，'好政府'就是管得最少的政府，是'守夜人'式的政府；而按'亚洲价值观'的论点，'管理最好的政府，就是那些管得多的政府'"。② 对此，新加坡的经济发展也证明了这一点。新加坡总理吴作栋在总结新加坡成功经验时指出，新加坡经验有两条："其一是良好的经济基本因素……其二就是良好的政府；政府在协助取得良好的经济基本因素方面扮演一个重要角

---

① 梅俊杰：《自由贸易的神话》，上海三联书店，2008年，第55页。
② 董正华：《世界现代化历程（东亚卷）》，江苏人民出版社，2010年，第33页。

色"①。"新加坡贸工部经济计划委员会总结出新加坡'成功、恰当'的发展战略有：（1）良好的政府机构，政府是强健、稳定、有能力和廉洁的，必须对经济社会问题起领导作用。"②

即使不被视为成功的发展模式中的"巴西模式"、"墨西哥模式"中，也有政府干预的时期。从拉美各国的经济发展史中我们可以看到，凡是在政府干预深入的时期，这些国家的经济发展就会出现快速增长期，如"巴西奇迹""墨西哥奇迹"等；反之，则经济动荡，国家处于混乱状态。

所以说，自由市场只是相对的自由，是在不同经济发展阶段时的自由。它是对自己的自由对他国的垄断，或者说是以自由主义为借口，剥削他国，使其为自身的发展提供廉价的原材料，同时倾销自己的工业品，拉美地区的经济发展为此提供了雄辩的证据。当今没有哪一个国家是完全遵循经济自由主义原则，都有政府干预，只不过在不同时期，干预的力度和深度不同。只有一个强有力的政府，实施合适的经济发展战略，才能造就一个强大的国家。

通过上述两组国家的比较，我们发现：不论是当今世界最发达的国家美国、德国和日本，还是韩国、中国台湾等东亚国家或地区，它们之所以能从一个后发国家或地区成功实现追赶，一个有效政府的存在是其关键因素。因为，有效政府的存在保证了其能够独立自主地制定战略规划及其支持政策体系，特别是产业发展战略规划，并具有足够能力为战略规划集中各种资源，以保证战略规划的实现。反观深陷"中等收入陷阱"的拉美各国，无论是"二战"前还是战后，政府都没有获得足够的独立性，也没有足够的能力为战略规划的实施集中资源，一个无效政府的存在是其长期深陷"中等收入陷阱"的关键原因。

---

① 董正华：《世界现代化历程（东亚卷）》，江苏人民出版社，2010年，第32页。
② 董正华：《世界现代化历程（东亚卷）》，江苏人民出版社，2010年，第31页。

第六章 ｜ 中国成功跨越"贫困陷阱"①

---

① 本部分曾经以《中国特色社会主义经济建设》为题，编入高正礼主编：《中国特色社会主义理论与实践若干专题研究》，芜湖：安徽师范大学出版社，2013年。

1949年,在战后的废墟之上中华人民共和国成立。在中国共产党的领导下,中国人民用了30年时间,在"一穷二白"的基础上建成了完整的国民工业体系,由洋油、洋火、洋钉等"洋"的时代阔步迈进"自给自足"时代。20世纪60年代,原子弹成功试爆,20世纪70年代人造卫星成功上天,1980年,中国人民自主设计制造的大型喷气式宽体客机"运十"成功试飞。相对于1952年,1978年国民收入增长了4.53倍。但是,"一穷二白"基础上的国家工业化建设占有了中华人民共和国大部分资源,人民生活水平改善有限。与1952年比较,1978年全国居民生活水平仅仅增长了77%,其中城市居民增长了112%,而农村居民仅仅增长了57.6%。[1] 按照世界银行Atlas方法衡量,1978年中国人均国民收入190美元,按照世界银行购买力平价(PPP)衡量,1990年中国人均国民收入970美元。[2] 因此,经过新中国前30年的建设,我国仍然是一个典型的低收入经济体。

改革开放以来,由社会主义计划经济向社会主义市场经济的大转型,迎来了中国经济奇迹般增长。经过30年的发展,中国成功跨越贫困陷阱,成为中等收入国家。2008年,根据世界银行Atlas方法衡量,中国人均国民收入达到3050美元,成为中等偏下收入国家的一员,2013年,中国人均国民收入达到6560美元,成为中等偏上收入国家的一员。因此,向社会主义市场经济体制的大转型,激发了中国经济发展动力,推动了中国奇迹般增长。

一、中国奇迹般的经济增长与社会发展

(一)改革开放以来中国的经济增长与结构变迁

1. 改革开放以来中国的经济增长与波动

改革开放以来,中国经济发展取得了举世瞩目的成就,被誉为"中国奇迹"。从经济总量看,按照当年价格计算,1978年国内生产总值为3645.2亿

---

[1] 参见林毅夫:《中国经济专题》,北京:北京大学出版社,2008年,第103页。
[2] 按照世界银行2008年标准,人均国民总收入低于975美元为低收入国家,在976至3855美元之间为中等偏下收入国家,在3856至11905美元之间为中等偏上收入国家,高于11906美元为高收入国家。此处数据来自世界银行网站,http://databank.worldbank.org/data/views/reports/tableview.aspx。

元,而 2013 年为 568845.2 亿元;按照不变价格计算,1978 年国内生产总值指数为 100,则 2013 年为 2608.6,增长了 25 倍多。从人均收入看,按照当年价格计算,1978 年的人均国内生产总值为 381 元,而 2013 年为 41908 元;按照不变价格计算,1978 年人均国内生产总值指数为 100,则 2013 年为 1837.5,增长了 17 倍多。

表 6-1 中国的经济增长:1978—2013 年

指标	单位	1978	1990	2000	2008	2013
国内生产总值	亿元	3645.2	18667.8	99214.6	314045.4	568845.2
第一产业	亿元	1027.5	5062.0	14944.7	33702.0	56957.0
第二产业	亿元	1745.2	7717.4	45555.9	149003.4	249684.4
第三产业	亿元	872.5	5888.4	38714.0	131340.0	262203.8
人均国内生产总值	元	381	1645	7858	23708	41908
国内生产总值指数		100.0	281.7	759.9	1707.0	2608.6
第一产业		100.0	190.7	277.0	385.6	474.9
第二产业		100.0	304.1	1081.8	2591.8	4105.3
第三产业		100.0	362.1	956.1	2301.4	3542.6
人均国内生产总值指数		100.0	237.3	575.5	1232.1	1837.5

数据来源:中华人民共和国国家统计局:《中国统计年鉴-2014 年》,北京:中国统计出版社。其中,绝对数按照当年价格计算,相对数按照不变价格计算,网址:http://www.stats.gov.cn/tjsj/ndsj/2014/indexch.htm。

1978—2013 年,中国按照不变价格计算的国内生产总值以年均 10% 的速度增长。但是,中国国内生产总值的增长呈现明显的周期性波动。以 20 世纪 90 年代为界,无论是波动的幅度还是频率,这之前都明显要强烈得多,但是,这之后中国经济波动逐步和缓。20 世纪 90 年代之前,由于社会主义市场经济体制还处于摸索发展阶段,资源配置的主要方式还是计划、行政手段,所以中国经济处于明显的"活—乱"循环之中。这导致中国经济反复出现过热,进而出现速度与"瓶颈"之间相互制约的局面。① 但是,随着社会主义市场经济体制的逐步建立,市场在资源配置之中的基础性作用的发挥,从20世纪90年代开始,中国经济逐步进入一个"大和缓"时代。当然,整个国际经济的大和缓和中国政府宏观调控能力的增强也发挥了重要作用。

从比较的视野看,世界银行的数据可能更加具有说服力。根据世界银行 Atlas 方法测算,1962 年中国人均国民收入仅仅 70 美元,经过改革开放前的缓慢发展,至 1978 年上升至 190 美元,仍然属于低收入国家。经过改革开放以来的高速增长,2013 年,中国人均国民收入已经达到 6560 美元。按照世界银行标准,2013 年中等收入国家平均人均国民收入 4754 美元,因此,中国已经成为典型的上中等收入国家。如果按购买力平价来衡量,1990 年中国人均国民收入 970 美元,而 2013 年已经迅速增长到 11850 美元。从与美国比例来看,按照 Atlas 方法测度,1962 年中国人均国民收入占美国人均国民收入比例仅为 2.1%,1978 年降低到 1.7%,2013 年已经迅速增加至 12.3%。按照购买力平价方法衡量,1990 年中国人均国民收入占美国人均国民收入比例仅为 4.0%,而 2013 年已经增加至 22.0%。②

2. 改革开放以来中国的产业结构与就业结构

改革开放以来,中国经济不仅实现了总量的迅速增长,经济结构也发生了重要转变,中国顺利进入工业化中期阶段。1978 年,从产值结构看,1978 年第一、第二、第三产业在国内生产总值的比重分别是 28.2%、47.9%、23.9%,2008 年分别是 10.7%、47.4%、41.8%,而 2013 年分别是 10%、43.9%、46.1%,第三产业比重超过了第二产业;从就业结构看,1978 年第一、第二、第三产业在就业总量中比重分别是 70.5%、17.3%、12.2%,2008 年分别

---

① 参见林毅夫、蔡昉、李周:《中国的奇迹:发展战略与经济改革》(增订版),上海:上海三联书店、上海人民出版社,1999 年,第 202—209 页。

② 有研究者认为,用绝对人均国民收入衡量中等收入国家并不准确,应该采用一国人均国民收入占 OECD 或美国比重来衡量。Woo,W.T..China Meets the Middle-Income Trap:The Large Potholes in the Road to Catching-up[J].Journal of Chinese Economic and Business Studies,2012,10(4):313-336。

是39.6%、27.2%、33.2%,而2013年分别是31.4%、30.1%、38.5%。因此,无论是产值结构还是就业结构,中国经济的变迁都符合国际经济变迁的一般规律——配第-克拉克定律,即第一产业比重持续降低,第二、三产业比重上升。

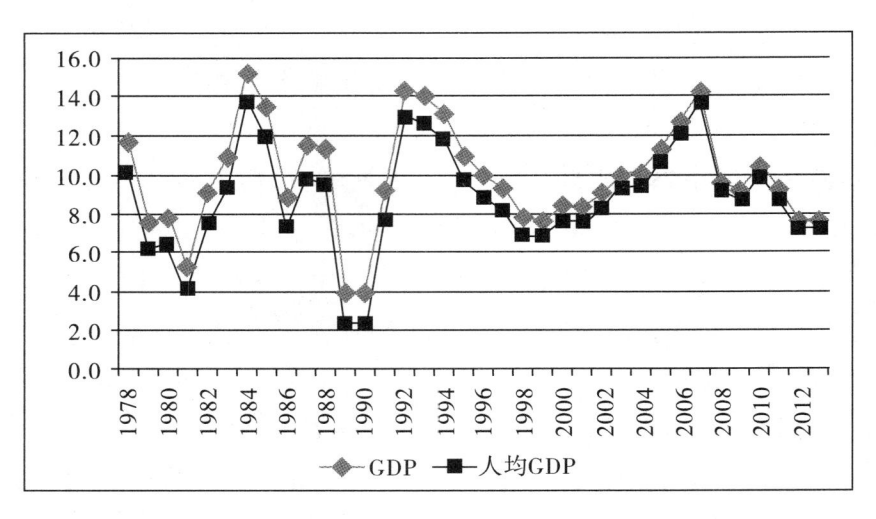

图6-1 中国不变价格GDP和人均GDP增长率:1978—2013年

数据来源:中华人民共和国国家统计局,网址:http://www.stats.gov.cn/tjsj/ndsj/2014/indexch.htm。

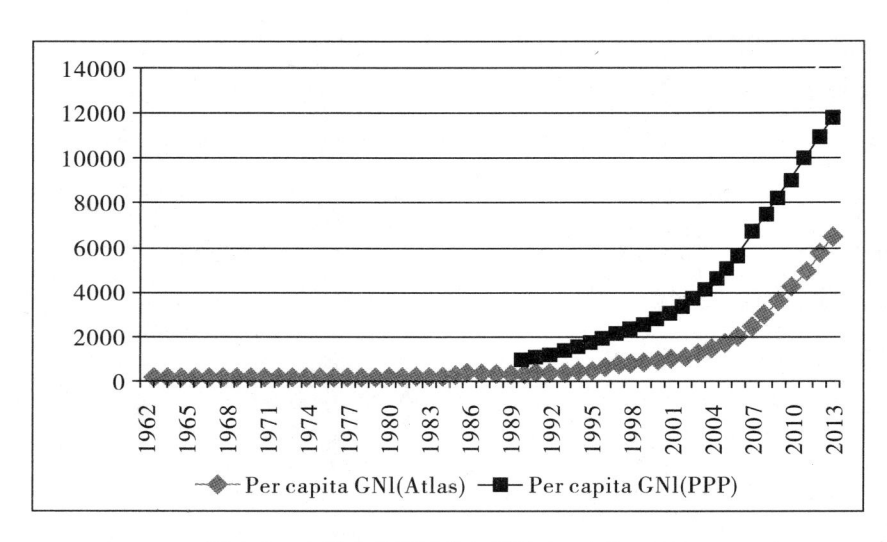

图6-2 中国人均国民收入的演变:1978—2013

数据来源:世界银行数据库,网址:http://data.worldbank.org/。

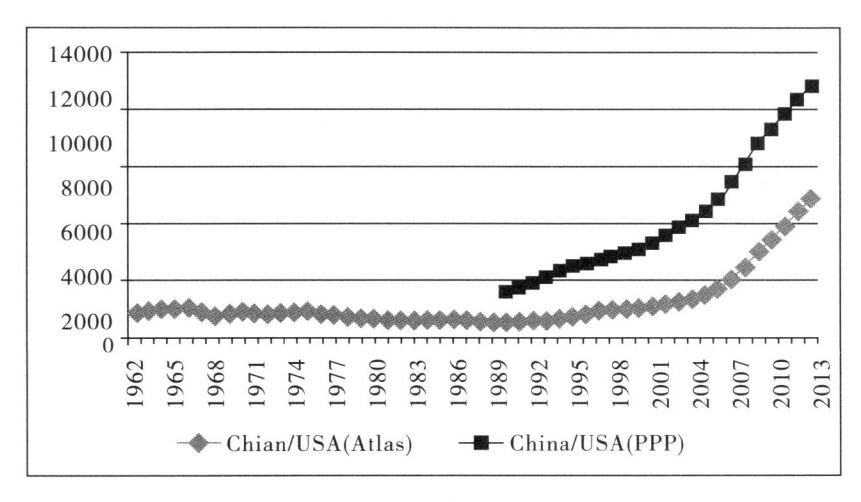

图 6-3 中国人均国民收入占美国人均国民收入比例

数据来源:世界银行数据库,网址:http://data.worldbank.org/。

表 6-2 中国经济总量的产值结构与就业结构及其偏离:1978—2013 年(单位:%)

年份	产值结构			就业结构			就业结构与产值结构的偏离		
	第一产业	第二产业	第三产业	第一产业	第二产业	第三产业	第一产业	第二产业	第三产业
1978	28.2	47.9	23.9	70.5	17.3	12.2	42.3	-30.6	-11.7
1980	30.2	48.2	21.6	68.7	18.2	13.1	38.5	-30.0	-8.5
1990	27.1	41.3	31.5	60.1	21.4	18.5	33.0	-19.9	-13.0
2000	15.1	45.9	39.0	50.0	22.5	27.5	34.9	-23.4	-11.5
2008	10.7	47.4	41.8	39.6	27.2	33.2	28.9	-20.2	-8.6
2013	10.0	43.9	46.1	31.4	30.1	38.5	21.4	-13.8	-7.6

数据来源:中华人民共和国国家统计局:《中国统计年鉴-2014 年》,北京:中国统计出版社。其中,就业结构与产值结构的偏离根据每年的各产业就业比重减去产值比重作者自己计算得出。

更为关键的是,改革开放以来中国经济的增长与发展逐步消除了改革开放前中国经济形成的产值和就业结构的扭曲。从1978年的产值结构看,中国是一个名副其实的工业化国家。但是,如果从就业结构看,我们仍是一个典型的农业国,第一产业就业比重高达70.5%。1952年,第一产业就业比重为83.5%,在长达26年的时间里,第一产业就业比重仅仅降低了13个百分点。改革开放之后,随着社会主义市场经济体制在资源配置中的基础性作用的发挥,中国经济逐步发挥了其比较优势,劳动密集型的轻工业和服务业迅猛发展,农业劳动力不断被城乡现代工业和服务业部门所吸收,在1978—2013年的35年时间里,第一产业就业比重下降了39.1个百分点,平均每年下降超过1个百分点,就业结构与产业结构的偏离从42.3个百分点降低到21.4个百分点,中国经济的增长和发展很好地减弱了就业结构与产值结构的扭曲。

表6-3　公有经济在中国工业经济中的比重:1978—2008年①

年份	工业企业单位数(万个)			工业总产值(亿元)			公有企业单位数占总数比重	公有企业产值占总产值比重
	总数	国有企业	集体企业	总值	国有企业	集体企业		
1978	34.84	8.37	26.47	4237.0	3289.2	947.8	1.00	1.00
1980	37.73	8.34	29.35	5154.0	3915.6	1231.4	1.00	1.00
1985	46.32	9.37	36.78	9716.0	6302.1	3117.2	1.00	0.97
1990	50.44	10.44	39.11	23924.0	13063.8	8522.7	0.98	0.90
1995	59.21	11.80	41.36	91894.0	31220.0	33623.0	0.90	0.71
2000	16.29	5.35	3.78	85674.0	40554.4	11907.9	0.56	0.61
2005	27.18	2.75	1.59	251619.5	83749.9	8615.1	0.16	0.37
2008	42.61	2.13	1.17	507448.3	143950.0	8955.9	0.08	0.30

---

① 资料来源:国家统计局国民经济综合统计司编:《新中国六十年统计资料汇编》,北京:中国统计出版社,2010年。

3. 改革开放以来中国的所有制结构

改革开放以来,中国经济逐步形成了以公有制为主体、多种所有制经济共同发展的社会主义初级阶段的基本经济制度,充分调动了社会各个阶层发展经济的积极性和主动性,成为中国经济发展的最重要主体和动力。就中国工业经济而言,1978 年,以国有和集体企业为代表的公有企业单位数占总单位数的比重为 100%,而其产值占总产值比重也为 100%。改革开放以来,随着非公有经济的迅猛发展,无论是公有企业单位数还是产值在总量中的比重都逐步下降,至 2008 年,单位数比重降低到仅 8%,产值比重降低到仅 30%。

社会主义初级阶段的基本经济制度充分发挥了不同所有制企业对经济发展的不同作用。坚持公有制的主体地位,毫不动摇地发展壮大公有制经济是社会主义初级阶段基本经济制度的基础和核心。中共十五大报告明确指出:"要全面认识公有制经济的含义。公有制经济不仅包括国有经济和集体经济,还包括混合所有制经济中的国有成分和集体成分。公有制的主体地位主要体现在:公有资产在社会总资产中占优势;国有经济控制国民经济命脉,对经济发展起主导作用。这是就全国而言,有的地方、有的产业可以有所差别。公有资产占优势,要有量的优势,更要注重质的提高。"以规模以上工业企业为例,2011 年,国有及国有控股企业单位数尽管仅占规模以上工业企业的 5.2%,但是,其工业总产值占 26.2%,利润占 26.8%,资产占 41.7%,所交增值税更是高达 35.8%。从行业分布来看,国有及国有控股企业主要分布在石油、石化、冶金、军工、电信、航空、电力、交通、金融等国民经济的基础产业和部门,充分发挥了公有制经济的主体作用,有力实现了国有经济对国民经济命脉的控制。

社会主义初级阶段的性质决定了,我们在坚持公有制的主体地位的同时,必须大力发展非公经济,形成公有制为主体,多种所有制共同发展的繁荣局面。改革开放以来,非公经济从无到有,取得了飞速发展。截至 2008 年,非公经济单位数占工业企业单位总数的 92%,非公经济产值占工业企业总产值的 70%。2011 年,私营企业占规模以上工业企业总数的 55.5%,占总产值的 29.9%,占应交增值税的 26.7%,创造就业占 32.2%。外商及港澳台投资企业占规模以上工业企业总数的17.6%,占总产值的25.9%,占应交增值税的21.6%,占就业人数的28.1%。由此可见,私营和外商及港澳台投资企业共占规模以上工业企业总产值的55.8%,利润的54.8%,应交增值税的48.3%,就业人数的60.3%,充分发挥了非公经济创造就业的作用。

表6-4 2011不同所有制规模以上工业企业主要经济指标及在规模以上工业企业中所占比重①

类别	企业单位数(个)	工业总产值	资产总计	利润总额	本年应交增值税(亿元)	全部从业人员年平均人数(万人)
规模以上工业企业总计	325609	844269	675797	61396	26303	9167
国有及国有控股总计	17052	221036	281674	16458	9407	1812
私营总计	180612	252326	127750	18156	7024	2956
外商及港澳台投资总计	57216	218417	161988	15494	5675	2574
国有及国有控股所占比重	0.052	0.262	0.417	0.268	0.358	0.198
私营所占比重	0.555	0.299	0.189	0.296	0.267	0.322
外商及港澳台投资所占比重	0.176	0.259	0.240	0.252	0.216	0.281

(二)改革开放以来中国的社会发展

改革开放以来,在经济高速增长的同时,中国在脱贫、教育、医疗、社会保障等几乎所有人类发展方面都取得了令人瞩目的成就,中国人类发展指数(HDI)迅速提升。1975年,中国人类发展指数为0.530,2008年为0.793,增长了75.5%,年均增长2.3%。

---

① 数据来源:中华人民共和国国家统计局:《中国统计年鉴-2012年》,北京:中国统计出版社,2012年。其中,比重自己计算。

表 6-5 中国的人类发展指数:1975—2008 年①

年份	1975	1980	1985	1990	1995	2000	2005	2008
人类发展指数	0.530	0.533	0.556	0.608	0.657	0.719	0.756	0.793

1. 减贫的巨大成功

中国的高速经济增长为减贫创造了前提条件,但是,中国政府的政策是把条件化为现实的重要支撑力量。根据中国国家贫困线,1981 年,以收入测度的中国贫困发生率达到 52.8%,至 2005 年,贫困发生率降低到 5.2%。按照国际通行标准的贫困度量标准,即每人日均消费支出不足 1.08 美元(绝对贫困标准),1981 年中国以消费度量的贫困发生率为 63.8%,至 2005 年,贫困发生率降低到 5.5%。从贫困人头数看,1981 年以消费测度的贫困人口为 6.38 亿,而 2005 年已经降低到 0.716 亿。改革开放初期,贫困主要出现在中国农村地区,针对这一特征,国家于 1984 年出台了《关于帮助贫困地区尽快改变面貌的通知》,1994 年出台了《国家八七扶贫攻坚计划》,2001 年制定并实施《农村扶贫开发纲要(2001—2010)》。通过这一系列政策措施,有效地减少了农村贫困。针对国有企业改革导致的城市贫困问题,国家通过建构社会保障体系降低城市贫困现象。正是中国政府出色的工作,在 24 年间,中国把 5.664 亿人口带出了贫困,为世界的减贫工作作出了最突出的贡献。

---

① 资料来源:联合国开发计划署:《2009/10 中国人类发展报告:迈向低碳经济和社会的可持续未来》,中国对外翻译出版社,2010 年,第 9 页。

表 6-6　中国减贫:1981—2005 年①

年份	收入贫困发生率(%)			消费贫困发生率(%)		贫困人头数(百万) 1993 年 PPP Z=＄1.08	
	国家贫困线	1993 年 PPP Z=＄1.08	2005 年 PPP Z=＄2.00*	1993 年 PPP Z=＄1.08	2005 年 PPP Z=＄2.00*	收入	消费
1981	52.8	62.3	96.7	63.8	97.8	623.4	638.0
1984	24.1	25.6	87.5	41.0	92.8	267.2	428.0
1987	16.8	21.5	78.0	28.7	83.5	235.0	314.0
1990	22.2	23.0	75.3	33.0	84.9	263.0	377.5
1993	20.0	21.0	67.4	28.4	79.4	248.9	336.1
1996	9.8	10.4	50.9	17.4	65.9	127.3	212.5
1999	7.6	8.0	41.0	17.8	61.5	100.6	223.5
2002	7.3	7.6	33.5	13.8	50.5	97.6	177.2
2004	5.3	5.8	27.0	9.9	43.3	75.4	128.6
2005	5.2	5.4	23.4	5.5	35.7	70.6	71.6

注:＊表示使用农村更低的价格水平调整过的数据。

但是,在看到中国减贫的巨大成就的同时,也应该看到中国减贫工作中的问题:第一,中国减贫的层次降低,减贫成果比较脆弱。以贫困测度的更高标准,即人均日均消费支出 2 美元(相对贫困标准)度量,中国贫困发生率由 1981 年的 97.8%降低到 2005 年的 35.7%,降低了 62.1 个百分点,取得了巨大成就。但是,中国相对贫困人口仍然高达 4.668 亿。由此可见,中国很多人仅仅刚刚脱离绝对贫困,很容易再次陷入贫困,如家庭成员生大病、自然灾害等,所以中国减贫成果比较脆弱。第二,经济增长的减贫效应逐步递

---

① 资料来源:Shaohua Chen and Martin Ravallion,2008."China is Poorer than We Thought,but No Less Successful in the Fight Against Poverty".Policy Research Working Paper 4621,The World Bank。

减。从 1981—2005 年的数据看,早期中国经济增长的减贫效果很好,但是,随着中国人均真实 GDP 的增长,其减贫效果逐步递减,因此,通过经济增长降低贫困发生率越来越困难(图 6-4)。

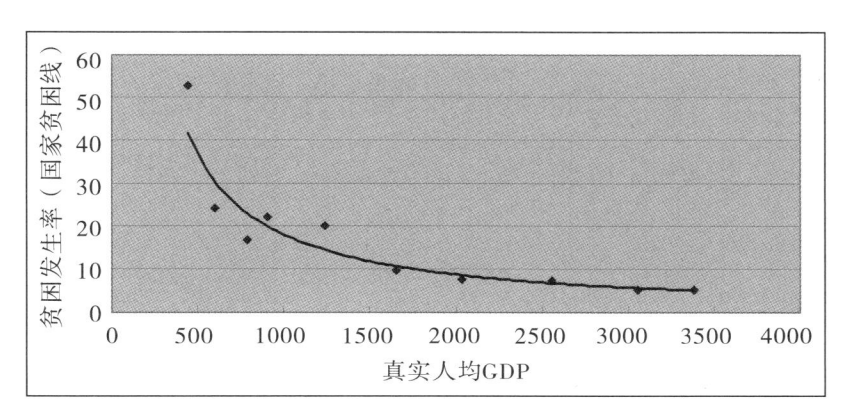

图 6-4 中国真实人均 GDP 与贫困发生率

2. 受教育程度不断提高

伴随经济的高速增长,中国人所受教育程度不断提高,而教育程度的提升又进一步推动了经济的增长,由此,在经济增长与教育程度之间形成了很好的正反馈机制。新中国建立之初,中国政府就非常重视教育问题,特别是基础教育的普及,小学学龄儿童入学率由 1952 年的 49.2% 迅速提升到 1978 年的 95.5%。改革开放之后,除了小学学龄儿童入学率继续提升(2008 年提高到 99.5%)之外,中国人受教育层次得到了极大的提升,九年制义务教育基本普及之外,十二年教育和高等教育入学率极大提高。改革开放以来,九年制义务教育的普及经历了先降低后上升的曲折历程。1978 年小学毕业生升学率达到 87.7%,随后一路降低,直至 1995 年才恢复并超过 1978 年水平,达到 90.8%,而随后一路上升,2008 年达到 99.7%。从初中毕业生升学率可以看出高中教育也经历了相同的经历,1978 年初中毕业生升学率达 40.9%,随后一路下滑,直至 1991 年才达到并超过 1978 年水平,达 42.6%,而 2008 年达 83.4%。更为可喜的是,高等教育的推广更为迅速,从高中毕业生升学率可以清晰地看到这一点,1990 年高中毕业生升学率仅 27.3%,而 2008 年达到了 72.7%。普通高等学校在校生由 1978 年的 85.6 万人增加至 2308.5

万人,增长了近 26 倍,每 10 万人中拥有大专及以上学历的人数由 1982 年的 615 人增加至 2010 年的 8930 人。①

表 6-7　全国各级学校毕业生升学率和入学率:1978—2008　(%)②

年份	毕业生升学率			小学学龄儿童入学率	年份	毕业生升学率			小学学龄儿童入学率
	高中	初中	小学			高中	初中	小学	
1978		40.9	87.7	95.5	1994	46.7	47.8	86.6	98.4
1979		37.6	82.8	93.0	1995	49.9	50.3	90.8	98.5
1980		45.9	75.9	93.9	1996	51.0	48.8	92.6	98.8
1981		32.5	68.3	93.0	1997	48.6	51.5	93.7	98.9
1982		32.5	66.2	93.2	1998	46.1	50.7	94.3	98.9
1983		35.5	67.3	94.0	1999	63.8	50.0	94.4	99.1
1984		38.4	66.2	95.3	2000	73.2	51.2	94.9	99.1
1985		41.7	68.4	96.0	2001	78.8	52.9	95.5	99.1
1986		40.6	69.5	96.4	2002	83.5	58.3	97.0	98.6
1987		39.1	69.1	97.2	2003	83.4	59.6	97.9	98.7
1988		38.0	70.4	97.2	2004	82.5	62.9	98.1	98.9
1989		38.3	71.5	97.4	2005	76.3	69.7	98.4	99.2
1990	27.3	40.6	74.6	97.8	2006	75.1	75.7	100.0	99.3
1991	28.7	42.6	77.7	97.8	2007	70.3	79.3	99.9	99.5
1992	34.9	43.6	79.7	97.2	2008	72.7	83.4	99.7	99.5
1993	43.3	44.1	81.8	97.7	—	—	—	—	—

中国人受教育程度的提高来源于教育投入的增长,特别是国家财政性

---

① 数据来源:中华人民共和国国家统计局:《中国统计年鉴-2012 年》,北京:中国统计出版社。
② 资料来源:国家统计局国民经济综合统计司编:《新中国六十年统计资料汇编》,北京:中国统计出版社,2010 年。

教育经费的持续增加,2010 年达 14670 余亿元,占 GDP 比重由 1992 年的 2.7%增加至 2010 年的 3.7%。

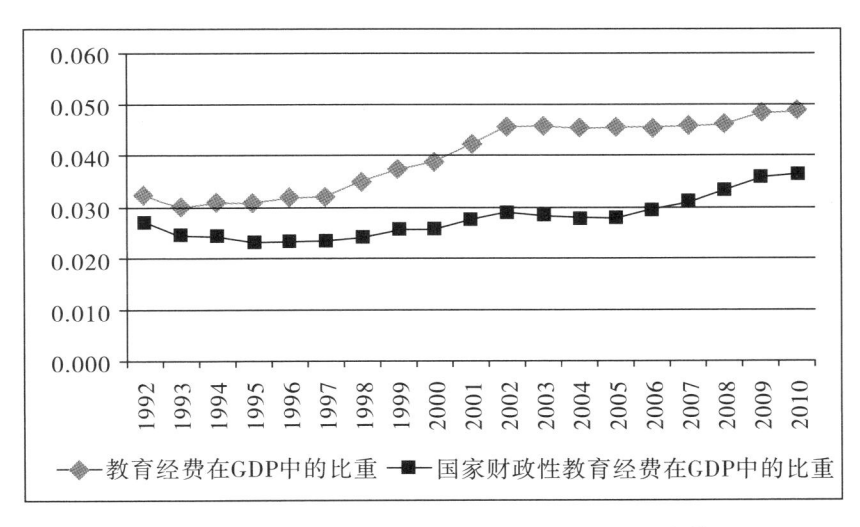

图 6-5 教育经费在 GDP 中的比重:1992—2010 年①

改革开放以来,中国奇迹般增长带来的经济社会巨变有目共睹。但是,对于这种奇迹般增长的前景以及原因,却存在截然不同的观点。

二、社会主义市场经济体制与中国奇迹

(一)中国奇迹:两种针锋相对的观点

一种观点可以简单概括为"市场派"。他们认为,中国改革开放以来的高速增长是市场化改革的结果,而问题则是市场化改革不彻底所带来的。② 用吴敬琏的话说:"市场制度的建立解放了久为落后制度所束缚压制的生产力,中国经济实现了高速增长……从另一方面看,中国社会存在的种种问

---

① 根据《中国统计年鉴-2012 年》中的数据作者自己计算。中华人民共和国国家统计局:《中国统计年鉴-2012 年》,北京:中国统计出版社。

② 世界银行、IMF、美国财政部等国际组织是这种观点的倡导者,萨克斯等人也是这种观点的重要支持者。详见:World Bank. World Development Report 1996 [M]. New York:Oxford University Press,1996;萨克斯、胡永泰、杨小凯:《经济改革与宪政转轨》,《经济学季刊》,2003(4)。

题,正是由于中国改革尚未取得完全的成功,二十世纪末期初步建立起来的市场经济体制还很不完善造成的……这种不完善主要表现在国家部门(State sector,包括国有经济和国家党政机构)仍然在资源配置中起着主导作用。"①因此,"市场派"的改革思路不言而喻,即继续大力推进市场化进程。"由以上分析得出的结论是:中国正站在新的历史十字路口。为了避免社会危机的发生,必须当机立断,痛下决心,重启改革议程,真实地、而非口头上推进市场化、法治化的改革,建立包容性的经济体制和政治体制,实现从威权发展模式(authoritarian developmentalism)到民主法治模式(democratic developmentalism)的转型。在我们看来,这是中国唯一可能的出路。"②

与此针锋相对的观点来自"新左派",他们认为中国经济过去的成功源于一个强势政府和国有企业对经济社会的强力管控,而中国的问题恰恰是市场化过度,政府管控不足所致。胡鞍钢认为,国有经济发展壮大正是中国成功的关键之一。"国家间的经济竞争实质上是企业间的市场竞争,大国之间的国际竞争则突出表现为其跨国公司在全球市场的角力……进入新世纪,中国企业集体崛起,进入世界500强的企业数大幅增加,打破了长期由欧美日跨国公司垄断世界经济的格局。其中,国有企业扮演了'领头羊'的角色,是'中国兵团'最重要的组成部分。中国这样一个大国,需要有大型的、并具有超强国际竞争力的国有企业,只有这样,才能使我们在激烈的国际竞争中立于不败之地。"③因此,"新左派"的改革诉求也就不言而喻,即进一步扩大政府的权力,进一步加强国有经济对国民经济的控制。"提高国有企业竞争力,推动和深化国有企业进一步改革和发展,是中国经济社会转型的必然要求,也是推动中国经济社会持续稳定发展的重要动力。"④还有少数"极

---

① 吴敬琏:《重启改革议程》,《读书》2012(12),第3页。
② 吴敬琏:《重启改革议程》,《读书》2012(12),第3页。
③ 胡鞍钢:《国企改革,从哪里来,往哪里去?》,http://wen.org.cn/modules/article/view.article.php/3554。
④ 胡鞍钢:《国企改革,从哪里来,往哪里去?》,http://wen.org.cn/modules/article/view.article.php/3554。

左人士",彻底地否定市场经济体制,主张重回计划经济。

虽然"市场派"和"政府干预派"对中国奇迹的解释截然相反,但是,他们没有本质的不同,即都否认社会主义与市场经济能够兼容。而中国改革开放以来的成功恰恰是坚持了社会主义基本政治制度和经济制度,通过制度的渐进创新和调整在社会主义和市场经济之间找到了一条符合中国特色道路的结果。①

(二)经济为什么高速增长

1. 经济增长的源泉:要素积累与全要素生产率的提升

经济学源于对国富国穷的探索,从强调资本积累的哈罗德-多马模型,到强调外生技术进步的新古典增长理论,再到强调内生技术进步的新增长理论以及强调制度的新制度经济学,我们对国富国穷的理解逐步深入,其秘密也逐步展现在人们的面前,增长核算理论就是人们理解这一秘密的努力之一,其试图定量测度不同要素对经济增长的贡献。

根据增长核算理论,经济增长的源泉包括两大重要部分:要素积累和全要素生产率的提升。以常见的柯布-道格拉斯生产函数为例,总产出的增长率可以表示为:

$$\frac{\Delta Y}{Y} = \frac{\Delta A}{A} + \alpha_K \cdot \frac{\Delta K}{K} + \alpha_L \cdot \frac{\Delta L}{L} + \alpha_H \cdot \frac{\Delta H}{H}$$

其中,Y 表示总产出,K、L、H 分别代表物质资本、劳动力和人力资本,α_K、α_L、α_H 分别代表物质资本、劳动力和人力资本等的产出弹性,A 代表技术水平。由此,总产出的增长可以划分为两部分:物质资本、劳动力和人力资本等要素积累带来的产出增长和技术进步推动的全要素生产率提升带来的产出增长。而由于现实的企业并不总是运行在效率边界上,全要素生产率的提升又可以进一步分解成技术进步和技术效率的增进两个部分。因此,

---

① 国内张宇、卢荻等坚持这种观点,国际著名经济学家斯蒂格利茨也坚持这种观点。详见:张宇:《过渡经济学与中国的转型模式》,《政治经济学评论》2005(2);Stiglitz. Whither Reform? Ten Years of the Transition[J],Keynote Address at the Annual Bank Conference on Development Economics,Washington D.C.:The World Bank,April 1999。

总产出的增长可以分成三个部分:要素积累、技术进步和技术效率的增进。如图6-6,其中Z代表要素投入X增加带来的总产出增长,T_2-T_1代表技术进步带来的总产出增长,E_1-E_2代表技术效率增进带来的总产出增长。

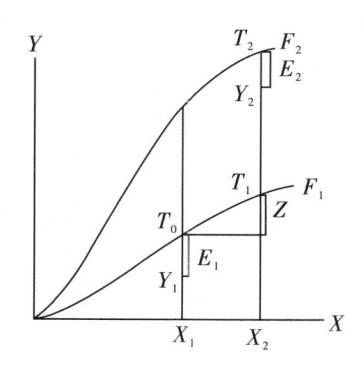

图6-6 总产出增长的源泉:要素积累、技术进步与技术效率的增进①

2. 制度与经济增长

如果说经济增长来自于物质资本、劳动力、人力资本等要素的积累与技术进步和技术效率增进推动的全要素生产率进步,那么,又是什么推动了要素的积累、技术进步和技术效率的增进? 新制度经济学代表人物诺思和托马斯曾经指出:"我们列出的原因(创新、规模经济、教育、资本积累等)并不是经济增长的原因,它们乃是增长。"②"本书的中心论点是一目了然的,那就是有效率的经济组织是经济增长的关键……有效率的组织需要在制度上作出安排和确立所有权以便造成一种刺激,将个人的经济努力变成私人收益率接近社会收益率的活动。"③

"制度是一个社会的博弈规则,或者更规范地说,它们是一些人为设计的、型塑人们互动关系的约束。"④制度是人们在长期社会交往中逐步形成的

---

① 周端明:《技术进步、技术效率与中国农业生产率的增长——基于DEA的实证分析》,《数量经济技术经济研究》2009(12),第72页。
② 诺思、托马斯:《西方世界的兴起》,北京:华夏出版社,1999年,第7页。
③ 诺思、托马斯:《西方世界的兴起》,北京:华夏出版社,1999年,第5页。
④ 诺思:《制度、制度变迁与经济绩效》,上海:格致出版社、上海三联书店、上海人民出版社,2008年,第3页。

约束人们行为的社会规范,包括正式和非正式规范两种形式。因此,制度能够稳定人们交往中的预期,降低不确定性。"制度在社会中的主要作用,是通过建立一个人们互动的稳定(但不一定是有效的)结构来减少不确定性。"①熊彼特认为,创新是打破循环流转、推动长期经济增长的根本动力,而创新来自于企业的研发行为。但是,企业研发充满了不确定性,除了研发过程中的不确定性之外,企业能否获取研发成果的收益也同样充满不确定性,这种不确定性主要来自竞争对手的仿制。由于仿制成本远远低于自主研发的投入,因此,仿制品往往比原创企业产品或服务价格更低,从而在市场上产生"劣币驱逐良币"现象,这可能导致没有企业愿意投资于研发,从而导致经济增长的停滞。作为一种制度的知识产权法的存在就可以降低原创企业的不确定性,从而鼓励了企业的研发投入,推动了长期经济增长。由此,经济增长的发生乃是源于经济组织提供了某种制度,该制度降低了人们面对的不确定性,并为人们积累生产要素、进行研发与提高技术效率提供了激励,而这些行为推动了经济增长。

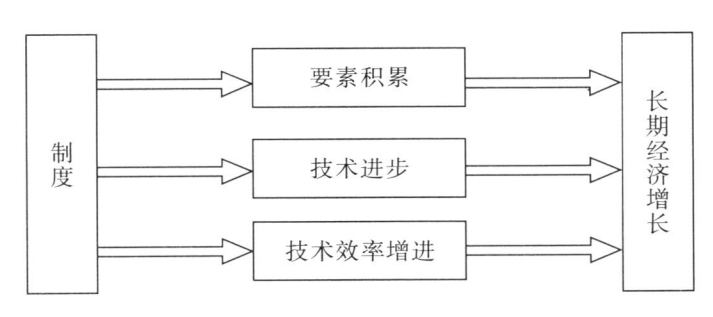

图 6-7 经济增长的源泉

按照经济学家对国富国穷的探索成果,中国改革开放之后奇迹般的增长源于经济体制改革激发了人们积累生产要素、进行技术研发、提升技术效率的努力。除此之外,中国奇迹般的增长还源于经济体制改革推动了后发优势的充分发挥。

---

① 诺斯:《制度、制度变迁与经济绩效》,上海:格致出版社、上海三联书店、上海人民出版社,2008 年,第 7 页。

3. 后发优势与经济高速增长

著名经济史学家格申克龙在研究相对落后的东南欧国家的工业化时，提出了后发优势理论，即相对的经济落后对其经济发展也有积极的一面，从而也可能转化为一种优势。落后国家的实际经济活动状态及现存的工业发展障碍与人们对发展本身所固有的高期望之间的紧张关系将成为经济发展的推动力。因此，一旦落后国家排除了经济发展过程中的制度障碍，工业化的进程将加速。"工业化所展现的机会当然要依每个国家自然资源禀赋的不同而各异。不仅如此，只要某些可怕的制度障碍（诸如农奴制度或政治统一的普遍缺乏）依然存在，就没有任何工业化的可能，从而也就不存在'紧张'。假定存在着足够的可利用资源的禀赋，并且对于工业化的主要障碍也已经被排除，那么工业化本身所具有的机会将与一国的落后程度按照同一方向变化。"[①]落后国家可以通过政府干预为工业化创造前提，如以政府的高积累或投资银行来代替私人储蓄，以铁路建设等公共工程支出来弥补国内落后的农业经济导致的对工业品需求不足。同时，通过引进和吸收国外先进技术能够迅速缩短与国际技术前沿的差距，成功提高劳动生产率。"落后国家从较先进国家能够吸收的技术创新存量越大，其工业化前景似乎就越乐观。"[②]由此，格申克龙指出落后国家以爆发式工业化的方式实现对先进工业化国家的追赶或趋同。"一个国家的经济越落后，它的工业化就越可能作为一种以较高的制造品增长率表现出来的突然的大爆发而间断式地开始。"[③]后发优势在经济增长理论中的另一种表述就是趋同性假说，即一国或地区的人均收入水平的增长速度与其初始人均收入水平呈反方向变化。阿布拉莫维兹对工业化国家1870—1979年经济增长的历史研究中证实了趋同假说。但是，工业化国家的趋同率随时间而变化，并且趋同现象在"二战"后的25年时间里表现得特别明显。

---

① 格申克龙:《经济落后的历史透视》,张凤林译,北京:商务印书馆,2009年,第11页。
② 格申克龙:《经济落后的历史透视》,张凤林译,北京:商务印书馆,2009年,第11页。
③ 格申克龙:《经济落后的历史透视》,张凤林译,北京:商务印书馆,2009年,第428页。

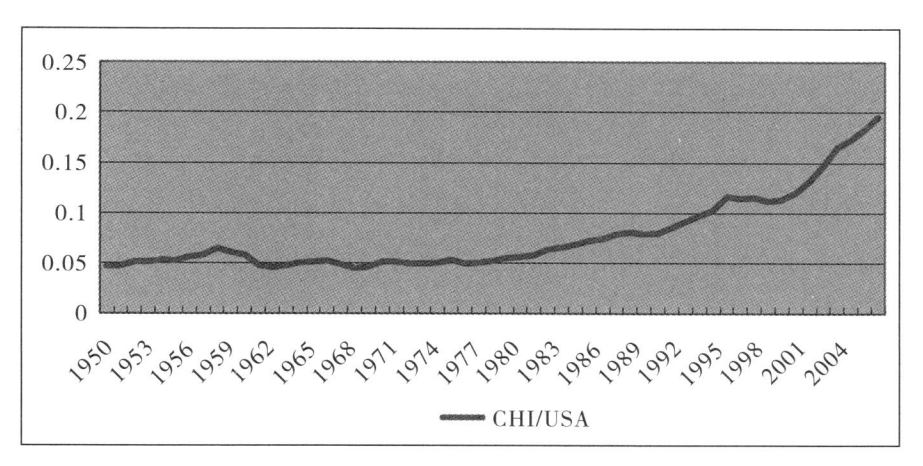

图 6-8　中国与美国人均 GDP 之比(其中美国人均 GDP 为 1):1950—2006 年①

但是,后发优势的发挥并不是无条件的。阿布拉莫维兹就明确指出,落后国家对先进工业化国家的追赶速度不是取决于其技术上的落后程度,而是取决于其社会能力。② 比较中国改革开放前后的经济增长表现,可以鲜明地体现这一点。按照麦迪森的数据,1950 年中国和美国人均 GDP 分别为 448 和 9561 国际元,中国为美国的 4.69%,中国远远落后于美国(世界最发达的国家)。根据后发优势假说,在接下来的时间里中国增长的速度要快于美国,从而中国和美国的差距将缩小。1978 年中国和美国的人均 GDP 分别为 978 和 18373 国际元,虽然中国的人均 GDP 翻了一番多,但是,中国和美国之间的人均 GDP 差距几乎没有缩小,中国为美国的 5.32%。但是,改革开放之后,中国的高速经济增长迅速缩小了与美国的差距。至 2006 年,中国和美国的人均 GDP 分别为 6048 和 31049 国际元,中国为美国的 19.48%,在 28 年时间里,中美差距缩小了 14.16 个百分点,从图 6-8 中可以清晰看出改革

---

① 数据来源:安格斯·麦迪森:《世界经济千年统计》,北京:北京大学出版社,2009 年。本表中的人均 GDP 都是按照 1990 年不变价格计算的,单位是国际 Geary-Khamis 美元,简称国际元。

② Abramovitz Moses, 1986. Catching Up, Forging Ahead, and Falling Behind[J]. The Journal of Economic History, Vol.46, No.2, pp.385-406.

开放后中国对美国的追赶进程。因此,一国后发优势的发挥需要一定的制度条件作为基础的。

(三)中国特色社会主义经济制度与体制是中国奇迹的制度保障

党的十一届三中全会重新确立了解放思想、实事求是的马克思主义思想路线,为正确总结社会主义建设的经验教训,实事求是地分析我国的基本国情,从而准确判断我国所处的社会主义发展阶段奠定了基础。1981年通过的中共中央《关于建国以来党的若干历史问题的决议》明确指出:"我们的社会主义制度还是处于初级的阶段。"党的十二大文件又指出:"我国的社会主义社会现在还处在初级发展阶段。"在改革开放的过程中,中共中央逐步形成了社会主义初级阶段理论。党的十三大系统地阐述了社会主义初级阶段理论,并明确指出这是建设有中国特色社会主义的首要问题,是我们党制定基本路线、方针、政策的理论基础和出发点。党的十五大报告明确提出,我们现在处于并将长期处于社会主义初级阶段,并对社会主义初级阶段的基本特征、发展进程、主要矛盾、根本任务和基本纲领等作了深刻的阐述,形成了完整的社会主义初级阶段理论。

社会主义初级阶段,是指在我国这样生产力落后、商品经济不发达基础上建设社会主义必然要经历的特定历史阶段,即从我国进入社会主义到基本实现社会主义现代化的整个历史阶段。这一论断有两层含义:一是我国已经进入社会主义社会,二是我国的社会主义还处于不发达阶段。深刻理解我国社会主义初级阶段的内涵,既要明确我国社会的社会主义性质,又要清醒地认识到我国社会主义还处于不发达的初级阶段,只有这样才能防止在社会主义建设过程中的"左"的和"右"的两种错误倾向。确认我国处于并将长期处于社会主义初级阶段,是建设中国特色社会主义理论和实践的出发点和立足点。

1. 社会主义初级阶段基本经济制度的形成及非公经济的发展

改革开放以来,在对如何在社会主义初级阶段建设社会主义的思考和实践中,中国共产党逐步形成了以公有制为主体、多种所有制经济共同发展的基本经济制度。在基本经济制度的指导下,我们调整和改革了我国的所有制结构,逐步消除了制约生产力发展的所有制结构中的不合理成分,极大地推动了生产力的发展、人民生活水平的提高和综合国力的增长。

1981年通过的中共中央《关于建国以来党的若干历史问题的决议》指出,一定范围的劳动者个体经济是公有制经济的必要补充。党的十二届三中全会通过的《中共中央关于经济体制改革的决定》指出,全民所有制经济是我国社会主义经济的主导力量,但全民所有制经济的巩固和发展决不应以限制和排斥其他经济形式和经营方式的发展为条件。集体经济是社会主义经济的重要组成部分,个体经济是社会主义经济必要的有益的补充,必须扫除城市和乡镇集体经济和个体经济的发展障碍。坚持多种经济形式和经营方式的共同发展,是我们长期的方针,决不会动摇而只会有利于巩固和发展我国的社会主义经济制度。党的十三大报告提出,社会主义初级阶段的所有制结构,应以公有制为主体,私营经济是公有制经济必要和有益的补充。中外合资企业、合作经营企业和外商独资企业,也是我国社会主义经济必要的和有益的补充。1988年4月,全国七届人大通过《中华人民共和国宪法修正案》,对宪法第十一条增加了规定:"国家允许私营经济在法律规定的范围内存在和发展。私营经济是社会主义公有制经济的补充。国家保护私营经济的合法权利和利益,对私营经济实行引导、监督和管理。"

从改革开放前对私营经济的绝对禁止,到私营经济是社会主义公有制经济的补充,并从《宪法》高度确认对私营经济的保护,这极大地降低了私营企业家发展非公经济的政治风险和成本,从而推动了私营经济在中国出现第一个发展高潮。至1988年底,全国城乡登记注册的个体工商户达到1454.9万户,从业人员2304.9万人。全国(除西藏、山西、黑龙江外)已注册私营企业达40638家,雇工人数达723782人。如果再考虑大量"戴红帽"的集体企业和混杂于个体工商户、个人合伙以及乡镇、街道企业中的私营企业在内,实际的私营企业估计有20多万家。[①]

1989年至1992年邓小平南方谈话期间,中国的非公经济发展陷入低

[①] 参见陆百甫:《大重组——中国所有制结构重组的重大问题》,北京:中国发展出版社,1998年,第170页。转引自董辅礽:《中华人民共和国经济史》(下卷),北京:经济科学出版社,1999年,第417页。

潮。到1989年6月底,全国城乡登记注册的个体户减少到1234.3万户,从业人员减少至1943.6万人,分别比1988年底降低了15%和15.7%。① 到1989年底,私营企业已经减少了大约一半。②

1992年,邓小平南方谈话之后,个体、私营经济再次兴起。同年,党的十四大报告对社会主义初级阶段的所有制结构作了如下概括:"以公有制包括全民所有制和集体所有制经济为主体,个体经济、私人经济、外资经济为补充,多种经济成分长期共同发展,不同经济成分还可以自愿实行多种形式的联合经营。"党的十五大报告第一次明确提出了社会主义初级阶段基本经济制度概念并指出,以公有制为主体、多种所有制经济共同发展,是我国社会主义初级阶段的一项基本经济制度。2002年江泽民在党的十六大报告中进一步阐明了坚持和完善社会主义基本经济制度的方向。"根据解放和发展生产力的要求,坚持和完善公有制为主体、多种所有制经济共同发展的基本经济制度。第一,必须毫不动摇地巩固和发展公有制经济。发展壮大国有经济,国有经济控制国民经济命脉,对于发挥社会主义制度的优越性,增强我国的经济实力、国防实力和民族凝聚力,具有关键性作用。集体经济是公有制经济的重要组成部分,对实现共同富裕具有重要作用。第二,必须毫不动摇地鼓励、支持和引导非公有制经济发展。个体、私营等各种形式的非公有制经济是社会主义市场经济的重要组成部分,对充分调动社会各方面的积极性、加快生产力发展具有重要作用。第三,坚持公有制为主体,促进非公有制经济发展,统一于社会主义现代化建设的进程中,不能把这两者对立起来。各种所有制经济完全可以在市场竞争中发挥各自优势,相互促进,共同发展。"2004年公布施行的《中华人民共和国宪法》确认"国家在社会主义

---

① 参见陆百甫:《大重组——中国所有制结构重组的重大问题》,北京:中国发展出版社,1998年,第170页。转引自董辅礽:《中华人民共和国经济史》(下卷),北京:经济科学出版社,1999年,第417页。
② 参见凌志军:《沉浮——中国经济改革备忘录》,上海:东方出版中心,1998年,第449页。转引自董辅礽:《中华人民共和国经济史》(下卷),北京:经济科学出版社,1999年,第417页。

阶段,坚持公有制为主体、多种所有制经济共同发展的基本经济制度,坚持按劳分配为主体、多种分配方式并存的分配制度"。

表6-8　中国分企业类型工业总产值及所占比重:1978—1999年①

年份	总产值(亿元,当年价格计算)					占工业总产值比重			
	工业总产值	国有及控股	集体	个体	其他经济类型	国有及控股	集体	个体	其他经济类型
1978	4237	3289	948	—	—	0.7763	0.2237	—	—
1980	5154	3916	1213	1	24	0.7598	0.2354	0.0002	0.0047
1985	9716	6302	3117	180	117	0.6486	0.3208	0.0185	0.0120
1990	23924	13064	8523	1290	1047	0.5461	0.3563	0.0539	0.0438
1995	91894	31220	33623	11821	15231	0.3397	0.3659	0.1286	0.1657
1999	126111	35571	44607	22928	32962	0.2821	0.3537	0.1818	0.2614

改革开放以来,在中国特色社会主义建设实践中逐步形成的社会主义初级阶段理论,以及与此相适应的社会主义基本经济制度极大地推动了非公有制经济的发展,非公经济从无到有,成为中国经济重要组成部分,也成为中国经济高速增长与发展的重要动力之一。从工业总产值看,1980年,个体和其他经济类型企业总产值为25亿元,占当年工业总产值比重不到0.5%,而经过20多年的高速发展,至1999年,个体和其他经济类型企业总产值分别为22928和32962亿元,分别占当年工业总产值的18.18%和26.14%,共计占当年工业总产值的44.32%。2000年,私营企业、外商及港澳台投资企业工业总产值分别为5220.36和23464.55亿元,分别占当年规模以上工业企业总产值的6.09%和27.39%,共计占当年规模以上工业企业总产值的33.48%。② 2011年,私营企业、外商及港澳台投资企业工业总产值

---

① 其中绝对数来自《中国统计年鉴-2000年》,分类型企业总产值占工业总产值比重作者根据数据计算。中华人民共和国国家统计局:《中国统计年鉴-2000年》,北京:中国统计出版社。

② 同上。

分别为 252326 和 218417 亿元,分别占当年规模以上工业企业总产值的 29.9% 和 25.9%,共计占当年规模以上工业企业总产值的 55.8%(见表 6-4)。因此,正是社会主义初级阶段基本经济制度在巩固公有制主体地位的同时,推动了个体经济、私营经济、外商及港澳台投资经济等多种所有制经济的发展和繁荣,才有中国经济奇迹般的增长。

  我国人口众多,每年有几百万新成长的劳动力要求就业。非公经济的发展不仅推动了经济总量的高速增长,更成为解决就业和再就业问题的最重要渠道。改革开放前,我国非农就业都集中在国有和集体单位。1978 年,城市个体经济就业总量为 15 万,1985 年,这一数字激增到 450 万。同时,随着沿海经济特区的开放,外商及港澳台投资企业就业需求增加,1990 年,城乡个体、私营、外商及港澳台投资企业就业总量达 2341 万,2000 年达 8119 万,2011 年更是达 20448 万,占城乡总就业人数的 26.8%。非公经济的高速增长不仅解决了新增劳动力的就业问题,而且成为城市国有和集体单位改革后劳动力再就业的最重要途径。城市国有和集体单位就业总量由 1992 年的最高点 14510 万降低到 2011 年 7307 万。

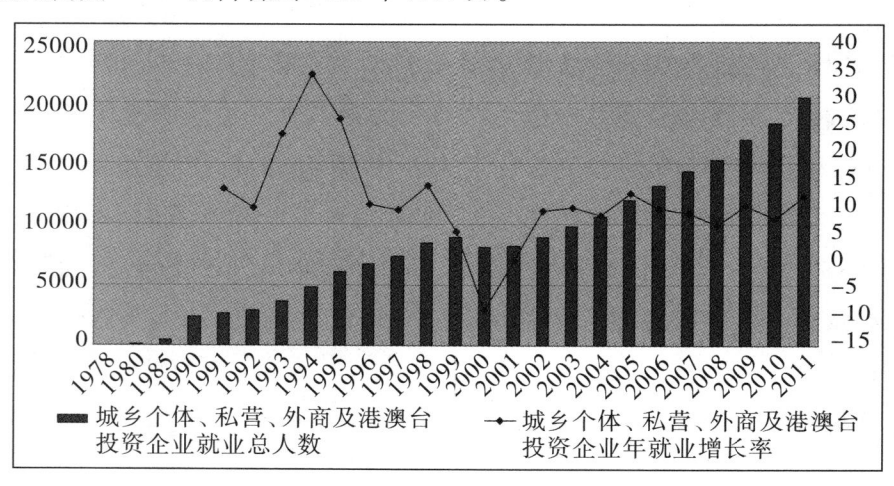

图 6-9 城乡个体、私营、外商及港澳台投资企业就业:1978—2011 年①

---

① 根据《中国统计年鉴-2012 年》"按城乡分就业人数(年底数)"计算。中华人民共和国国家统计局:《中国统计年鉴-2012 年》,北京:中国统计出版社。

2. 社会主义市场经济体制的建立与完善

从社会主义计划经济转型到社会主义市场经济体制,极大地提高了资源的配置效率,推动了中国经济的结构转型,从而推动了中国的高速经济增长。但是,改革开放伊始,中国并没有明确的目标模式,社会主义市场经济体制是中国在改革开放过程中逐步形成的共识。特别是改革开放的总设计师邓小平同志1992年南方视察并发表内容丰富、思想深刻的重要谈话之后,这一目标才完全清晰,同年党的十四大明确指出,我国经济体制改革的目标是建设社会主义市场经济体制。

邓小平同志很早就认识到社会主义也可以实行市场经济。1979年11月26日,邓小平在会见美国不列颠百科全书出版公司编委会副主席吉布尼和加拿大麦吉尔大学东亚研究所的林达光时指出:"说市场经济只存在于资本主义社会,只有资本主义的市场经济,这肯定是不正确的。社会主义为什么不可以搞市场经济,这个不能说是资本主义……社会主义也可以搞市场经济。"[1]1985年10月23日,邓小平在会见美国高级企业家代表团时说:"社会主义和市场经济之间不存在根本矛盾。问题是用什么方法才能更有力地发展社会生产力。我们过去一直搞计划经济,但多年的实践证明,在某种意义上说,只搞计划经济会束缚生产力的发展。把计划经济和市场经济结合起来,就更能解放生产力,加速经济发展。"[2]1990年12月24日,邓小平在同几位中央负责同志谈话时指出:"我们必须从理论上搞懂,资本主义与社会主义的区分不在于是计划还是市场这样的问题。社会主义也有市场经济,资本主义也有计划控制。"[3]1992年初邓小平在南方谈话中进一步明确指出:"计划多一点还是市场多一点,不是社会主义与资本主义的本质区别。计划经济不等于社会主义,资本主义也有计划;市场经济不等于资本主义,社会主义也有市场。计划和市场都是经济手段。"[4]

---

[1] 《邓小平文选》第二卷,北京:人民出版社,1994年,第236页。
[2] 《邓小平文选》第三卷,北京:人民出版社,1993年,第148—149页。
[3] 《邓小平文选》第三卷,北京:人民出版社,1993年,第364页。
[4] 《邓小平文选》第三卷,北京:人民出版社,1993年,第373页。

在建设中国特色社会主义的伟大进程中,邓小平同志把马克思主义基本原理与中国实际相结合起来,创造性地提出:"社会主义的本质,是解放生产力,发展生产力,消灭剥削,消除两极分化,最终达到共同富裕。"[①]在社会主义本质的基础上,他突破了把计划经济和市场经济看作属于社会基本制度的范畴的传统观念,在社会主义思想发展史上第一次明确提出计划和市场仅仅是经济手段,解决了社会主义制度与市场经济体制兼容的理论问题,为中国建设社会主义市场经济体制提供了理论依据。

1992年10月18日,党的十四大胜利召开,十四大报告回顾和分析了建国以来关于计划和市场关系问题认识的发展和深化的过程,并明确指出,"改革开放十多年来,市场范围逐步扩大,大多数商品的价格已经放开,计划直接管理的领域显著缩小,市场对经济活动调节的作用大大增强。实践表明,市场作用发挥比较充分的地方,经济活力就比较强,发展态势就比较好。我国经济要优化结构,提高效益,加快发展,参与国际竞争,就必须继续强化市场机制的作用……我国经济体制改革的目标是建立社会主义市场经济体制,以利于进一步解放和发展生产力。"十四大报告对社会主义市场经济体制这一目标模式作了初步阐述,一方面,要使市场在社会主义国家宏观调控下对资源配置起基础性作用,另一方面,要与社会主义基本经济制度相结合。1993年11月召开的中共十四届三中全会通过了《中共中央关于建立社会主义市场经济体制若干问题的决定》,勾画出了社会主义市场经济体制的基本框架:第一,建立现代企业制度;第二,培育和发展市场体系;第三,建立健全宏观经济调控体系;第四,建立合理的收入分配制度;第五,建立多层次的社会保障体系。经过20多年的改革开放,社会主义市场经济体制于新世纪基本建成。2002年党的十六大报告明确指出,21世纪头20年改革开放的主要任务是完善社会主义市场经济体制,即2020年建成完善的社会主义市场经济体制和更具活力、更加开放的经济体系。中共十六届三中全会通过了《关于完善社会主义市场经济体制若干问题的决定》,对建成完善的社会主义市场经济体制作出了全面部署。

---

① 《邓小平文选》第三卷,北京:人民出版社,1993年,第373页。

通过社会主义市场经济体制的建设,市场在资源配置中真正发挥着基础性作用。樊纲等通过构建中国市场化指数,测度了中国市场化程度。市场化指数由5个方面指数组成,每个方面指数各自反映市场化的某一特定方面,具体包括政府与市场的关系、非国有经济的发展、产品市场的发育程度、要素市场的发育程度、市场中介组织发育程度和法律制度环境等5个方面。每个方面指数又都包含若干分项指标,有的分项指标下面还有二级分项指标,最下面一级的分项指标为基础指标。市场化指数体系总共由23项基础指标构成。市场化指数得分在0~10之间,得分越大表明市场化程度越高,得分越小表明市场化程度越低。从市场化程度的总体情况看,2001年市场化指数为4.64,2005年增加到6.52,短短5年间增加了40.5%。从分类市场化指数看,中国的产品市场发育程度最高,2005年指数达8.37,而要素市场的发育程度最低,2005年指数仅为4.37。但是,各分类指数在2001至2005年间都有了较大幅度增长,其中非国有经济的发展指数增长最快,增长率为77.6%,产品市场的发育程度指数增长最慢,增长率为27.8%。

表6-9 中国的市场化指数:2001—2005年①

	2001	2002	2003	2004	2005	2005年比2001年得分增加
总得分	4.64	5.02	5.50	6.10	6.52	1.88
政府与市场的关系	5.82	6.18	6.65	7.55	8.04	2.22
非国有经济的发展	3.97	4.88	5.68	6.47	7.05	3.08
产品市场的发育程度	6.55	6.60	6.97	7.66	8.37	1.82
要素市场的发育程度	3.23	3.50	3.96	4.30	4.37	1.14
市场中介组织发育程度和法律制度环境	3.61	3.92	4.24	4.51	4.78	1.17

伴随市场化程度的提高,中国经济的资源配置效率得到了极大的提升,

---

① 参见樊纲、王小鲁、朱恒鹏:《中国市场化指数——各省区市场化相对进程2006年度报告》,中国经济改革研究基金会国民经济研究所。

推动了中国经济高速增长。王小鲁等的研究表明,"市场化改革和城市化发展是过去30年改革时期生产率提高的重要原因,在大部分时期合计贡献超过一个百分点。它们对TFP的主要作用来自要素配置和激励机制的改善。外资和外贸效应是两个外源性因素,它们在20世纪80、90年代提高了TFP 0.6到0.7个百分点"①。资源配置效率的提升主要表现在产业和就业结构的调整与贸易结构的变化上。从表6-2可以看出,第一产业就业比重由1978年的70.5%降低到2013年的31.4%,相应其产值比重由28.2%降低到10%。而随着大批农村剩余劳动由效率低的农业部门转移到效率更高的城乡工业和服务业部门,这极大地提高了他们的劳动生产率,从而推动了整体中国经济的增长。实证研究表明,劳动力从效率低的农业部门转移到效率更高的工业和服务业部门这种结构调整是中国改革开放以来经济高速增长的重要来源。樊胜根等人的研究表明,中国1978—1995年间的GDP增长中,结构调整贡献了其中的17.47%。②

市场在资源配置中的基础性作用的发挥,特别是要素市场的逐步形成,推动了中国经济逐步完成了发展战略的调整,由重工业优先发展转向了比较优势发展战略,极大地提升了资源配置效率,推动了中国经济增长。反观改革开放前,正是因为市场不能在资源配置中发挥基础性作用,重工业优先发展与当时要素禀赋不符,从而导致资源配置效率低下。蔡昉、林毅夫的研究表明,"传统经济增长模式的失败,首先表现为资源配置效率低下。在经济发展的初期,资本相对稀缺而劳动力相对丰富。如果生产要素价格由市场决定,资本将会相对昂贵而劳动力相对便宜。因此,中国经济的比较优势在于劳动密集型产业。如果投资由市场上的供求变动引导,追求利润的动机将诱导企业家在微观上使用资本节约型和劳动使用型的技术,并且在宏观上将更多的资源配置在劳动密集型产业。由于政府采取人为扭曲资金价

---

① 王小鲁、樊纲、刘鹏:《中国经济增长方式转换和增长可持续性》,《经济研究》,2009(1),第11页。

② 参见Fan,S.,X.Zhang,and S.Robinson.2003.Structural Change and Economic Growth in China[J].Review of Development Economics 7 (3):pp.360-377。

格的方式,在资金密集型产业上投资过多,抑制了具有比较优势的劳动密集型产业的发展,导致整个经济不能在生产可能性曲线上面进行,造成资源配置效率的损失"[1]。改革开放后,社会主义市场经济体制的建立与完善促使中国发挥要素禀赋的比较优势,推动了中国国际竞争力的提升,中国迅速成为外贸大国。1978年,中国进出口总额206.4亿美元,外贸逆差11.4亿美元,1990年,进出口总额已达1154.4亿美元,外贸顺差87.4亿美元,而2011年,进出口总额已达36418.6亿美元,外贸顺差达1549亿美元,进出口总额占GDP的比重高达50%。

表6-10 中国进出口总额:1978—2011年[2]

年份	人民币(亿元)				美元(亿美元)			
	进出口总额	出口总额	进口总额	差额	进出口总额	出口总额	进口总额	差额
1978	355.0	167.6	187.4	−19.8	206.4	97.5	108.9	−11.4
1980	570.0	271.2	298.8	−27.6	381.4	181.2	200.2	−19.0
1985	2066.7	808.9	1257.8	−448.9	696.0	273.5	422.5	−149.0
1990	5560.1	2985.8	2574.3	411.5	1154.4	620.9	533.5	87.4
1995	23499.9	12451.8	11048.1	1403.7	2808.6	1487.8	1320.8	167.0
2000	39273.2	20634.4	18638.8	1995.6	4742.9	2492.0	2250.9	241.1
2005	116921.8	62648.1	54273.7	8374.4	14219.1	7619.5	6599.5	1020.0
2010	201722.1	107022.8	94699.3	12323.5	29740.0	15777.5	13962.4	1815.1
2011	236402.0	123240.6	113161.4	10079.2	36418.6	18983.8	17434.8	1549.0

但是,无论是非公有制经济的发展,还是社会主义市场经济体制的建立,在中国都是通过渐进方式实现的。或者说,中国公有制为主体、多种所有制共同发展基础上的市场经济体制是中国渐进改革进程中的自然结果。

---

[1] 蔡昉、林毅夫:《中国经济》,北京:中国财政经济出版社,2003年,第98页。
[2] 参见中华人民共和国国家统计局:《中国统计年鉴-2012年》,北京:中国统计出版社。

(四)中国的渐进改革与中国奇迹

1978年中国开启了从社会主义计划经济走向社会主义市场经济的改革开放道路。1989年东欧剧变、1991年苏联解体,苏联和东欧国家相继从社会主义计划经济转向资本主义市场经济。人们一般把中国的转型称为渐进改革,而把苏联和东欧的转型称为激进改革,除了二者在时间上的差异之外,更关键的是后者是一种改旗易帜的革命,直接由社会主义转向资本主义。[①] 中国和苏联、东欧改革伊始,人们普遍看好"华盛顿共识"理念指导下的苏联、东欧改革,认为,以稳定宏观经济、自由化和私有化为核心的改革手段和步骤虽然短期会导致产出的急剧下滑,但是,随着资本主义市场经济开始发挥作用,产出水平会急剧增加,产出水平呈现L型走势。中国经济体制因为改革不彻底而成为"四不像",必将导致中国经济增长停滞甚至崩溃。但是,与主流经济学家的预言相反,像中国、越南这样的渐进改革国家,不仅避免了转轨过程中经济的剧烈下滑,而且保持了持续、快速增长,经济社会不断发展。而像俄罗斯、乌克兰等这样的按照主流经济学家开出药方进行激进改革的国家和地区,经济持续下滑,收入分配差距不断拉大,经济社会发展陷入困境,二者构成鲜明对比。以时间维度衡量,中国改革开放以来经济增长速度明显快于改革开放前,而苏联/俄罗斯资本主义市场经济转型后经济增长速度明显低于转型前。从中俄对比看,20世纪90年代中国的经济增长速度年均为9.3%,而俄罗斯为-4.7%。新世纪以来,虽然俄罗斯的经济增长开始复苏,但是,仍然没有中国经济增长表现出色。从中俄改革后经济增长表现看,中国的渐进改革明显要优于俄罗斯的激进改革。

[①] "中国渐进式改革与苏联东欧激进式改革的根本区别,不在于市场化的方式和方法,而在于改革的性质与目标。中国渐进式改革的目标是完善社会主义制度,把社会主义基本制度与市场经济结合起来。而苏联东欧国家激进式改革的目标则是彻底否定社会主义制度,建立资本主义的市场经济。"张宇:《张宇自选集》,北京:学习出版社,2012年,第451页。

表 6-11 中国和俄罗斯改革绩效比较①

	1960—1970	1970—1980	1980—1990	1990—2000	2001	2002	2003
中国	2.9	3.7	8.8	9.3	6.8	7.6	8.7
苏联/俄罗斯	4.0	4.7	1.3	−4.7	5.6	5.2	7.8

1. 农村改革与乡村工业崛起

中国的改革是从旧体制的薄弱环节——农村——开始，而农村的制度变革——人民公社转向家庭联产承包责任制——在推动农业生产率提升和农业发展的同时，带来了最意想不到结果：乡村工业的崛起。

从 20 世纪 50 年代推行合作化运动到 70 年代末的家庭联产承包责任制的推行，生产队体制在中国延续了 20 多年。在这一体制下，劳动者的劳动投入被评定为工分，劳动者的收入按照其一年所累积的工分进行分配。但是，由于农业生产的特殊性，监督的不完全导致工分制难以准确度量农业劳动的数量和质量，从而导致农民生产积极性低下。因此，新中国建立了近 30 年，中国人民的温饱问题仍然没有完全解决。正是在这种情况下，20 世纪 70 年代末期，中国农村自发开始了家庭联产承包责任制的变革。家庭联产承包责任制最开始出现在条件差的落后生产队，但是，不到 6 年时间，1984 年中国几乎所有的农村生产队都实行了家庭联产承包责任制。而这 6 年正是新中国成立以来农业增长最快时期。资料表明，1978—1984 年间，按不变价格计算的农业总增长率和年均增长率分别为 42.23%、6.05%。其中，家庭联产承包责任制取代生产队的制度变革又是农业快速增长的最重要原因。林毅夫的研究表明，在该时期的农业总增长中，家庭联产承包责任制所作的贡献为 46.89%，大大高于提高农产品收购价格、降低农用生产要素价格等其他因素所作的贡献。② 家庭联产承包责任制之所以能够成为该时期农业增

---

① 参见卢荻：《面对全球化的制度变革和后进发展——中国经济转型的分析和阐释》，《政治经济学评论》，2005(2)，第 41—62 页。

② 参见林毅夫：《制度、技术与中国农业发展》，上海：上海三联书店，上海人民出版社，1994 年，第 93—95 页。

长的主要贡献,是因为它通过"交够国家的,留足集体的,剩下都是自己的"这种分配制度赋予了农民的剩余索取权,极大地激发了中国农民的生产积极性,从而推动了中国农业技术效率的提升,带来了农业全要素生产率的进步和农业增长。

除农业增长外,中国农业生产体制变革最意想不到的成就在于推动了乡村工业的崛起。中国渐进改革的特征体现在产品和要素市场放开的不均衡性。中国首先是开放部分商品市场,特别是与人民生活息息相关的消费品市场,然后再慢慢放开生产资料市场,最后逐步放开全部要素市场。在放开要素市场过程中,首先是有限度地放开劳动力市场,然后是土地市场,最后是金融市场。家庭联产承包责任制的推行使中国农业的隐性剩余劳动力显性化,而正是亿万农民从土地上呼唤而出推动了乡村工业的崛起。改革开放伊始,农村劳动力进城务工是不被允许的,为此农村剩余劳动力就没有办法获取其要素报酬。但是,改革开放初期城市集贸市场逐步放开,农村的一些农副产品可以运输到城市出卖。因此,在农村办企业,把农村剩余劳动力及其他生产要素转化成产品,再把产品卖到城市,获取农村各种剩余生产要素的收入流,提升农民收入,就成为中国农民的必然选择。正因如此,在农村这个具有天然区位劣势的区域,中国乡村工业居然迅速崛起,并成为20世纪80至90年代推动中国经济增长的最重要动力之一。乡镇企业源于改革开放前的社队企业,改革开放伊始,1978年乡镇企业152万个,从业人员2827万人,创造增加值209亿元,占当年GDP的5.7%。随后进入高速发展期,1990年乡镇企业1873万个,从业人员9262万人,创造增加值2504亿元,占当年GDP的13.4%。1996年,乡镇企业达到顶峰,乡镇企业2336万个,从业人员13508万人,创造增加值17659亿元,占当年GDP的24.8%。随后乡镇企业的个数和从业人员开始下降,但是创造的增加值继续增长,2000年乡镇企业增加值达27156亿元,占当年GDP的27.4%。

总之,中国农村的制度变革,推动了农业发展和剩余劳动力的涌现,而这些又进一步推动中国乡村工业的崛起,加速了中国经济的结构变迁和发展进程。

表 6-12 中国乡镇企业情况:1978—2000 年①

	企业数（万个）	从业人员（万人）	乡镇企业增加值（亿元）	乡企增加值占 GDP 比重(%)
1978	152	2827	209	5.7
1980	142	3000	285	6.3
1985	1222	6979	772	8.6
1990	1873	9262	2504	13.4
1991	1909	9614	2972	13.6
1992	2092	10581	4485	16.7
1993	2453	12345	8007	22.7
1994	2495	12017	10928	22.7
1995	2203	12861	14595	24.0
1996	2336	13508	17659	24.8
1997	2099	13050	18914	23.9
1998	2004	12537	22186	26.3
1999	2071	12704	24882	27.7
2000	2085	12820	27156	27.4

2. 国有企业改革与公有制经济发展

1978—1984 年,中国改革的重心在农村,农业生产组织形式由生产队向家庭联产承包责任制改革。此后,中国改革的重心在城市,核心是城市国有企业改革。计划经济体制下最大问题就是中央统得过死,地方和企业没有自主权和活力。为了解决这一问题,1978 年即开始了放权让利的改革,以调动各方面的积极性。

在国家与企业的关系上,增加了企业利润留成,逐步扩大了国有企业的经营自主权。1978 年 10 月开始在四川进行扩大企业自主权的改革试验。

---

① 参见张毅、张颂颂:《中国乡镇企业简史》,北京:中国农业出版社,2001 年,第 247 页。

试点是从发动群众讨论增产节约计划入手的,确定在增产增收的基础上,企业可提取一些利润留成,职工可以获得一部分奖金。改革确实提升了企业生产的积极性,增强了企业活力。以宁江机床厂为例,1976—1978年平均生产机床535台,而1978年生产699台,并销售一空,1979年生产1075台。1981年与1979年相比,资金利润率增长77.83%,劳动生产率增长32.7%。四川省在总结试点企业基础上迅速扩大了试点范围,100家工业企业和40家商品企业。① 同时,许多地方和企业也仿照四川的做法和经验,自行制定试点办法并加以推广。但是,在其他方面改革尚未开始的情况下,扩大企业自主权尽管能够调动企业的积极性,但是企业的盈亏并不能完全反映出其经营的好坏,而且国家难以对试点企业进行有效监督。相反,试点企业可以通过投资扩张而多占多分企业收益,导致国家财政赤字严重,整个经济有陷入通货膨胀的危险。为了解决这一问题,扩大企业自主权的改革重点开始转向经济责任制,即企业必须首先完成上交国家利润的任务,余下部分或全部留给企业,或按照一定比例在国家与企业之间进行分配。为了规范国家和企业的分配关系,1983年国务院批转了财政部关于全国利改税工作会议的报告和修改后的《关于国有企业利改税试行办法》,全面推行"利改税"改革。1984年又全面推行了第二步"利改税"。两步利改税通过税收规范了国家与企业之间的分配关系,较好地解决了企业吃国家大锅饭的问题,加速了企业向自主经营、自负盈亏的市场主体地位的转变。

尽管放权让利后企业活力有所增强,但是企业仍感活力不足,突出表现在企业技术改造资金不足和企业经营绩效不高。为此,1987年3月的六届人大三次会议通过的《政府工作报告》中提出,"今年改革的重点要放到完善企业经营机制上,根据所有权与经营权适当分离的原则,认真实行多种形式的承包经营责任制",开启了国有企业承包制改革序幕。20世纪80年代末90年代初,国内外经济形势和国企体制存在的弊端导致企业面临严峻困难,企业亏损严重。1988年国有独立核算工业企业亏损面和亏损率为10.91%

---

① 参见董辅礽:《中华人民共和国经济史》(下卷),北京:经济科学出版社,1999年,第65页。

和8.41%,1989年则上升为16.03%和19.52%,1990年进一步上升为27.55%和47.33%。① 面对如此困境,如何转变国有企业经营机制,使其成为真正的市场主体成为深化经济体制改革的核心。

1992年党的十四大报告明确我国经济体制改革目标是建立社会主义市场经济体制之后,承包制不能适应社会主义市场经济体制对微观主体的要求,国有企业改革进入建立"产权清晰、权责明确、政企分开、管理科学"的现代企业制度阶段。尽管20世纪90年代以来国有经济发展迅速,但是,仍然没有扭转亏损问题,无论亏损面还是亏损率都不断增加,1996年国有独立核算工业企业亏损639.57亿元,亏损面33.53%,亏损率43.87%。② 通过有关资料分析发现,越是小型国企亏损面越大,亏损率越高。1995年,中共十四届五中全会通过的《中共中央关于制定国民经济和社会发展"九五"计划和2010年远景目标的建议》中提出了"抓大放小"的国有企业改革战略思路。2003年,为了解决国有企业政企不分问题,国有资产管理体制出现重大改革——国有资产管理委员会成立,把国家作为国有企业所有者的出资者职能从国家的公共管理职能中分离出来。"抓大放小"收缩了国有企业战线,国有资产管理委员会的成立有利于国家履行出资者的职能,中国国有企业完成了凤凰涅槃。"目前39个工业行业中国有企业产值占比超过50%的只有6个,有18个行业的占比已经降至10%以下;国有资本更多地向关系国民经济命脉和国家安全的行业和领域集中,国有经济的活力、控制力、影响力空前增强。""从2003年到2011年,全国除金融类企业以外的国有企业实现营业收入、净利润、上交税金年均增长17.6%、25.2%和19.4%,远高于同期中国经济增速;一大批自主知识产权和国际先进水平的科技创新成果成为我国科技创新的典范。到2012年,进入世界500强的中国内地企业总数超越日本达到69家,其中有53家为国资委系统监管企业,中石化、中石油、国

---

① 参见董辅礽:《中华人民共和国经济史》(下卷),北京:经济科学出版社,1999年,第371页。
② 参见董辅礽:《中华人民共和国经济史》(下卷),北京:经济科学出版社,1999年,第379页。

家电网连续跻身榜单前十位;如今,仅 115 家中央企业单月利润就超过 1000 亿元。"①

与此同时,随着国有企业"抓大放小"和从大量竞争性行业中的退出,非国有经济获得了更大的发展空间,促进了非国有经济的发展。国有及国有控股工业企业虽然总产值只占工业总产值的 26.2%,但是贡献的增值税却占到 35.8%,这也为减轻非国有经济的税负提供了基础。因此,国有企业改革不仅推动了国有经济的发展,也有利于非国有经济,特别是非公有制经济的发展壮大。

3. 财政分权与经济增长

计划经济实行的是中央高度集中的统收统支的财政管理体制,这种体制限制了地方政府发展经济的积极性和主动性,因此成为改革开放后改革的重要内容,从此中国走上了财政分权的道路。而正是财政分权推动了地方政府的竞争,进而推动了中国经济增长。

1980 年 2 月国务院颁发《关于实行"划分收支、分级包干"的财政管理体制的暂行规定》,全面改进中央与地方、国家与企业的分配关系,这种体制通称"分灶吃饭"。其基本内容是,按照企事业单位的行政隶属关系明确划分中央和地方的收支范围,并按此范围确定各地区的包干基数。分成比例或补助数额一定 5 年不变,地方多收可以多支,少收就要少支,自行安排预算,自求收支平衡。为了与国有企业"利改税"改革同步,1985 年国务院决定进一步改革政府间分配关系,实行"划分税种、核定收支、分级包干"体制。这一体制的实施确实调动了地方的积极性,充实了地方财政,但是,中央财政收入在财政收入中所占比重持续下滑,连年财政赤字,中央宏观调控能力明显弱化。为此,1986 年开始实施包干体制,采取的形式有收入递增包干、总额分成、总额分成加增长分成、上解额递增包干、定额上解和定额补助等。

但是,随着市场在资源配置中基础性作用的增强,财政包干体制的弊端日益显现,主要表现在:税收调节功能弱化,地区产业趋同和诸侯经济,影响

---

① 何宗渝、王敏、张辛欣、姜刚:《千里之任 行思行远——国资委成立十年来国有企业改革发展纪实》,http://www.ah.xinhuanet.com/2013-05/26/c_115911315.htm。

产业结构的优化和统一市场的形成;中央财政收入在财政收入中所占比重持续下滑,中央宏观调控能力降低,无力推动区域平衡发展;中央与地方分配关系没有规范。为此,从1992年开始,中国开始了"分税制"改革。1993年12月15日,国务院发布《关于实行分税制财政管理体制的决定》,从1994年开始,中国实行分税制财政管理体制,基本内容包括:在划分事权的基础上,划分中央与地方的财政支出;按税种划分收入,明确中央与地方财政收入的范围;确定中央对地方返还的数额;原体制的分配格局暂时不变。分税制初步建立了适合社会主义市场经济体制要求的税制体系框架,至此初步形成了规范的财政分权体制。

  财政分权体制的改革对于改变计划经济下高度集中的财政制度具有重要作用,推动了财力分配体制由"条条"为主改为"块块"为主,提升了地方发展经济的主动性,推动了中国经济的发展。张军认为,从1985年中国财政分权体制演变至今,称中国是财政分权国家应该没有什么问题。按照世界银行1997年发展报告《变革世界中的政府》给出的数据,发达国家省(州)级政府财政支出占各级政府财政支出的平均比重为30%左右,最分权的加拿大和日本也只有60%。20世纪90年代的发展中国家平均比重是14%,转型国家是26%,美国不到50%。而中国的省级财政支出十几年来一直维持在占各级财政支出的70%。[①] 许成钢和钱颖一的研究表明,中国改革绩效之所以与前苏联不同,在于中国和苏联有不同的层级制组织结构。"东欧和苏联的组织机构是一种以职能和专业化'条条'原则为基础的单一形式(U型经济);相反,中国的层级制是一种自1958年以来就存在的以区域'块块'原则为基础的多层次、多地区的形式(M型经济)。"[②]而这种M型组织结构的最大好处就是推动非国有经济的进入和扩张,从而推动了中国经济的繁荣。

---

  ① 参见张军、周黎安:《为增长而竞争:中国增长的政治经济学》,上海:格致出版社、上海人民出版社,2008年,第1页。
  ② 张军、周黎安:《为增长而竞争:中国增长的政治经济学》,上海:格致出版社、上海人民出版社,2008年,第3页。

4. 双轨制与市场的生长

农村改革推动的乡村工业崛起,国有企业放权让利改革推动的计划外产品,财政分权推动的非国有经济扩张,这些都导致在计划资源配置体系之外产生了大量的超计划产品。这些超计划产品不进入国家计划体系,不采用计划、行政手段配置,而是按照市场进行配置,从而催生了中国向社会主义市场经济过渡的独特方式——双轨制。其基本思路是:在产品主要部分仍按照计划价格供给与配置的情况下,允许生产者将计划外产品或新增产品按照市场价格销售,由于计划内生产的增长速度远远低于计划外生产的增长速度,从而在整个资源中计划内所占部分不断缩小,而计划外部分不断增加,即在资源配置中,计划所起的作用越来越小,而市场所起作用越来越大,最终计划内分配微乎其微,计划与市场并行的双轨资源配置体系自动向市场单轨过渡。因此,双轨制体现了中国改革路径的辩证法,即利用双轨、走出双轨,双轨是手段,向市场并轨是目的。

双轨制改革优点之一在于降低了改革的风险,分两次跨过了从计划经济到市场经济这条鸿沟。由于社会主义计划经济体制下计划、行政的资源配置体系仍然在发挥作用,因此改革过程中不会出现产出的急剧下滑。同时,超计划生产的存在及其不断增长又推动了中国经济的不断增长。因此,中国改革又称为增量改革,即当直接改革旧体制面临巨大阻力时,可以在不触动或少触动旧体制根本利益的情况下,积极开辟第"二战"场。在存量一定条件下,增量的不断扩张,最终实现增量对存量的并轨。

但是,双轨制改革的最大优点是为市场在计划经济体制中生长提供了条件和时间。经济增长理论已经证实,制度是决定国富国穷的重要原因,而正式制度是嵌入非正式制度之中发挥作用的。在计划经济向市场经济的转轨过程中,正式制度的移植相对容易,而非正式制度却只能在长期的市场交易中逐步形成。但是,正式制度发挥作用依靠非正式制度。俄罗斯式的休克疗法改革之所以没有产生像主流经济学家预想的结果,就是他们忽视了市场经济体制发挥作用依靠大量的非正式制度,如交易习惯与习俗、企业家能力与精神、社会信任等。而中国的渐进改革,农村改革推动的乡村工业崛起、城市国企改革中的超计划生产、财政分权推动的非国有经济发展等都为企业家能力与精神的培育、交易习惯的形成、社会资本的积累提供了空间和时间。而正是这些非正式制度的形成推动了市场经济体制在中国的扩张，在中国经济高速增长的进程中社会主义计划经济体制向社会主义市场经济体制的转轨顺利完成。

总之，改革开放以来中国经济奇迹般的增长源于社会主义计划经济体制向社会主义市场经济体制的制度变革，这一制度变革为后发优势的发挥提供了制度动力。社会主义初级阶段基本经济制度的确立，既增强了公有制经济的主体地位和控制力，又促进了非公有制经济的发展。市场在资源配置中的基础性作用的不断增强，加速了中国经济的结构变迁，提高了中国经济的资源配置效率。农村改革推动的乡村工业的崛起、国有企业改革中的超计划产出、财政分权中的非国有经济扩张等都为计划经济向市场经济的渐进转轨提供了空间和时间，有利于与社会主义市场经济相容的非正式制度的形成。中国改革开放以来的奇迹恰恰是坚持了社会主义基本政治制度和经济制度，通过制度的渐进创新和调整创造性地解决了社会主义和市场经济的相容性问题，成功地建设了社会主义市场经济体制的结果。

第七章 | 中国面临"中等收入陷阱"的挑战

改革开放30多年是近代以来中国对西方发达世界追赶最迅速最成功的时期。但是,西方发达国家在漫长的发展时期爆发的各种社会冲突和矛盾也同样会在我们浓缩的追赶期爆发,从而导致我们既处于战略机遇期,又处于矛盾凸现期。党的十八大报告明确指出:"必须清醒看到,我们工作中还存在许多不足,前进道路上还有不少困难和问题。主要是:发展中不平衡、不协调、不可持续问题依然突出,科技创新能力不强,产业结构不合理,农业基础依然薄弱,资源环境约束加剧,制约科学发展的体制机制障碍较多,深化改革开放和转变经济发展方式任务艰巨;城乡区域发展差距和居民收入分配差距依然较大;社会矛盾明显增多,教育、就业、社会保障、医疗、住房、生态环境、食品药品安全、安全生产、社会治安、执法司法等关系群众切身利益的问题较多,部分群众生活比较困难。"

总之,改革开放以来的大转型,一方面,推动了中国经济的高速增长,使中国迅速从贫穷落后状态成长为世界第二大经济体,人民物质生活水平发生了"翻天覆地"的变化;另一方面,它斩断了人们与单位、邻里、社区,甚至是自然之间的各种联系,把人们集体推向市场经济的高度不确定性的黑洞之中。由此,在中国经济高速增长、人民物质生活水平不断提高的同时,人与人、社会、政府和自然之间的矛盾与冲突频发,出现了"两极共生"现象。[①]

[①] 吴敬琏发表于2012年第12期《读书》杂志上的文章《重启改革议程》,使用了"两极共生"一词来描述这种现象。实际上,这种"两极共生"现象在很多发达国家的工业化历史上都曾经出现过。1820—1913年间,英国的人均收入增长比过去任何时候都要快,GDP的年均复合增长率达到了2.13%,远高于世界平均水平1.47%。而正是这一时代,英国著名作家狄更斯(1812—1870)写下了《双城记》《雾都孤儿》等批判现实主义名著,"这是最好的时代,也是最坏的时代"也成为经典名言。美国工业化进程中也出现过类似现象。1820—1913年间,美国实际GDP年均增长4.1%,但是,高速增长也带来了政治腐败、道德失范、贫富悬殊、劳资冲突剧烈、市场秩序混乱等经济社会问题,进而推动了美国历史上1880—1917年间的进步运动。其中,英国的数据来自麦迪森著:《世界经济千年史》,北京:北京大学出版社,2004年,第88页;美国数据来自高尔:《漫长的19世纪的经济增长与结构变迁》,载恩格尔曼、高尔曼主编:《剑桥美国经济史(第二卷):漫长的19世纪》,北京:中国人民大学出版社,2008年,第4页。

因此,中国有陷入"中等收入陷阱"的危险,跨越"陷阱"要求发展战略的转型升级。

一、中国经济社会发展面临的主要障碍:增长分享的不均

经过30多年的改革开放,伴随着市场经济体制的深化,中国收入分配的差距迅速扩大,基尼系数从1978年的0.3左右恶化到2008年的0.491,2014年改善到0.469。① 而根据现有研究,收入分配的不平等将从经济、社会和政治等多角度限制一国经济增长。2006年世界银行出版年度发展报告《公平与发展》,对这些文献作了梳理,重点强调了收入、财富、权力的不平等分配通过对机会平等和好的制度形成的影响而阻碍长期增长。"当市场不完美时,权力和财富的不平等转化为机会的不平等,导致生产潜力遭到浪费,资源分配丧失效率。在许多国家,市场的运行并不完美,无论是因为内在的失效(例如与信息不对称有关的失效),还是因为政策带来的扭曲效应。宏观经济个案分析表明,资源在不同生产选择之间的分配效率低下,往往与财富或地位的差别有关(第5章)……经济和政治不平等与制度的发展受阻有关联。不公平对长期发展过程产生影响的第二个渠道就是塑造经济和政治制度(第6章)。制度决定对人的激励和制约,并提供市场运行所需的环境。不同的制度,是复杂的历史过程的结果,这些过程反映一个社会中不同个人和群体的利益和政治影响力结构。从这个角度看,出现市场不完美并不一

---

① 在此,2008和2014年基尼系数的数据来自国家统计局。但是,国家统计局并没有公布1978年的基尼系数。1978年的基尼系数0.3左右来自如下研究成果的估计。目前,能够查到的是早期世界银行关于中国1979年基尼系数的估计结果,是0.33。阿德尔曼和桑丁(Adelman and Sunding)对中国1978年基尼系数的估计为0.317。坎布尔和张晓波(Kanbur and Zhang)在一项研究中对中国1978年的基尼系数估计为0.293。综合上述结果,我们认为,1978年基尼系数在0.3左右是合理的。世界银行的数据转引自李实、赵人伟:《中国居民收入分配再研究》,《经济研究》,1999(4),第5页;阿德尔曼和桑丁的数据转引自张平著:《增长与分享——居民收入分配理论和实证》,北京:社会科学文献出版社,2003年,第76页;Kanbur, Ravi; Xiaobo, Zhang, 2005. Fifty Years of Regional Inequality in China: A Journey Through Central Planning, Reform, and Openness[J]. Review of Development Economics, 9(1), pp.87-106。

定是偶然的,而可能是因为市场以特定的方式分配收入或权力。按照这种观点,在社会制度问题上就会出现社会冲突,会促使控制权力的人采用对自己有利的方式来塑造制度。"①

(一)居高不下的城乡居民收入差距

改革开放 30 多年的结构变迁,推动了中国经济奇迹般的增长。在此过程中,大批的农业劳动力在推拉二力的共同作用下,流出农业进入非农产业,根据国家统计局抽样调查结果,2014 年全国农民工总量为 2.7395 亿人。② 尽管如此,2014 年中国城乡居民收入差距(城镇居民人均可支配收入/农村居民人均纯收入)仍然高达 3.03(农村为 1),毫无疑问是世界城乡居民差距最大的国家之一。③ 纵观中国城乡居民收入差距的演变,经历改革开放初期的降低之后,城乡居民收入差距一路上升,至 2009 年达到最高点 3.33 之后,开始降低。

计划经济时代,为了加快实现工业化,国家利用"看得见的手"转移农业、农村和农民的资源与财富,导致城乡差距过大。而改革开放初期,农村获得了政策利好,推动了城乡居民收入差距的短暂缩小,但是,随后城市偏向的政策的继续实施,同时市场这只"看不见的手"利用马太效应加速了各种资源向城市的集聚,导致城乡差距拉得更大。

居高不下的城乡居民收入差距已经成为全面建成小康社会的重要障碍。2015 年 2 月 2 日,省部级主要领导干部学习贯彻十八届四中全会精神全面推进依法治国专题研讨班在中央党校开班,习近平总书记在开班仪式上讲话中集中论述了"四个全面"的战略布局。全面建成小康社会是我们的

---

① 世界银行:《2006 年世界发展报告:公平与发展》,北京:清华大学出版社,2006 年,第 10—11 页。加粗字是著者所加。
② 国家统计局:《2014 年全国农民工监测调查报告》,http://www.stats.gov.cn/tjsj/zxfb/201504/t20150429_797821.html。
③ 实际上,利用城镇居民人均可支配收入和农村居民人均纯收入测度城乡居民收入差距存在两点不足:一是城乡物价水平的差异导致此指标可能高估了城乡居民收入差距,因为城市物价水平高于农村;二是此指标忽视了城市居民获得的各种显性和隐性的补贴,从而此指标低估了城乡居民收入差距。

战略总目标,而农村全面建成小康社会恰恰是我们战略的难点和重点。为此,加快增长成果向农村地区的扩散,提高农民对改革开放成果的分享比例,是贯彻落实党的"四个全面"战略的重中之重。

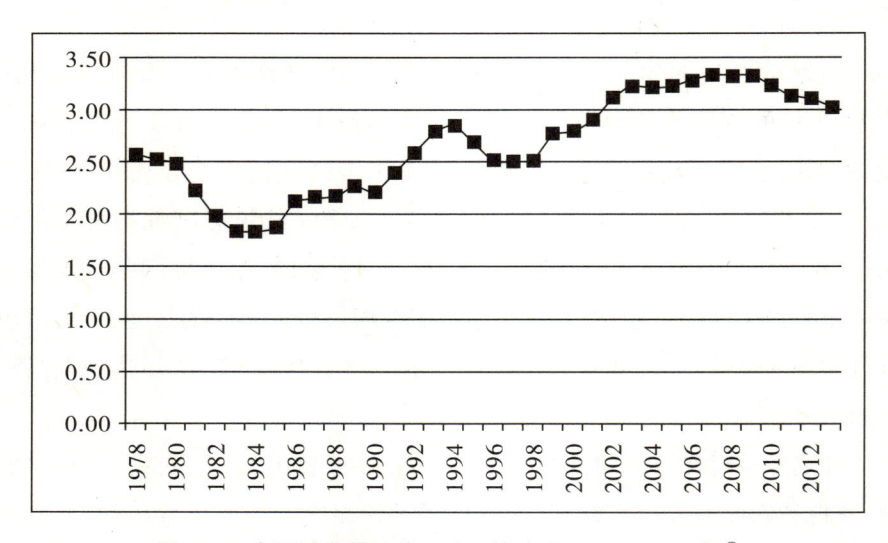

图 7-1 中国城乡居民收入差距的演进:1978—2014 年①

居高不下的城乡居民收入差距是扩大内需的重要障碍。内需不振一直是中国经济发展的瓶颈,多年来,我们一直试图打开农村市场,但是,成效寥寥。美国 2008 年次贷危机以来,全球经济进入自 1929—1933 年大萧条以来的大衰退时代,国际经济形势的逆转严重影响了中国经济的国外市场,各行业产能过剩严重,导致中国经济进入中高速增长的新常态。为此,提振农村市场仍然是关键。而要打开农村市场,关键是提高农民收入,特别是 2.74 亿农民工群体的收入水平。缩小城乡居民收入差距,构建一个劳资和谐的分配格局,尽快让有条件的农民工融入城市并市民化,是打开农村市场的关键。

(二)东部和中西部地区的区域差距

东中西的发展差距一直是困扰中国经济社会发展的重要问题。根据世

---

① 数据来自《中国统计年鉴-2014》,网址:http://www.stats.gov.cn/tjsj/ndsj/2014/indexch.htm。

界银行 2013 年标准,人均 GDP 超过 12616 美元的为高收入国家,则天津、北京和上海等三个直辖市已经跨入高收入地区行列,而人均 GDP 在 1035～4085 美元之间的为中等偏下收入国家,西部的贵州、甘肃和云南等三省还处于中等偏下收入地区,其他地区处于中等偏上收入地区,即介于人均 GDP4085～12616 美元之间,其中,江苏、浙江和内蒙古等三省(自治区)已经跨过万美元大关,即将跨入高收入行列,广东、福建、辽宁和山东四个沿海省份人均 GDP 也已经跨过 9000 美元大关。① 比较人均 GDP 最高的天津市和最低的贵州省,其比例为 4.35∶1,这在一国内部是比较少见的,东部沿海地区相当于发达世界,而中西部地区则相当于发展中世界。

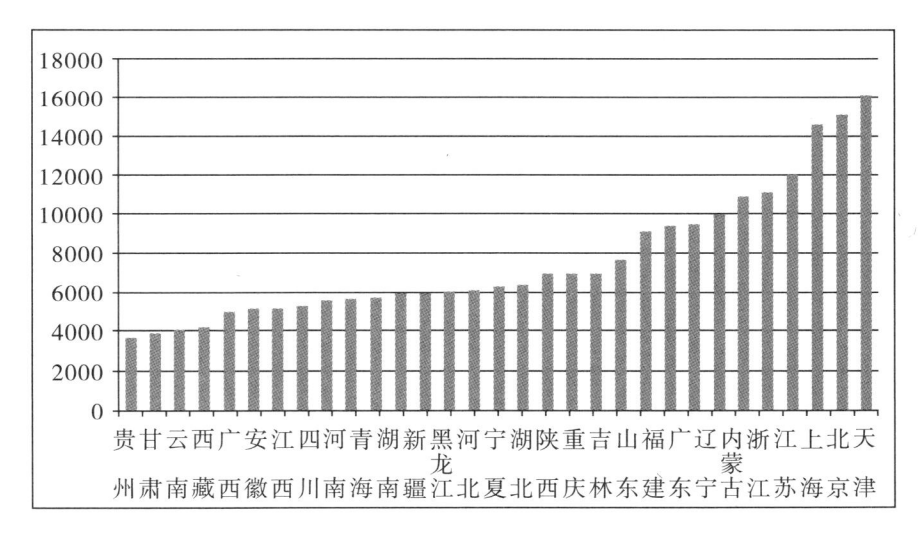

图 7-2 2013 年各省、自治区和直辖市人均 GDP 排名(以当年汇率折算成美元)②

中国巨大的区域发展差距是发展政策的结果。改革开放以来,中国采取了让一部分人和地区先富起来的发展战略,东部沿海地区得改革开放的

---

① 因此,如果中国存在跨越"中等收入陷阱"问题,也主要是中西部地区板块的问题,东部沿海地区经过 30 多年的高速发展,已经或即将成为高收入地区。由此可见,由于中国发展的不平衡性,跨越"中等收入陷阱"也是不平衡的。当然,这种巨大的发展差距也意味着中西部地区将成为中国经济新的重要的高速增长极。

② 数据来自《中国统计年鉴-2014》,网址:http://www.stats.gov.cn/tjsj/ndsj/2014/indexch.htm。

政策先机,率先实现了发展。而且,通过计划和行政这只看得见的手,中西部地区廉价的资源大量流入东部沿海地区,成为加速其发展的因素。但是,让少数一部分人和地区先富起来,不是我国的战略目标,而是实现战略目标的手段。因此,东部沿海率先崛起地区带动中西部地区崛起,以实现共同富裕的战略目标,成为中国政府的必然选择。

巨大的区域差距不仅将成为中国经济社会进一步发展的重要障碍,而且不利于政治稳定、民族团结和国家统一。加速中西部地区发展,是全面建设小康社会的需要。同时,中西部地区的发展也可以成为东部地区过剩产能的重要市场。更为关键的是,随着改革开放30多年的高速发展,东部沿海地区要素价格开始上升,低端制造的国际竞争力降低,因此,产业向中西部地区的梯度转移,是经济发展的必然要求。随着产业向中西部地区的加速转移,有利于拓展国内分工体系,打造国家价值链体系,提升国家竞争力,实现东部沿海地区和中西部地区的共赢。另外,中西部地区少数民族聚居,加速发展也是民族团结、政治稳定和国家统一的必然要求。为此,加速中西部地区发展,缩小东部和中西部地区的区域差距,是跨越"中等收入陷阱"的战略要求。

(三)持续下滑的劳动收入占比

经过初次分配,国民收入形成劳动者报酬、资本所得和政府对生产环节直接征收的税赋等三大组成部分,它们基本决定了一国或地区的收入分配状况。当国民收入中资本所得过大时,一国收入分配必然不均。利用中国国民收入核算中现金流量表有关数据,我们计算出了国民收入中劳动者报酬和资本所得在初次分配总收入中所占份额。从图7-3可以看出,在1992至2012年间,劳动者报酬在初次分配总额中所占份额处于持续下降趋势,而资本所得在其中所占份额处于先下降后上升趋势。持续下降的劳动者报酬所占份额和新世纪以来持续上升的资本所得所占份额,造成的结果必然是劳动-资本之间收入分配的恶化,整个社会收入和财富分配不平等严重。根据中国国家统计局公布数据,尽管2014年基尼系数已经从2008年的0.491

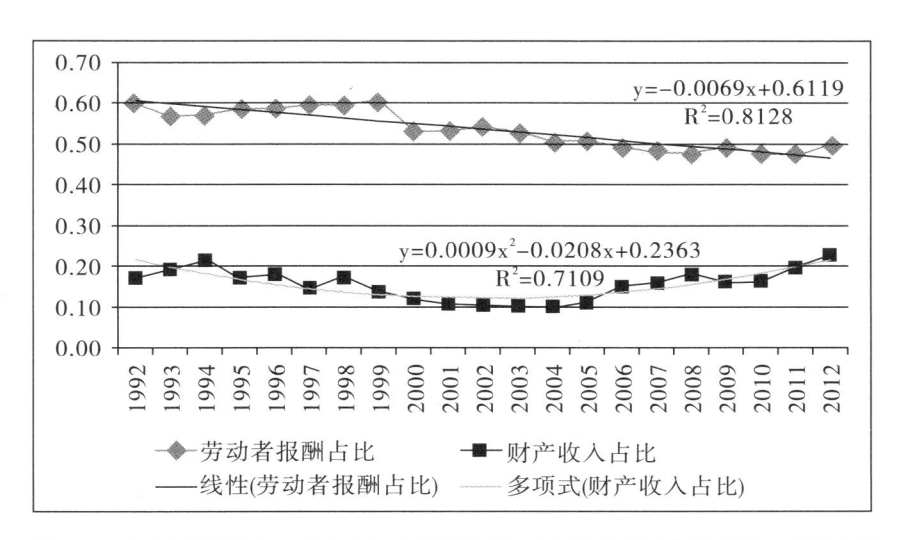

降低到 0.469,但是,整体收入分配仍然"很不平等"。[1]

图 7-3 劳动者报酬和财产收入在初次分配总收入中所占份额的变迁:1992—2012 年[2]

劳动收入占比持续下滑的直接后果是,中国居民消费长期不振,居民消费在国民收入中占比持续降低。而其最终结果是,中国经济增长过度依赖投资和国际市场[3],导致这种增长模式的不可持续性。图 7-4 揭示了这一点,改革开放以来,最终消费在国内生产总值中所占比例持续下滑,至 2013

---

[1] 当然,对于国家统计局公布的中国基尼系数,学界有不同看法。例如,西南财经大学中国家庭金融调查与研究中心发布的数据表明,2010 年中国家庭收入的基尼系数为 0.61,远远高于国家统计局公布的 0.481。国家统计局数据来自:《马建堂就 2012 年国民经济运行情况答记者问》,http://www.stats.gov.cn/tjgz/tjdt/201301/t20130118_17719.html。西南财经大学数据来自:西南财经大学中国家庭金融调查与研究中心:《中国家庭收入不平等报告》。

[2] 劳动者报酬和资本所得在初次分配中所占份额,根据《中国统计年鉴》历年现金流量表(实物交易)中劳动者报酬/初次分配总收入和资本所得/初次分配总收入计算得出。由于 1992 年前的《中国统计年鉴》没有提供现金流量表,因此,我们的数据仅仅记录了 1992—2012 年。数据来自《中国统计年鉴》历年,网址:http://www.stats.gov.cn/tjsj/ndsj/。

[3] 因此,我们此处分析的作为中国经济社会面临的发展障碍——增长分享的不均,实际上是后面分析的经济对外依赖过度的原因之一,甚至是最重要原因。

年,占比仅为49.8%,低于50%,而投资率持续上升,至2013年,占比高达47.8%,接近50%。这种高储蓄、高投资和高增长模式明显不可持续,因为:第一,国内外市场难以消化高投资带来的庞大产能;第二,高投资受到资本的边际报酬递减规律的约束;第三,高投资对资源环境产生了巨大的压力;第四,年轻一代的储蓄倾向难以像他们的父辈们那样高。

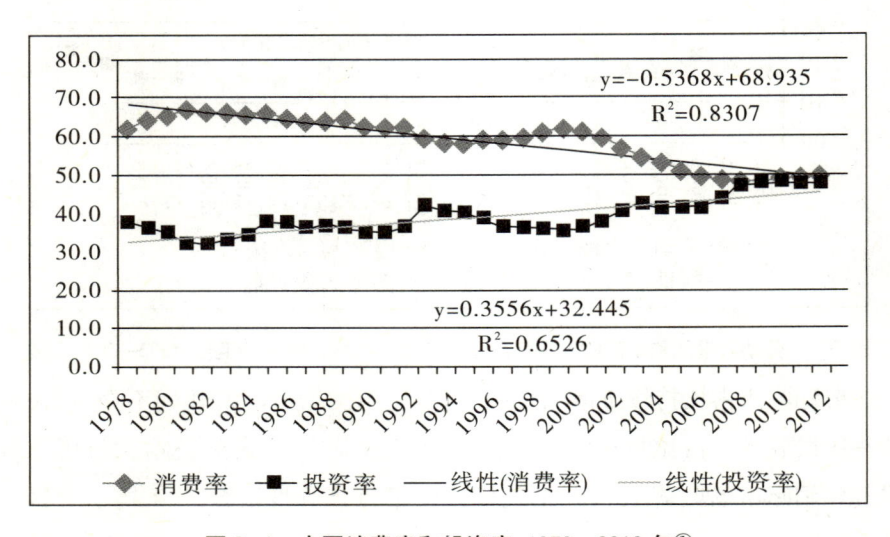

图7-4 中国消费率和投资率:1978—2013年①

总之,城乡差距、区域差异、劳资分配不均等的存在,导致中国收入和财富分配不平等程度急剧提高,而这种分配的不平等将成为中国经济社会持续发展,跨越"中等收入陷阱"的主要障碍。

二、两极共生现象的形成机理:一个马克思主义解释②

卡尔·波兰尼在《大转型:我们时代的政治与经济起源》一书中系统地阐释了19世纪市场体系在欧洲的兴起和衰落,以及伴随这一过程的人们观念、意识形态、社会和经济政策上的转换。苏联、东欧的转型和中国等国家

---

① 数据来自《中国统计年鉴-2014》,网址:http://www.stats.gov.cn/tjsj/ndsj/2014/indexch.htm。

② 本部分曾经以《中国的大转型:双向运动与二元体系》为题,发表于《海派经济学》2014年第2期。

的改革激发了人们新的兴趣,以至有人说,"除了《资本论》和《新教伦理与资本主义精神》之外,没有其他著作比它更有影响力"①。

斯密利用分工水平和市场规模的互动解释国富国穷,而协调分工,乃至整个经济体的是一种自我调控的体系。② 此后的古典经济学家相信并试图创建一种"脱嵌"的、完全自我调控的市场体系,甚至让整个人类社会生活由它调节。"我们不曾发现,市场模式所体现的交易和交换的原则有压制其他原则而独自扩张的倾向。在市场得到最充分发展的地方——即在重商主义的情况下,它们也是兴盛于集权的中央管理者的控制之下,这种中央管理者的专断范围是如此广泛,从农民的家计到国民生活都被囊括其中。"③但是,波兰尼正确地指出:"这种自我调节的市场的理念,是彻头彻尾的乌托邦。除非消灭社会中的人和自然物质,否则这样一种制度就不能存在于任何时期;它会摧毁人类并将其环境变成一片荒野"④。而且,他还指出,这种自我调节的市场不可能自动出现并运行,而是由国家政权强力推行的。"自由放任绝不是自然产生的;若仅凭事物自然发展,自由市场永远不会形成。正如棉纺制造业——当时主要的自由贸易产业——是在保护性关税、出口津贴和间接工资补助的帮助下才建立起来的一样,自由放任本身也是由国家强

---

① 转引自哈尔珀琳:《现代欧洲的战争与社会变迁:大转型再探》,南京:凤凰出版集团,江苏人民出版社,2010年,"英文版前言"第7页。
② 从18世纪的法国重农学派的"自然秩序"观念,英国坎蒂隆和休谟的思想,特别是斯密的"看不见的手"隐喻,经济体是一种自我调控体系的理念越来越为人们所认同,而把这种自我调控的体系作为研究对象时,经济学就诞生了。因此,经济学界尊斯密为"经济学之父"。作为启蒙时代的大师,斯密的思想把人们从神和君主的附庸中解脱了出来。斯密:《国民财富的性质和原因的研究》,北京:商务印书馆,1974年;豪斯曼:《经济学的哲学》,上海:上海人民出版社,世纪出版集团,2007年,第27页。
③ 卡尔·波兰尼:《大转型:我们时代的政治与经济起源》,杭州:浙江人民出版社,2007年,第59页。
④ 卡尔·波兰尼:《大转型:我们时代的政治与经济起源》,杭州:浙江人民出版社,2007年,第3—4页。

制推行的。"①佩罗曼通过对古典经济学家斯密、李嘉图、詹姆斯·史都华等的日记、信件和更有实用价值的文字的令人信服的研究指出,古典经济学家一方面从理论上声称资本主义是一个自我调控的体系,另一方面又积极鼓吹政府通过政策,把小农场主和其拥有的土地分开,打破小农场主自给自足的生活方式,迫使其接受被雇佣地位。②

国家力量推动的自我调控的市场的不断渗透和扩张,把人和自然统统都纳入其运行轨道之中。自然和人的生命的神圣服从于无生命的市场机制明显是行不通的,也是错误的。"但这种商品化虚构却无视这样一个事实,即把土地和人口的命运交由市场安排就等于消灭它们。因此,反向运动坚持在生产、劳动和土地等要素方面对市场活动进行控制,这是干涉主义的主要作用。"③实际上,生产组织自身同样在自我调控的市场波动面前风雨飘摇,要求各种保护性措施,以避免市场的毁灭性打击。"中央银行和对货币体系的管理也是需要的,只有这样才能保证制造业和其他生产企业的安全,防止其卷入货币的商品化虚构所造成的灾难。足够悖谬的是,不仅是人类和自然资源,而且资本主义生产组织自身都不得不躲避自我调节的市场的

---

① 卡尔·波兰尼:《大转型:我们时代的政治与经济起源》,杭州:浙江人民出版社,2007年,第119页。张夏准通过对发达国家经济史的研究指出,当今发展中国家为保护本国幼稚产业而采取的政策,在发达国家历史上都曾经采用过,而且其强度和延续的时间都远远超越当今发展中国家。赫德森也指出,贯穿于19世纪的政治经济学美国学派的经济学家,提出了与英国体系相对立的"美国体系",而"美国体系"为美国经济崛起的大政方针提供了理论基础。一句话,美国19世纪的崛起依靠的是保护主义,而不是自我调控的市场体系。张夏准:《富国陷阱:发达国家为何踢开梯子》,北京:社会科学文献出版社,2007年;迈克尔·赫德森:《保护主义:美国经济崛起的秘诀(1815—1914)》,北京:中国人民大学出版社,2010年。

② 参见佩罗曼:《资本主义的诞生——对古典政治经济学的一种诠释》,桂林:广西师范大学出版社,2001年。

③ 卡尔·波兰尼:《大转型:我们时代的政治与经济起源》,杭州:浙江人民出版社,2007年,第113页。

破坏作用。"①

一方面,自我调控的市场不断扩张,试图控制社会生活的方方面面;另一方面,为了避免市场对人们生活、自然和商业组织的破坏,社会试图通过社会政策、环境政策、破产法、有限责任制度等各种措施保护自己。在《大转型》中,波兰尼正是用这种"双向运动"来解释欧洲社会19世纪的变迁。"就近百年而言,现代社会由一种双向运动支配着:市场的不断扩张以及它所遭遇的反向运动(即把市场的扩张控制在某种确定方向上)。虽然这种反向运动对于保护社会是必不可少的,但归根到底,它是与市场的自我调节不相容的,因此,也是与市场体系本身不相容的。"②但是,社会自发掀起的保护性运动,最终会使自我调控的市场体系出现系统紊乱、功能失灵,最终摧毁了19世纪的文明及波兰尼所谓的"百年和平"。"而不可避免地,社会将采取措施保护它自己,但是无论采取什么措施,都会损害到市场的自我调节,打乱工业生活,而以另一种方式危害社会。正是这一两难境地,迫使市场体系的发展进入一个特定的瓶颈,并最终使得以它为基础的社会组织陷入混乱。"③

虽然波兰尼正确指出,自我调控的市场的扩张是由获利动机引发的,而且国家力量在其中发挥了关键作用,但是,他并没有将这种获利动机贯穿其整个分析。在分析社会的反向运动时,他认为,不能从狭隘的阶级的经济利益角度提供解释。"其次,认为阶级利益的本质是经济性的——这样一种教条也完全是错误的。尽管人类社会自然要受到经济因素的限制,人类个体的动机却只有在例外的情况下才由物质满足的需要所决定。"④更关键的是,波兰尼没有深入探讨市场扩张和反向保护运动背后的主体。因为,他认为,

---

① 卡尔·波兰尼:《大转型:我们时代的政治与经济起源》,杭州:浙江人民出版社,2007年,第114页。
② 卡尔·波兰尼:《大转型:我们时代的政治与经济起源》,杭州:浙江人民出版社,2007年,第112页。
③ 卡尔·波兰尼:《大转型:我们时代的政治与经济起源》,杭州:浙江人民出版社,2007年,第3—4页。
④ 卡尔·波兰尼:《大转型:我们时代的政治与经济起源》,杭州:浙江人民出版社,2007年,第131页。

19世纪欧洲社会兴起的反向保护运动既不是由国家,也不是由国家中的特定团体发动的,而是由社会作为一个整体发起的运动。"简而言之,所谓的集体主义运动的根源,并不是单个的群体或者阶级,尽管其后果无疑受到了相关的阶级利益的影响。最终,使事情发生的是作为一个整体的社会的利益,尽管维护这种利益的责任更倾向于落到人口中的这个部分而不是那个部分身上。看起来合理的做法是,不是将我们所描述的保护运动归因于阶级利益,而是归因于被市场所威胁的社会实质。"①

正是因为缺乏阶级这一重要行动者,波兰尼的双向运动缺乏主体,从而导致波兰尼得出了与欧洲历史相悖的结论。哈尔珀琳正确地指出,因为"忽略了通过资本主义所有制形式和生产形式的引入而显现的阶级结构,波兰尼遗漏了也许是现代历史上最为关键的篇章的政治动力,这对于理解最近的变迁至关重要"②。

在波兰尼看来,1815—1914年欧洲的市场扩张和反向的社会保护运动是在所谓"百年和平"的环境之中推进的,但是,哈尔珀琳令人信服地指出,对外战争和反复出现的暴力冲突是欧洲19世纪工业化进程的一个根本维度。一方面,"欧洲国家频繁地与本国人民、其他欧洲国家及其人民以及其他区域和欧洲之外的国家发生冲突。在欧洲内部,英国、法国、德国、西班牙、俄国、丹麦、奥地利、意大利、希腊和塞尔维亚中的两国或多国之间发生了14场战争。英国、法国、俄国和奥地利在欧洲发动了12场反对外国人民的战争。在这一时期内,在欧洲之外,欧洲国家也参与了58场战争"③。另一方面,"波兰尼也忽视了整个19世纪欧洲国内关系中反复出现和不断增

---

① 卡尔·波兰尼:《大转型:我们时代的政治与经济起源》,杭州:浙江人民出版社,2007年,第138页。
② 哈尔珀琳:《现代欧洲的战争与社会变迁:大转型再探》,南京:凤凰出版集团,江苏人民出版社,2010年,"英文版前言"第8页。
③ 哈尔珀琳:《现代欧洲的战争与社会变迁:大转型再探》,南京:凤凰出版集团,江苏人民出版社,2010年,第7页。

加的暴力性阶级冲突"①。而出现这种局面的原因在于欧洲的工业化模式。一方面,通过加强对劳工的动员、控制和剥削,旧的土地精英和新兴的工业资产阶级加强了对绝对剩余价值的占有;另一方面,为了实现剩余价值,他们不得不寻求国外市场,导致对外的帝国主义扩张。"这种内部限制和外部扩张的二元体系构成了欧洲工业扩张的本质特征。"②

这种以外部市场为导向的工业化扩张,导致 19 世纪的欧洲形成了以缺乏内部结构的整合和依赖外部资本、资源、劳动力和市场为特征的二元主义发展模式。一方面,少数充满活力的现代部门成为"飞地",定位于非工业的、以农业为主的传统部门的汪洋大海之中;另一方面,虽然没有和国内其他部门建立紧密的联系,但是,外向型的现代部门却和其他国家或地区的相似的现代工业部门建立了紧密的联系。"生产大部分针对外部市场,贸易也是外向型的,资本也主要投资于国外"。③

当然,哈尔珀琳的分析并不是对波兰尼的颠覆,而是对其深化和发展。用哈尔珀琳自己的话说:"波兰尼著作中鲜明表达的精神和中心关注启发了本书的研究和写作,并且本书聚焦于同样的领域,也为了同样的目的,即阐明进步性变迁的机制和可能性。于是,在某种意义上,本书与其说是对波兰尼伟大著作的批判,不如说是对它不朽力量的证明。"④

但是,从马克思、恩格斯所揭示的资本逻辑出发,能够很好地把波兰尼

---

① 哈尔珀琳:《现代欧洲的战争与社会变迁:大转型再探》,南京:凤凰出版集团,江苏人民出版社,2010 年,第 9 页。

② 哈尔珀琳:《现代欧洲的战争与社会变迁:大转型再探》,南京:凤凰出版集团,江苏人民出版社,2010 年,第 47 页。

③ 哈尔珀琳:《现代欧洲的战争与社会变迁:大转型再探》,南京:凤凰出版集团,江苏人民出版社,2010 年,第 48 页。乍一看,以为是写当今第三世界发展中国家的,但实际是写 19 世纪的欧洲。"这种二元主义也是欧洲和当代第三世界国家工业资本主义扩张的本质特征。"由此可见,刘易斯的"二元经济"模型来自欧洲。哈尔珀琳:《现代欧洲的战争与社会变迁:大转型再探》,南京:凤凰出版集团,江苏人民出版社,2010 年,第 47 页。

④ 哈尔珀琳:《现代欧洲的战争与社会变迁:大转型再探》,南京:凤凰出版集团,江苏人民出版社,2010 年,"英文版前言"第 9 页。

和哈尔珀琳的分析框架统一起来。资本对剩余价值的追求推动着它不断扩张,把非资本主义世界带入资本主义世界,把非资本控制的领域带入资本控制的轨道。"资产阶级在它已经取得了统治的地方把一切封建的、宗法的和田园诗般的关系都破坏了。它无情地斩断了把人们束缚于天然尊长的形形色色的封建羁绊,它使人和人之间除了赤裸裸的利害关系,除了冷酷无情的'现金交易',就再也没有任何别的联系了。"①资本的扩张(表象为"自律的市场体系")摧毁了原有的以社区为基础的经济及其社会福利体系,把一切都商品化,包括为了在市场上出卖而生产出来的真实商品和劳动力、土地、货币等虚拟商品(波兰尼的区分)。而社会底层在资本扩张过程中遭受的苦难和剥夺最为深重,因此,资本的扩张遭到来自社会底层的最强烈的抵抗(反向运动)。为了有效抵制这些抵抗,资本借助其控制的国家机器打击社会底层的反抗,实施对内抑制政策,"能够有效地将工人们排除在政治生活和经济进步的各种机会之外"②。由于工人们没有权力享受经济进步的好处,导致社会消费不足,剩余价值实现成为问题,从而导致了资本控制下的资产阶级国家的对外扩张,以使非资本主义世界成为其产品的销售地和原材料基地,以解决剩余价值的实现和平均利润率降低问题。但是,此种发展方式因为社会底层的反抗和帝国主义国家间的战争的双线抵抗而难以为继,最终导致波兰尼所谓19世纪欧洲"百年和平"体系的崩溃。

综上所述,无论是波兰尼的"双向运动",还是哈尔珀琳的"二元体系",它们实际上都内生于资本逻辑或者说资本主义制度。波兰尼的分析由于缺乏阶级这一重要历史推动主体,而无法判断社会历史演进的方向和路径,因为,它们是由阶级力量的对比所决定的。他也只能用所谓的"百年和平"来掩盖资本主义国家频繁发动的对外战争和国内的暴力冲突。哈尔珀琳利用阶级分析方法有效地弥补了波兰尼的不足,指出工业资本主义的扩张必然导致对内抑制和对外扩张的"二元体系",而这种体系将因内部底层的抵抗

---

① 《马克思恩格斯文集》(第2卷),北京:人民出版社,2009年,第33—34页。
② 哈尔珀琳:《现代欧洲的战争与社会变迁:大转型再探》,南京:凤凰出版集团,江苏人民出版社,2010年,第14页。

和帝国主义国家间的战争而崩溃,解决这一问题依靠阶级力量对比关系的改变。但是,这可能导致社会历史变迁的循环论。因此,要想从根本上解决资本逻辑给经济社会带来的深重灾难和危机,如马克思、恩格斯所言,就必须推翻资本主义制度。

三、社会主义市场经济体制与二元体系

改革开放以来,社会主义市场经济体制的建设,一方面的确推动了社会生产力的极大发展,创造了"中国奇迹",而另一方面,国内外资本推动的市场化扩张也必然带来对内抑制和对外扩张的二元体系,这种对内的抑制必然导致劳资分配不均,"中国奇迹"般增长的利益主要为少数一部分所获取,而为了解决收入分配不均所导致的剩余价值的实现问题,中国形成了以出口为导向的发展模式,经济外向程度不断提升。

20世纪70年代,"二战"后形成的"镶嵌型自由主义"遭遇危机,导致新自由主义的崛起,而新自由主义的本质是阶级力量的重建。

第二次世界大战改变了精英阶层与社会底层的力量对比,在凯恩斯主义框架下,西方发达资本主义国家实现了资本家和劳工之间的阶级妥协,形成了所谓的"镶嵌型自由主义",即"市场进程和企业公司活动处于社会和政治约束的网络之中,处于监管的环境之中——这种网络和环境有时限制,但是更多情况下是引导了经济和产业策略"[①]。以凯恩斯主义为指导,政府财政和货币政策广泛用来平抑经济周期波动,并确保充分就业。同时,通过社会保障制度、教育普及政策等社会政策限制自我控制的市场对社会的破坏。这种"镶嵌型自由主义"在20世纪50—60年代推动了发达资本主义国家的高增长,但是,20世纪60年代末,特别是70年代的"滞胀"摧毁了它。"滞胀"摧毁了社会底层和上层统治精英之间的平衡,既威胁到其政治统治,又严重威胁其经济利益。美国收入最高的1%人口收入在总收入中占比由"二

---

① 哈维:《新自由主义简史》,上海:上海译文出版社,2010年,第13页。

战"前的16%持续降低,20世纪60年代降低到8%。① 因为,持续增长的经济保证了上层精英绝对收入的稳定上升。但是,"滞胀"的到来使上层精英所控制的资产迅速缩水。为此,上层统治精英利用新自由主义理念保护自己的政治和经济利益。他们宣称,政府过度干预经济导致的政府失灵是产生"滞胀"的根本原因,增强市场灵活性,特别是劳动力市场灵活性,打击工会、减少工人各种福利、保险和救济等保护性措施,才可能走出"滞胀"。② 随着新自由主义政策的实施,美国收入最高的1%人口的收入在总收入中占比迅速上升,到20世纪末期,达到了15%。③ 工人和行政总裁的平均收入比率则从1970年的30∶1上升到了2000年的将近500∶1。不仅美国如此,其他发达国家也大同小异。英国收入最高的1%人口收入在总收入中占比从1982年起翻了一番,从6.5%上升到13%。④ 因此,杜梅内尔和列维认为,新自由主义政策本质上就是重新恢复上层统治精英们的阶级权力的计划。⑤

充分利用资本主义世界体系边缘地带的劳动力,是恢复发达资本主义国家上层统治精英阶级权力的重要一环。从资本主义的发展史看,资本通过技术创新推动了工人的"去技能化",同时,通过机器对劳动力的替代,制造了大量的产业后备军,资本降低了工人的谈判权力。即便如此,资本主义中心地带仍然有大量劳动力集中于劳动密集型产业和价值链中的劳动密集

---

① Gérard Duménil and Dominique Lévy. Neo-liberal Dynamics:Toward a New Phase?. in K.van der Pijl et al.(eds.). Global Regulation:Managing Crises after the Imperial Turn [M], New York:Palgrave Macmillan,2004,pp41-63.

② 凯恩斯主义认为,"大萧条"是市场失灵的结果。由此,新自由主义对"滞胀"的解释与凯恩斯主义对"大萧条"的解释截然相反。

③ Gérard Duménil and Dominique Lévy. Neo-liberal Dynamics:Toward a New Phase?. in K.van der Pijl et al.(eds.). Global Regulation:Managing Crises after the Imperial Turn [M], New York:Palgrave Macmillan,2004,pp41-63.

④ 哈维:《新自由主义简史》,上海:上海译文出版社,2010年,第19—20页。

⑤ Gérard Duménil and Dominique Lévy. Neo-liberal Dynamics:Toward a New Phase?. in K.van der Pijl et al.(eds.). Global Regulation:Managing Crises after the Imperial Turn [M], New York:Palgrave Macmillan,2004,pp41-63.

型环节,"二战"后工会力量的增强,又进一步增强了非熟练劳工的谈判权力。为了恢复资产阶级统治精英的权力,20世纪70年代以来,资产阶级把劳动密集型产业和价值链中的劳动密集型环节转移到发展中国家或资本主义边缘地带,通过这种空间重构,资本降低了发达国家或核心地区非熟练劳工的谈判权力。① 因此,20世纪70年代以来的全球化进程既助推了资本对权力的争夺,又是这一进程的副产品,二者相互作用,相辅相成。中国1978年开始的改革开放与发达资本主义世界的转型正好契合,以至于哈维说:"将来的历史学家或许会把1978—1980这几年视为世界社会史和经济史的革命转折点。"② 自此,中国被卷入全球资本主义体系之中,成为资本全球化的重要一环,这既推动了中国奇迹般的增长,又使中国劳动力成为跨国资本获取剩余价值的源泉,而资本对劳动、自然的剥夺给中国经济社会带来了严重不平等、资源环境和腐败等问题,即出现了两极共生现象。

尽管中国改革开放伊始没有明确的目标体系、路线图和时间表,但是,中国改革的实践和对外开放推动了中国向市场经济体制的迈进。1978—1984年,家庭联产承包责任制迅速在中国农村推开,农业总产出增长了42.23%,农民剩余的农产品大大增加,客观上推动了农产品市场的发展。而家庭联产承包责任制的实施也使隐性的农村剩余劳动力显性化,推动了劳动力市场的逐步形成。1984年开始的城市国有企业改革是从放权让利开始的,允许国有企业在完成计划外进行生产,超产部分收益按照一定规则在企业和国家之间进行分配,这形成了计划与行政资源配置体系之外的大量超计划产品,导致了产品市场的逐步形成。由此,中国形成了独具特色的"双

---

① 因此,西方社会学界认为出现了"双重危机",即劳工运动本身的危机及劳工研究的危机。但是,当代美国著名劳工社会学家Burawoy仍然坚持工人阶级的历史地位与作用,坚持生产中心性的立场与观点,从产业工人阶级的"国际重组"视角看待当代工人阶级,尽管产业工人阶级在某些最为发达的国家的经济、政治和社会生活领域中归于沉寂,但是却在广大发展中国家和转型国家迅速崛起。发展中国家和转型国家正在成为全球产业工人阶级的复兴基地。转引自沈原:《社会转型与工人阶级的再形成》,《社会学研究》,2006(2),第13—36页。

② 哈维:《新自由主义简史》,上海:上海译文出版社,2010年版,第1页。

轨制",即计划与行政的资源配置体系和市场体系的并存,但是,随着超计划生产的迅速扩张,计划与行政的资源配置在总产出中比重不断降低,中国最终实现了"双轨制"的并轨。农村的家庭联产承包责任制的推行和乡村工业的崛起,城市国有企业放权让利、承包制和现代企业制度的改革与非国有经济的扩张,推动了中国经济的奇迹般增长。

但是,市场在农村和城市的扩张也摧毁了传统的以社区、单位为基础的社会福利体系,把广大的农民、城市集体企业职工、中小国有企业职工等变成了劳动力市场上依靠出卖劳动力为生的劳动者,而国内外资本在对他们的剥削基础上迅速扩张。从宏观层面看,资本对劳动的剥削体现在,国民收入初次分配中劳动所占份额的降低。李稻葵等的研究揭示,"从全国的数据分析来看,在初次分配中劳动份额从 1992 开始到 1996 年略有上升,然后逐年下降。可以说从中国宏观经济数据来看,劳动所得的比重在上个世纪 90 年代中期以后是逐步下降的。"①从微观层面看,资本对劳动的剥削表现在工人的工资增长缓慢,特别是非熟练劳动力的工资。中国的农民工绝大多数属于非熟练劳动力,其工资水平能很好说明资本对劳动的剥削。根据广东省总工会 2005 年的一项调查,1992—2004 年的 12 年间,中国农民工的月工资仅提高了 68 元,13.2%的进城务工人员入不敷出,63.2%的人没能攒下多少钱。② 卢锋根据各种现有文献和资料,系统整理了 1979—2010 年的中国农民工工资走势,并利用消费物价指数测算了实际工资走势,指出:"实际工资在 20 世纪 80—90 年代波动很大,具体观察可分为三个阶段:一是 80 年代,波动中有明显增长,到 80 年代后期上升约六成,年均增长率约为 6%。二是 80 年代末到 90 年代末,除去少数年份如 1992—1993 年实际工资有明显增长外,整体来讲,似乎没有增长。三是进入 21 世纪后,农民工实际工资增长较快,2001—2010 年间用 1978 年物价衡量的不变价工资,从 131 元增

---

① 李稻葵、刘霖林、王红领:《GDP 中劳动份额演变的 U 型规律》,《经济研究》,2009(1),第 73—74 页。

② 参见《珠三角农民工 12 年来工资增长仅 68 元》,http://finance.qq.com/a/20051116/000715.htm。

长到316元,年均增长率约为10%。"① 微观层面非熟练劳动力的工资走势研究支持了宏观层面的研究,即在国民收入分配中,劳动所占比例在降低。

在二元特征明显的中国,资本对劳动的剥夺还表现在城市对农村的剥夺上。② 按照马克思理论,工资的本质是劳动力价值或价格,而"劳动力的价值也是由生产从而再生产这种独特物品所必要的劳动时间决定的"③,具体包括三个部分:劳动者自身生存所需生活资料、劳动者养活子女所必需的那部分生活资料、劳动者接受训练和学习所支出的费用。但是,资本对中国农民工的超经济剥削大量存在,如把养活劳动者子女的工作留给传统农村,劳动者失业和年老时让他们回到农村,等等。沈原在研究中国工人阶级的形成时,把工人阶级区分为老工人和新工人两种类型,其中前者指前国有企业职工,而后者指农民工,他认为他们存在不同的再生产机制。"'新工人'的家庭在农村地区,他们往往是只身前来城市工作。这就造成了他们所遵循的劳动力再生产模式是'拆分型'的:就是在他们能够在城市和东部新兴工业地带找到工作的最好的情形下,他们的工资收入也多半只是包括了他们自身劳动力再生产的费用。赡养老人、抚育后代、居住、教育甚至医疗等的费用,大多并未计算在他们的工资收入之内。上述这些原本属于劳动力再生产模式题中应有之义的重要内容,被'新工人'的雇佣者剔除出来,交给他们在农村地区的家乡来承担。这种'拆分型'的劳动力再生产模式,决定

---

① 卢锋:《中国农民工工资走势:1979—2010》,《中国社会科学》,2012(7),第64—65页。

② Lipton说:"现今,世界上最贫穷国家中最严重的阶级对立不是发生在劳资之间,也不是存在于外国利益集团与国内利益集团之间,而是存在于农村阶级和城市阶级之间。农村集中了大部分贫困和大部分潜在低成本资源,但是城市集中着大部分能言善辩的人、组织团体和权利。因此,在与农村阶级的较量中,城市阶级已经有能力取得大部分'胜利';但是,他们取得大部分'胜利'的同时,已经造成发展进程中不必要的缓慢与不公平。"Lipton Michael. Why Poor People Stay Poor: Urban Bias in World Development[M]. Cambridge, MA: Harvard University Press, 1977.

③ 马克思:《资本论》(第一卷),北京:人民出版社,2004年,第198页。

了'新工人'有可能承受较之'老工人'低廉得多的工资。"① 除改革开放初期的 1978—2984 年,中国的城乡居民收入差距持续增加。图 7-5 描述了

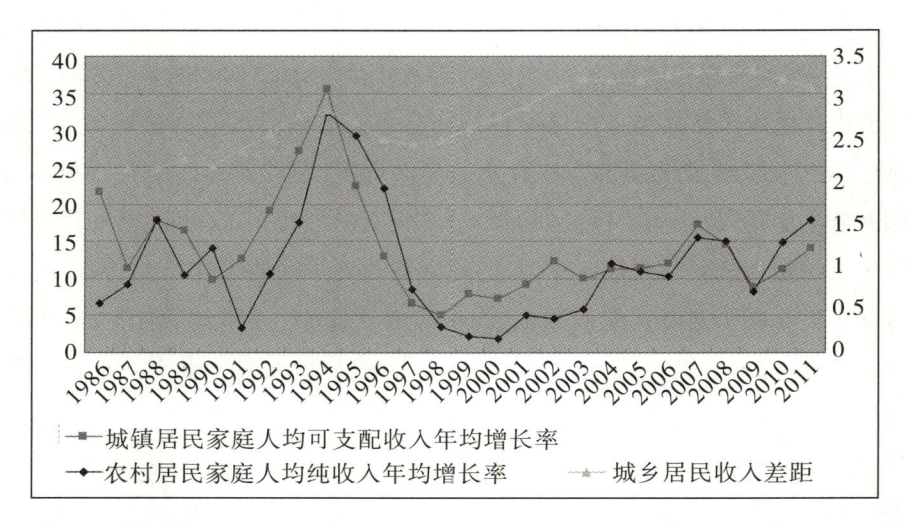

图 7-5　中国城乡居民收入差距：1986—2011 年②

1986—2011 年中国城乡居民收入差距的演变轨迹,城乡居民收入差距从 1986 年的 2.12 上升到 2009 年的 3.33,随后降低到 2011 年的 3.13。就世界比较看,中国也许是世界上城乡差距最大的国家或地区。③ 城乡居民收入差距的持续上升源于农村居民家庭人均纯收入的年均增长率低于城镇居民家

---

① 沈原：《社会转型与工人阶级的再形成》，《社会学研究》，2006(2)，第 31—32 页。潘毅和任焰的研究同样指出，"政府通过户籍制度将城市中的人口分为常住人口和暂住人口，对于在城市中打工的暂住人口——即农民工，城市无须承担其住房、教育、工作保障以及其他环境基础设施及福利等集体性消费资料以维持其长期的劳动力再生产。而且，一旦工业化和城市化的发展带来的产业结构升级不再需要他们的非技术性劳动，一旦他们与某个具体企业之间的合约期满，这些农民工就不得不返回农村老家或者去别的地方寻找另一份临时性工作。"潘毅、任焰：《农民工的隐喻：无法完成的无产阶级化》，http://wen.org.cn/modules/article/view.article.php/2089。
② 数据来源：国家统计局：《中国统计年鉴-2012 年》，北京：中国统计出版社，2012 年。
③ 参见王绍光：《大转型：1980 年代以来中国的双向运动》，《中国社会科学》，2008(1)，第 135 页。

庭人均可支配收入的年均增长率,图 7-5 表明,除了极少数年份,1986—2011 年间前者普遍低于后者。

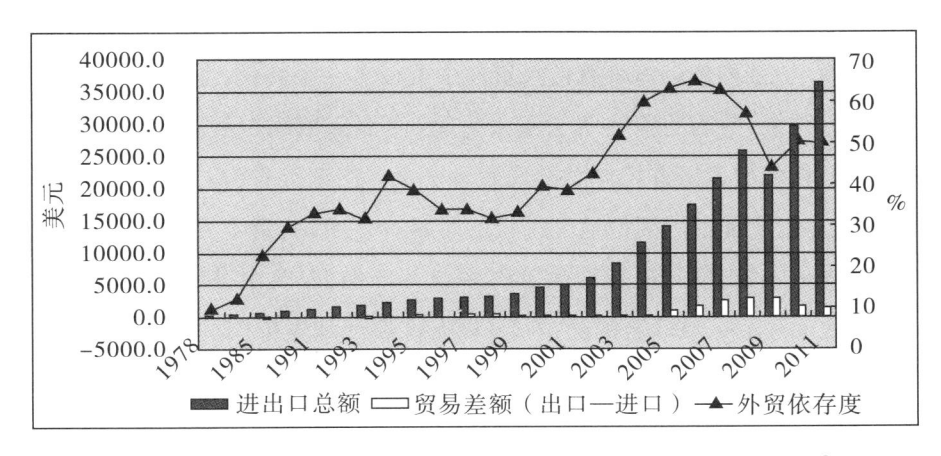

图 7-6 中国的进出口总额、贸易差额和外贸依存度:1978—2011 年①

资本通过低工资加强对中国劳工的剥削,实现了快速的资本积累,但是,这种过度剥削导致剩余价值的实现出现了问题。为此,资本不得不寻求国际市场来解决这一难题,这推动了中国由贸易小国一跃而成为世界第二贸易大国。1978 年,中国进出口贸易总额为 206.4 亿美元,贸易逆差 11.4 亿美元,外贸依存度为 9.74%。随后持续增加,2006 年,中国进出口贸易总额为 17604.4 亿美元,贸易顺差 1775.2 亿美元,而外贸依存度达到最高点 65.17%;2011 年,进出口贸易总额进一步增长到 36418.6 亿美元,贸易顺差 1549 亿美元,外贸依存度降低到 50%。Xing Yuqing 和 Pradhananga 的研究表明,加入 WTO 之后,中国经济对出口和 FDI 的依赖显著增强,出口和 FDI 对经济增长的贡献由 2001 年的 18% 上升至 2004 年的顶峰 49%。虽然 2008 年危机之后出口和 FDI 下滑,经济增长率迅速下滑,但是,中国经济在后危

---

① 数据来源:中华人民共和国国家统计局:《中国统计年鉴-2012 年》,北京:中国统计出版社,2012 年。

机时代仍然高度依赖出口和FDI,其解释了2010年令人印象深刻的复苏的53%。① 改革开放以来的出口导向型发展战略使中国经济迅速融入世界经济体系之中。但是,中国融入世界经济的程度甚至超过了国内区域之间的融合程度。"强烈依赖海外直接投资使中国成了一个特例,与日本或韩国相当不同。结果,中国的资本主义不太完整,内部区域间贸易发展非常薄弱,哪怕已经在新型通讯方式方面投入大量资金。广东等省份与外国进行的贸易,远远多于它和中国其他地区进行的贸易。在中国,资本并不会轻易地从一处流向另一处,虽然最近发生了许多合并行为,以及由政府主导的、在不同省份之间建立区域联合的尝试。"② 根据许召元和李善同的研究,2002年,广东省的省外调出依存度、省外调入依存度、出口依存度、进口依存度分别为37.1%、36.8%、68.1%、61.5%,上海分别为58.4%、40.3%、55.5%、67.5%,这一研究成果从侧面证实了哈维的判断。③

---

① 参见 Yuqing Xing and Manisha Pradhananga. 2013. How Important are Exports and Foreign Direct Investment for Economic Growth in the People's Republic of China? [R/OL]. ADBI Working Paper 427. Tokyo: Asian Development Bank Institute. http://www.adbi.org/working-paper/2013/07/01/5774.exports.fdi.economic.growth.prc/。

② 哈维:《新自由主义简史》,上海:上海译文出版社,2010年版,第158页。

③ 许召元、李善同:《中国2002年省际间贸易估计》,《第四届(2009)中国管理学年会——城市与区域管理分会场论文集》,第17—34页,2009年11月14日,http://www.cnki.net/KCMS/detail/detail.aspx? QueryID = 1&CurRec = 1&recid = &filename = ZGUH200911007003&dbname = CPFD0911&dbcode = CPFD&pr = &urlid = &yx = &v = MDI1MjluanFxeGRFZU1PVUtyaWZadVZ2SHlqbFVMekpJRndVUHlyZVpyRzRIdGpOcm85Rlkrc1BEeE5LdWhkaG5qT2hU。当然,他们认为中国区域间贸易是推动经济发展的重要因素,按照他们的计算,2002年,中国的出口依存度为22.4%,而国内省际贸易额达5.67万亿元,占GDP比重为47.0%,是出口依存度的2倍多。但是,2002年的对外贸易依存度为42.7%,比省际贸易依存度稍低。他们的研究同时揭示,2002年外贸依存度高的省、直辖市和自治区主要在沿海地区,而内陆地区的外贸依存度普遍低于省际贸易依存度。徐现祥和李郇利用铁路货运数据的研究证实,中国省际贸易模式存在内需导向和外需导向两种,铁路货运是由内陆净流向沿海省份的,表明存在为外贸而内贸的省际贸易。徐现祥、李郇:《中国省际贸易模式:基于铁路货运的研究》,《世界经济》,2012(9),第41—60页。

四、社会的保护性运动与转变发展方式

与欧洲当年相似,改革开放以来中国的这种发展模式在21世纪以来遇到了国内外的双线抵抗。从国内看,社会底层对没有任何保护的、彻底的商品化的反抗越来越激烈。从国际看,随着冷战结束以及近来的欧美危机,反对中国的所谓"新重商主义"的声浪一浪高过一浪。为了应对这一挑战,中国共产党和政府主动应战,提出了转变发展方式的重要战略:通过覆盖城乡的社会保护网的建设,推动以内需为主的国家价值链和国内大循环经济的形成,走共同富裕的发展道路。

出口导向型发展战略推动中国走出贫困陷阱,成为中等收入国家,但是,它没法使我们成为高收入国家;它使中国成为制造业大国,但是,我们无法依靠它成为制造业强国。第一,国际地缘政治格局的转变要求我们由出口导向转向内需为主的发展战略。20世纪70年代末改革开放伊始,西方世界资本主义的转型需要中国平衡国内劳资力量,更关键是中国成为制衡苏联的重要力量。但是,随着苏联、东欧的崩溃,中国由战略合作伙伴变成了战略竞争对手,西方世界千方百计地阻挠我们的崛起,更遑论为中国的出口提供市场了。① 第二,要素、资源和环境禀赋不足以继续支撑我国实施出口导向型战略。随着改革开放以来的高速经济增长,资源越来越稀缺,要素成本越来越高,环境越来越差,我国在中、低端制造业的竞争优势正逐渐变成竞争劣势,迫切要求我们进行产业升级。但是,西方世界又怎会轻易地让出他们所控制的高端制造业市场。为此,我们必须依靠国内市场,锻造国家价值链实现产业升级。第三,过度依靠国外市场的经济,容易受国际经济波动的冲击。美国2007年次贷危机和欧洲债务危机对中国经济的冲击就是最好的证明。为此,新世纪伊始,我国就试图通过构建覆盖城乡的社会保护网来提升居民收入水平,提振国内市场消费。而美国次贷危机加速了这一进程,"而2009年以来社会保障体系建设步伐明显加快、公共投入力度持续加大、

---

① 近年来,欧美日对中国层出不穷的"双反"调查、技术出口限制、"汇率操纵论"等,其本质都是对中国崛起的战略限制。

社会保障惠及全民的广度显著扩张的事实,则表明了中国社会保障制度改革正在从长期试验性状态走向定型、稳定、可持续发展的新阶段,一个惠及全民的社会保障体系快速形成,这应当是近几年国家发展进程中最为重大的成就"①。

1978年以来,市场化取向的改革推动中国迅速从伦理经济转向市场社会。王绍光指出,这一过程经历了三个阶段:1979—1984年,市场出现阶段,其间零星的商品交易市场开始出现;1985—1992年,市场制度出现阶段,其间一套相互关联的市场制度开始出现;1993—1999年,市场社会出现阶段,其间市场制度开始渗透到非经济领域。"经过这三个阶段的转变,伦理经济的格局逐步瓦解。各级财政之间的关系从'大锅饭'变为'分灶吃饭';政府财政与企业之间的关系从'软预算约束'变为'硬预算约束';在给农民生产自由的同时,农村实行的大包干解除了集体对个体的责任;劳动用工制度的改革打破了城镇职工的'铁饭碗'。随着农村里的村庄和城镇里的单位逐渐剥离社会职能,演变为纯粹的经济机构,村民和职工的生老病死、福利待遇便失去了保障,必须靠个人花钱购买。"②可以说,在新世纪以前,我国只有经济政策,而没有社会政策。但是,市场社会对计划经济体制下的社会保护网的破坏,使每个人都不得不直面市场社会风险的冲击,收入增长的同时安全感、幸福感没有提升,从而激起了社会底层的反抗。改革开放的总设计师邓小平同志很早就认识到了这种危险,"社会主义的目的就是要全国人民共同富裕,不是两极分化。如果我们的政策导致两极分化,我们就失败了"③。为应对这一挑战,新世纪伊始,中国共产党领导的政府积极推进社会政策,加速了社会生活的"去商品化"进程,试图把经济关系重新"嵌入"到社会关系之中。在新世纪十年高歌猛进的社会建设中,覆盖城乡的社会保护网初步建立。

---

① 郑功成:《中国社会保障改革与发展》,《光明日报》,2012年11月20日第015版。
② 王绍光:《大转型:1980年代以来中国的双向运动》,《中国社会科学》,2008(1),第131页。
③ 中共中央文献研究室:《邓小平思想年谱》,北京:中央文献出版社,1998年,第311页。

表 7-1 新世纪以来的主要社会政策①

年份	主要社会政策
2002	城市最低生活保障实现全覆盖
2003	支持"三农",进行农村税费改革;振兴东北老工业基地;筹建新型农村合作医疗体系
2004	降低农业税,推出农村"三项补贴";促进中部地区崛起;新农合开始试点
2005	部分取消农业税
2006	全面取消农业税,推出农业综合补贴;免除西部地区农村义务教育学杂费;试行城市廉租房
2007	全国农村义务教育免费,全面推进新型农村合作医疗,全面推进廉租房,全面推进农村低保,开始推行城市全民医保
2008	城乡义务教育全免费;参加新农合人口 8.14 亿,参合率 91.5%
2009	试行新型农村社会养老保险
2010	《社会保险法》出台
2011	试行城镇居民社会养老保险
2012	新农保、城镇居民养老保险全覆盖

表 7-1 简单罗列了新世纪以来出台的重要社会政策,按照王绍光的研究,我们可以把这些社会政策分为两类:一类目标是降低不平等的,一类目标是减少不安全的。②

市场化导向的改革使中国收入分配状况恶化,基尼系数由 1978 年的 0.3 左右上升到 2008 年的 0.491,随后逐步回落至 2012 年的 0.474。对不平等的分解研究发现,城乡收入差距和地区收入差距是导致中国收入分配状况恶化的重要诱因。为了有效地缩小中国的区域差异,1999 年实施西部大开发战略,2003 年实施振兴东北老工业基地战略,2004 年实施促进中部地区崛起

---

① 在王绍光文中表格基础上作适当修改。王绍光:《大转型:1980 年代以来中国的双向运动》,《中国社会科学》,2008(1),第 133 页。
② 王绍光:《大转型:1980 年代以来中国的双向运动》,《中国社会科学》,2008(1),第 133 页。

战略。通过三大区域政策的实施，中央政府加大了对中西部地区财政转移支付的力度，重点工程投资向中西部地区倾斜，促进了中西部地区的发展，有效缩小了中西部和东部地区之间的差距。以西部大开发为例，2000—2009年，国家在西部重点工程累计投资达2.2万亿元，中央财政对西部地区转移支付超过3万亿元。国家通过加大对西部地区交通、水利、能源、通信、市政等基础设施建设的支持力度，2000—2009年累计新开工建设120个重点工程，其中青藏铁路、西气东输、西电东送、国道主干线西部路段和大型水利枢纽等一批重点工程相继建成，极大地改善了西部基础设施状况。西部大开发前，西部地区公路通车里程只有53.3万公里，2009年达147.7万公里。青藏铁路的通车，填补了我国唯一不通铁路省区的空白。西部12个干线机场和30个支线机场实施了大规模改扩建，新建21个支线机场，缩短了西部与其他地区的距离。① 图7-7描述了1978—2011年的东部和西部、东部和中部地区的实际人均GDP之比，从中可以看出，20世纪90年代以来，无论东中还是东西的实际人均GDP之比都持续上升，20世纪末、21世纪初趋于稳定，而21世纪头10年的中期趋于下降，2011年，无论东西差异还是东中差异都低于改革开放初期。

为了有效缩小城乡差距，新世纪以来中央政府采取了"多予、少取、放活"的农村政策思路。就"少取"而言，2003年，中央政府启动了农村税费改革，2006年完全取消了农业税。与农村税费改革前相比，全国农民年均税费负担减少1335多亿元。② 就"多予"而言，不仅财政支农资金持续增长，而且逐步形成了完善的财政支农体系。1997年，中央财政用于"三农"的资金不到700亿元，2001年上了一大台阶，达1900亿元，经过随后两年的停滞之后，2004年进一步提高到2626亿元，此后保持了持续增长趋势，2010年达

---

① 参见李子彬：《开局良好 基础坚实——西部大开发10年成就回顾》，《资源环境与发展》，2013(2)，第17—18页。
② 参见谢旭人：《构建完善财政支农政策体系 谱写"三农"科学发展新篇章》，http://www.mof.gov.cn/zhengwuxinxi/caizhengxinwen/201210/t20121029_690374.html。

8579.7亿元,2011年超过万亿元,达10408.6亿元。① 据财政部部长谢旭人提供的资料,2003至2012年,中央财政累计安排"三农"支出约6万亿元,年均增幅超过20%。② 同时,中央财政逐步形成了以种粮直补、农资综合补贴、良种补贴和农机购置补贴等四项补贴为基础,粮食在内的主要农产品重点大县、农业产业化龙头企业、种养大户和农民专业合作组织等补贴为辅的农业补贴体系。正是中央政府的支农政策,使20世纪80年代中期以来城乡收入差距持续上涨的趋势得到了遏制,2009年达到最高点3.3之后开始降低。

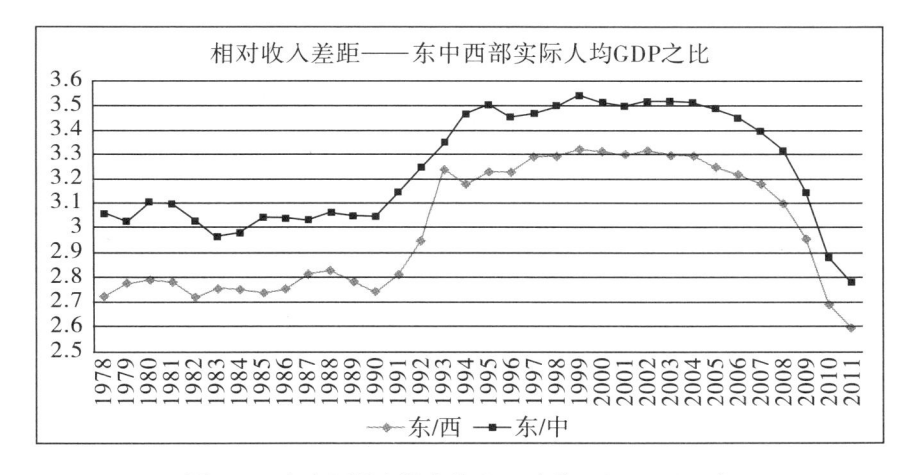

图7-7 东中西部实际人均GDP之比:1978—2011年

现代市场经济的运行过程中充满着各种风险和不确定性,个人常常难以抵御,社会保障制度应运而生。改革开放以前,农村的社队和城镇的单位帮助我们抵御这些风险。改革开放后,在市场扩张的冲击下,社队和单位逐步瓦解,国家-单位的保障体制被摧毁,我们被迫直面市场波动带来的巨大风险,而20世纪80—90年代,追求效率优先的中国政府并没有足够重视自

---

① 1997—2004年数据来自王绍光论文。2010、2011年数据来自经济观察网网络公告。王绍光:《大转型:1980年代以来中国的双向运动》,《中国社会科学》,2008(1),第136—137页;《今年财政支农超2.5万亿,资金监管需加强》,http://www.eeo.com.cn/2012/0204/220286.shtml。

② 参见谢旭人:《构建完善财政支农政策体系 谱写"三农"科学发展新篇章》,http://www.mof.gov.cn/zhengwuxinxi/caizhengxinwen/201210/t20121029_690374.html。

身在这方面的责任。① 但是,社会底层面对市场风险时的无助催生了大量社会问题,要求中国政府作出回应,因此,20世纪90年代末期,特别是新世纪以来,国家-社会保障体制建设明显加快,以社会救助、社会保险和社会福利为支柱,商业保险、慈善事业为补充,覆盖人民养老、医疗、失业、工伤、生育、教育等的社会保障体系基本形成。

表7-2比较了2000年和2012年"五险"覆盖面、收入和支出。从覆盖面看,新世纪以来参保人数增长迅速,覆盖面迅速扩张。从基金实力看,由于覆盖面的迅速扩张,基金增长迅速。2000年"五险"总收入2644.2亿元,占GDP比重2.67%,2012年高达28910亿元,占GDP比重高达5.57%;2000年"五险"总支出2384.4亿元,占GDP比重2.40%,2012年高达22182亿元,占GDP比重高达4.27%。"五险"总收入和总支出占GDP比重由2000年的5.07%迅速上升到2012年的9.84%。图7-8描述了中国社会服务事业费支出及其占当年国家财政支出的比重。2000年,社会服务事业费支出229.70亿元,占当年国家财政支出比重达1.50%;2012年该项支出增加到3683.70亿元,占当年国家财政支出比重达2.92%。社会服务事业费支出的增长,反映了各项社会服务事业在新世纪以来的迅速发展,有效地帮助人民抵御了市场经济带来的各种风险。以城市和农村低保制度为例,1993年上海市率先推出城市最低生活保障制度,1997年在全国推开,但进展缓慢,2001年成为转折点,当年底低保覆盖面达1170万人,2002年底达到2054万人,基本做到了应保尽保,此后基本维持在2200万人。2012年,城市低保户1114.9万户,2143.5万人,全国城市低保平均标准330.1元/人·月,比上年增长14.8%。1997年,广东、浙江等部分经济发达的省份开始建立农村低保

---

① 郑功成指出:"从总体上看,这一制度的变革可以分为五个阶段:1985年之前是改革准备阶段,原有制度因经济改革而难以为继,各地都在盲目中自发试验。1986年至1992年进入改革时代,但强调为国有企业改革配套,新制度缓慢生长。1993年至1997年是作为市场经济体系支柱之一,带着明显追求效率优先的烙印,曾一度对社会保障制度的信誉与政府的信用造成巨大冲击。"郑功成:《中国社会保障改革与发展》,《光明日报》,2012年11月20日第015版。

制度,2004年,中央一号文件要求有条件的地方建立农村低保制度,2007年中央一号文件要求年内在全国范围内建立农村低保制度。2012年底,全国有农村低保对象2814.9万户,5344.5万人,比上年同期增加38.8万人,增长了0.7%。全年各级财政共支出农村低保资金718.0亿元,比上年增长7.5%,其中中央补助资金431.4亿元,占总支出的60.1%。2012年全国农村低保平均标准2067.8元/人·年,比上年提高349.4元,增长20.3%。[①]

表7-2 2000和2012年"五险"覆盖面、收入和支出比较[②]

覆盖面(万人)					
年份	养老	医疗	失业	工伤	生育
2000	13618	4332	10408	4350	3002
2012	30427	53641	15225	19010	15429
收入(亿元)					
2000	2278	170	160	25	11.2
2012	20001	6939	1139	527	304
支出(亿元)					
2000	2115	124	123	14	8.4
2012	15562	5544	451	406	219

总之,改革开放以来,国际和国内资本推动市场在中国迅速扩张,一方面带来了中国经济奇迹般的增长,另一方面,由于资本追逐剩余价值最大化的本性,必然导致在市场扩张过程中资本对社会底层的压制和剥夺,同时通

---

① 数据来源:中华人民共和国民政部:《2012社会服务发展统计公报》,http://cws.mca.gov.cn/article/tjbg/201306/20130600474746.shtml。

② 数据来源:中华人民共和国人力资源与社会保障部:《2000年度劳动和社会保障事业发展统计公报》,http://www.mohrss.gov.cn/SYrlzyhshbzb/zwgk/szrs/ndtjsj/tjgb/200603/t20060301_69895.htm;《2012年度人力资源与社会保障事业发展统计公报》,http://www.mohrss.gov.cn/SYrlzyhshbzb/dongtaixinwen/shizhengyaowen/201305/t20130528_103939.htm。

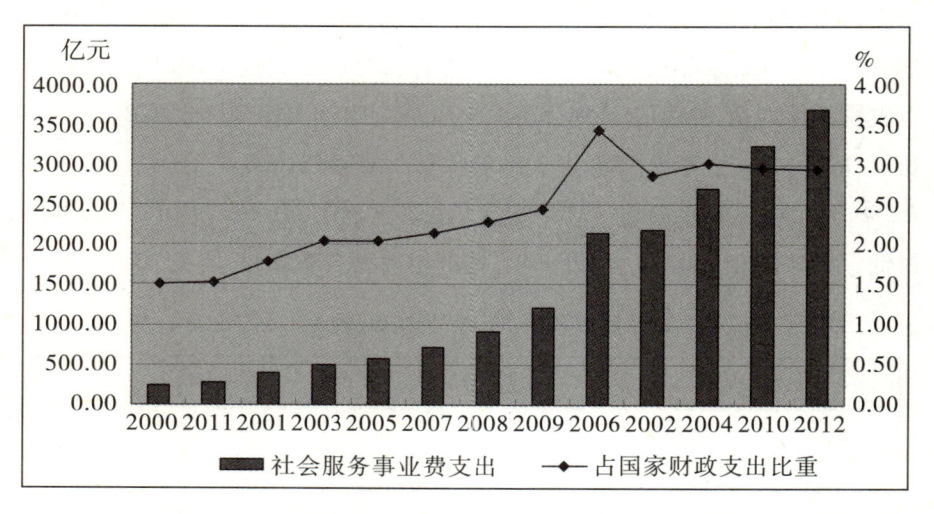

图 7-8　社会服务事业费支出及其占国家财政支出比重：2000—2012 年①

过向国际市场输出产品来解决剩余价值的实现问题。国内外经济形势和国际地缘政治的转变，导致市场扩张过程中的这种二元体系遭遇国内和国外的双重抵抗。因此，中国转变发展方式的本质是从这种对内抑制和对外扩张的二元体系模式向劳资和谐分配模式转变。通过劳资和谐分配，一方面解决改革开放以来迅速恶化的收入分配状况，另一方面解决剩余价值的实现问题，走共同富裕之路。可喜的是，为了回应这一挑战，共产党领导的中国政府主动转变发展方式，通过覆盖城乡的社会保护网的构建，推动以内需为主的国家价值链和国内大循环经济的形成，已经走在正确的道路上了。

---

①　数据来源：中华人民共和国民政部发布的历年社会服务发展统计公报，http://cws.mca.gov.cn/article/tjbg/。

第八章 | 跨越"中等收入陷阱"的战略转变

经过30多年改革开放的发展,中国成功跨越"贫困陷阱",成为中等收入国家。但是,跨越"贫困陷阱"的战略实施过程,既带来了奇迹般的经济增长,也累积了限制经济社会发展的各种障碍。站在新的历史起点上,中国必须彻底转变发展方式,实现发展战略的大调整,才可能顺利跨越"中等收入陷阱",成为发达经济体的一员,以实现中华民族伟大复兴的中国梦。

一、增长方式转变战略:要素积累驱动型转向创新驱动型经济

(一)持续经济增长要求转变增长方式

国富国穷问题一直占据着经济学研究的核心地位。古典经济学家斯密的奠基之作就是研究国民财富的性质及其原因。在《国富论》中,斯密从市场规模与分工的角度探讨了国富国穷之谜。他认为,分工是效率的唯一源泉,而分工受到市场规模的限制。但是,市场规模又由分工决定的,因为分工水平决定了效率,从而决定了人们的收入水平和市场规模,这就是著名的斯密定理和斯密型增长。[①] 但是,古典经济学传统随着"边际革命"转向了新古典,经济研究的重心也由动态经济增长问题转向静态资源配置问题。直到"二战"结束,经济增长问题才重新唤起经济学家注意。哈罗德-多马模型强调了资本积累对经济增长的重要作用,开创了经济增长与发展历史上的"唯资本论"时代。但是,索洛-斯旺的新古典经济增长理论却证明:经济增长率与资本积累无关,长期经济增长率只取决于技术进步。索洛开创性的增长核算及其他经济学家的后续研究证实了这一结论。在进行经济增长核算过程中,索洛发现,经济增长中扣除要素贡献之外,还有很大的剩余,即"索洛残差"。索洛把它归结为科学技术进步的贡献,后来的研究证实了索洛的研究结果。[②] 由此可见,决定经济增长的因素除了各种生产要素投入外,还有科学技术对要素投入效率的重要影响。由此可见,经济增长核算理论认为,经济增长有两种源泉:投资推动的要素积累和技术进步驱动的效率

---

① 斯密定理实际上揭示了经济增长与发展过程中的多重均衡思想。但是,这一思想在主流经济增长理论中直到20世纪80年代才得以复兴。

② 参见Solow.Robert M,1957."Technical Change and the Aggregate Production Function".The Review of Economics and Statistics,Vol.39(3)。

提升,后者又称为全要素生产率(TFP)。

世界经济史中,有不少经济奇迹的故事,如苏联的奇迹、东南亚奇迹、中国奇迹等。但是,要想把这种奇迹式增长持续下去却非常困难,苏联直接崩溃,东南亚于1997年爆发金融危机,皆源于经济增长的天花板效应,即如果经济增长的源泉主要来自要素的积累,那么,伴随要素投入的枯竭和要素边际报酬递减规律(在技术一定条件下),经济增长源泉必将枯竭。因此,如果一国不能实现经济增长方式转变,把增长动力由要素投入转向TFP,该国经济即使有先期的高速增长,也必将最终崩溃。

1993年世界银行发布《东亚的奇迹》报告,对东亚自日本、四小龙,然后四小虎的高速经济增长进行总结,高度赞扬东亚国家取得的成就。但是,就在全世界高度赞扬东亚奇迹式增长时,以克鲁格曼为首的少数经济学家明确指出,东亚无奇迹,因为东亚所谓奇迹式增长只不过是苏联故事的重演。用著名经济学家杨格的话说:"所有上述影响,看上去使(中国香港、新加坡、韩国和中国台湾)生产力表现降低,甚至把这些国家与地区从奥林匹斯山顶拉到了赛萨利平原"①。从表8-1可以看出,亚洲四小龙的TFP表现并不比其他国家出色多少。正因为如此,杨格认为,这些国家的高速增长仍然来自投资推动的要素积累,其高速增长将不可持续。在20世纪90年代初期,这种观点是少数派,并不为大多数经济学家所认同。但是,随着1997年东南亚金融危机的爆发,人们重新审视了这些观点。因此,转变增长方式,即把增长动力由要素积累型转向创新驱动型,是一国经济持续增长的关键战略。

表8-1 亚洲四小龙和其他国家TFP比较

国别与年份	TFP(%)	国别与年份	TFP(%)
中国香港 1966—1990	2.3	意大利 1960—1989	0.5
新加坡 1966—1990	0.2	英国 1960—1989	1.3
中国台湾* 1966—1990	2.1	美国 1960-1989	0.4

---

① Young A.1995."The Tyranny of Numbers:Confronting the Statistical Realities of the East Asian Growth Experience".The Quarterly Journal of Economics,110(3),pp.641-680.

续表

国别与年份	TFP(%)	国别与年份	TFP(%)
韩国*1966—1990	1.7	巴西 1950—1985	1.6
日本 1960—1989	2.0	智利 1940—1985	0.8
加拿大 1960—1989	0.5	墨西哥 1940—1985	1.2
法国 1960—1989	1.5	委内瑞拉 1950—1970	2.6
德国 1960—1989	1.6	—	—

注：*韩国和中国台湾排除了农业部门数据。

资料来源：Young A.1995."The Tyranny of Numbers: Confronting the Statistical Realities of the East Asian Growth Experience". The Quarterly Journal of Economics, 110 (3), pp.641-680.

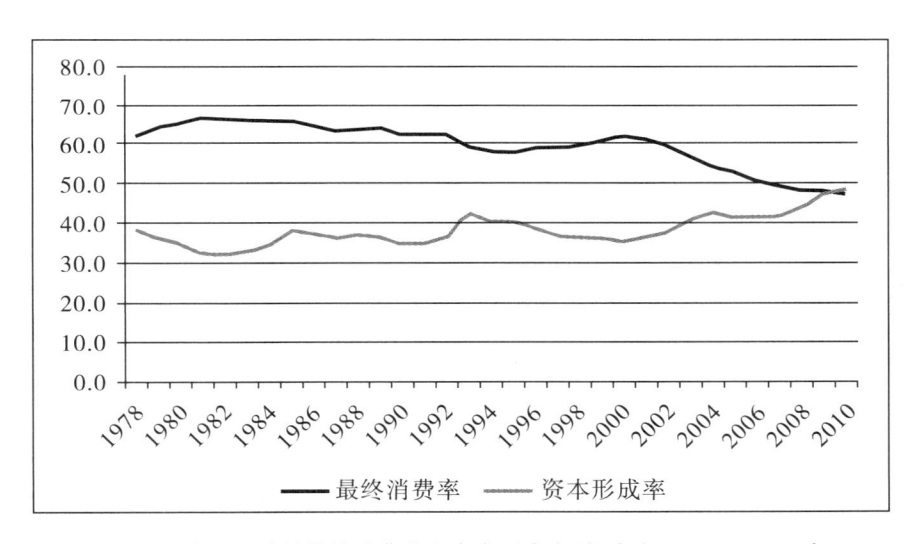

图 8-1 中国经济的最终消费率和资本形成率(投资率)：1978—2010 年

资料来源：中华人民共和国国家统计局：《中国统计年鉴-2011 年》，北京：中国统计出版社，2012 年。

改革开放以来，中国经济获得了奇迹般的增长。但是，中国经济增长的主要动力仍然是投资推动的要素积累，而 TFP 对增长的贡献很小。从图 8-1 可以看出，1978—2010 年，以支出法国内生产总值来衡量，最终消费在国内生产总值的比例由 1978 年的 62.1%降低到 2010 年的 47.4%，最终消费率基本处于持续下降的趋势之中。反观资本形成率,即投资率,从1978年的38.2%增长到2010年的48.6%,净增长了10.4个百分点,接近不可思议50%。按照郭庆旺和贾俊雪的测算,在1979至2004年间,中国经济增长率为年均9.42%,其中TFP增长仅仅贡献了9.46%,而要素投入增长的平均贡献率高达90.54%。TFP对我国经济增长的贡献远远低于同期的3个东亚新兴经济体国家:泰国、新加坡和韩国。[①] 中国经济必须转变增长方式,才可能保持持续、快速、稳定的增长。

（二）中国转变增长方式的政策选择

当一国或地区处于中等收入时,它也处在发生重要变化的时期。因为,使一国或地区走出贫困陷阱的战略和政策难以使它顺利地进入高收入社会,为此,必须进行政策和战略的调整。

当一国或地区处于低收入时,其与国际技术前沿有足够长的距离,因此,该国或地区仅仅需要从国际上引进先进技术,就能够迅速提升劳动生产率,实现快速的经济增长。但是,随着一国或地区走出贫困陷阱,其与国际技术前沿的距离不断缩小,因此,它必须通过自身的技术创新来推动国际技术前沿的扩展,从而带动自身劳动生产率的进步和经济增长。为此,进入中等收入之后,一国或地区要围绕着提升创新能力打造其政策体系,而这要求在教育政策、竞争政策和宏观经济政策等三个方面作出调整。

1. 从基础教育转向高等教育

教育、人力资本与经济增长的内在逻辑联系已经被现有经济增长的实证分析所充分证实。[②] 但是,处于经济发展不同阶段的国家,推动经济快速增长的人力资本层次不同,为此,处于不同发展阶段的国家就应该有不同的教育政策。

[①] 参见郭庆旺、贾俊雪:《中国全要素生产率的估算:1979—2004年》,《经济研究》2005年第6期,第52—60页。

[②] 其中经典之作来自 Mankiw‑Romer‑Weil。Mankiw, Gregory; Romer, David and David Weil .1992."A Contribution to the Empirics of Economic Growth". Quarterly Journal of Economics,25,pp.275-310.

当一国处于低收入阶段时,其主要通过引进国外技术来提升自己的劳动生产率,因此,这一阶段对该国人力资本的要求主要是熟练地使用或操作、维修、消化与吸收等工作。因此,在低收入国家迈向中等收入国家时,该国教育政策的重点是基础教育。① 通过基础教育的普及,提升国民的基本文化水平,适应操作引进的技术的需要,这也与改革开放之后中国经济迅速增长的故事一致。中国改革开放之后,之所以大量国外资本进入中国,一方面是中国庞大的国内市场,另一方面是中国廉价而优质、勤劳的劳动力。改革开放前,中国建设了遍及全国城乡的医疗卫生体系,虽然这一体系保障水平较低,但是足以保证国民健康的体魄。② 同时,遍及城乡的基础教育,虽然水平不高,但是文盲率大大降低,使中国国民拥有了基本的读写能力。这二者保障了改革开放之后的中国有一支健康的、受过基本教育的产业工人,而这正是中国经济改革开放后迅速崛起的重要原因之一。

但是,随着一国从低收入阶段过渡到中等收入阶段,其与国际技术前沿的距离缩小了,因此,它不得不通过创新来推动经济增长,而创新型人才的培养依靠一国高等教育水平。在战后西欧对美国的追赶过程中,最初西欧追赶的速度很快,不断缩小与美国的差距,但是,到20世纪80年代之后,二者的差距不但没有缩小反而拉大,追赶的趋势发生了扭转。对于这种逆转,阿洪领导的团队研究认为,西欧在高等教育上的投入不足是重要原因。1999—2000年的数据表明,在美国,年龄在25—64岁之间的人口中完成了高等教育的比重为37.3%,而西欧只有23.8%。同时,美国在高等教育上的

---

① 但是,在很多低收入发展中国家,教育政策的重点恰恰在高等教育。而在这些低收入的发展中国家,高等教育培养的人才由于在国内没有合适的工作环境,其研究的高精尖技术也难以适应落后国家的需要,往往导致大量的知识外流。虽然落后国家认识到这一问题,但是由于教育投入向高等教育倾斜符合该国精英阶层的利益,因此,精英阶层往往利用其掌控的政治权力推行这一政策,这就是明明不合理的政策却能够得到推行的政治经济学原理。

② 世界卫生组织曾经专门发文向广大发展中国家推广中国农村合作医疗制度。World Health Organization.1983."Primary Health Care:the Chinese Experience:Report of An Inter-regional Seminar".Geneva:World Health Organization.

支出占 GDP 的比例为 3%,而西欧仅有 1.4%。他们的实证研究证实,随着一国接近国际技术前沿,一国对高等教育的投入率与其经济增长率正相关。这是因为,随着一国接近国际技术前沿,模仿对经济增长的重要性被创新所取代,而培养创新型人才需要高等教育的发展。①

总之,随着中国经济走出贫困陷阱,进入中等收入阶段,为了适应经济增长的动力由模仿转向创新的需要,中国政府要逐步把教育政策的重点由基础教育转向高等教育。

2. 打破行业进入与退出壁垒,增强竞争性

在马克思看来,外在竞争的压力和内在对剩余价值永无止境的追求,迫使资本通过不断创新来攫取超额剩余价值。获得超额剩余价值的资本家有着更快速的资本积累,从而能够在更大范围和深度内无偿占有剩余价值,导致大资本吞并小资本,即资本集中过程。资本的集中,为垄断提供了必要性和可能性。垄断通过扼杀创新来获取剩余价值。因此,一国要想提升创新能力,必须打破行业垄断,撤除行业进入和退出壁垒,鼓励企业自由进入和退出,即通过增强竞争性来促进创新。

新熊彼特学派曾经研究过市场结构与创新的关系,他们认为,完全竞争和完全垄断的市场结构都不利于创新,而介于二者之间的中等程度竞争的市场结构最有利于创新。这是因为,在完全竞争市场上,企业市场占有率太低,难以充分获取创新的好处,同时难以筹集创新所需资金。而垄断市场又缺乏竞争对手的威胁,难以激发企业创新动力。由此可见,在竞争和创新之间存在一种非线性关系,即竞争与创新的倒 U 曲线。阿洪领导的团队通过对英国多个行业的研究,证实了这种倒 U 型曲线的存在:产品市场竞争加剧,创新增加了;可是,对于少数竞争已经非常激烈的行业而言,额外的激烈

---

① 参见 Aghion Philippe and Peter Howitt. 2006. "Joseph Schumpeter Lecture: Appropriate Growth Policy: A Unifying Framework". Journal of the European Economic Association 4:2-3, pp.269-314。

竞争会减少创新。① 综观有关竞争和创新的实证研究,现有企业更激烈的竞争和创新之间存在正相关关系。阿洪等的研究认为,如果开始的时候竞争不那么激烈的话,更加激烈的竞争有利于创新。②

提升中国创新能力,要求引入更激烈竞争。中国市场的特征是过度竞争和竞争不足并存。改革开放伊始,中国的要素条件和市场需求决定了中国企业只能处于行业低端市场,低端市场的低进入门槛导致过度竞争。同时,中国政府从整个国民经济发展及国家战略安全角度考虑,在有的行业限制私人资本的进入,特别是国内私人资本。③ 由于这种行业准入限制,导致更多的民间资本流入可进入市场,加剧了这些行业的竞争程度。④ 而限制进入的行业,如电信、银行、铁路、石油等领域由于进入壁垒太高,竞争严重不足。这样一种市场格局很明显不利于创新。尼科勒太等对西欧的研究表明,西欧自20世纪80年代以来相对于美国的衰落,源于西欧相对于美国而言更高的行业进入成本和更低的行业转换率。⑤ 美国新药的50%是由存在时间不足10年的企业推出的,而西欧仅仅10%。20世纪末期,按照市场集中度衡量,12%的美国大公司创立时间不足20年,而西欧仅仅4%。⑥ 因此,

---

① 参见 Aghion, Philippe; Bloom, Nick; Blundell, Richard; Griffith, Rachel and Peter Howitt .2005."Competition and Innovation: An Inverted-U Relationship". Quarterly Journal of Economics, 120(2), pp.701-728。

② 参见 Aghion, Philippe; Bloom, Nick; Blundell, Richard; Griffith, Rachel and Peter Howitt .2005."Competition and Innovation: An Inverted-U Relationship". Quarterly Journal of Economics, 120(2), pp.701-728.

③ 如中国银行业,允许外资银行在中国经营,而对国内民营资本进入银行业却严格限制,这种内外有别的政策让人难以理解和接受。

④ 中国人民银行行长周小川曾经在北京大学讲座时,认为强制储蓄的存在是中国高储蓄,以致高房价的原因。

⑤ 参见 Nicoletti, Giuseppe and Stefano Scarpetta .2003."Regulation, Productivity and Growth". Economic Policy, 36, pp.11-72。

⑥ 参见 Aghion Philippe and Peter Howitt. 2006. "Joseph Schumpeter Lecture: Appropriate Growth Policy: A Unifying Framework". Journal of the European Economic Association 4:2-3, pp.269-314。

提升中国企业创新能力,必须打破进入壁垒,降低进入成本,增强行业竞争力。对于国有企业控制的领域,更要通过引入竞争,提升国有企业竞争力,这样一种增量改革模式应该成为国企改革的方向。①

3. 提升金融发展水平,降低宏观波动冲击

有关经济衰退,奥地利学派有一个基本观点,即经济衰退并不完全是坏事,因为经济衰退能够清除经济中低效率的企业和生产能力,提升整个经济肌体的抗风险能力。用熊彼特的话说:"(衰退)仅仅是暂时的。它们总是意味着按照一个更有效率的计划重组经济体系。"②但是,熊彼特及奥地利学派这种理念实际上建立在一个隐含的假设基础上:市场是完美的。公司总是能够获得足够的借款以重组它们的活动(包括研发活动),总是可以在不同市场或业务间自由地转换,而工人总是可以在失业之后迅速找到工作,因此,市场能够完美地协调分工和资源配置,实现社会利益最大化。

但是,现实是市场总是不完美的,存在一定程度的市场失灵。特别是,当信贷市场不完全时,它将阻碍公司在衰退期的研发投入并限制其重组。对于任何公司而言,生存总是第一位的,然后才是发展,因此,研发投入取决于公司抵御短期经济波动冲击的能力。如果不存在信贷约束,公司研发投入的效率足够高,公司即使在衰退时也能够获得研发投入,激发创新并促进长期经济增长。但是,当一国金融发展水平很低时,信贷市场存在严重失灵或缺失,这时公司预期到将要发生一次衰退,它将减少在研发上的投入,从而不利于创新和长期经济增长。阿洪带领的团队的研究成果证实了这一结

---

① 国有企业最为人诟病的原因之一就是其低效率,因此,通过打破行业进入壁垒,引入竞争,才能真正提升国有企业竞争力。因此,国有企业改革的思路不能是卖,或私有化,而是增量改革。

② 转引自 Aghion Philippe and Peter Howitt. 2006. "Joseph Schumpeter Lecture: Appropriate Growth Policy: A Unifying Framework". Journal of the European Economic Association 4: 2-3, pp.269-314.

论。① 总之,金融发展水平低时,宏观经济波动对研发投入伤害更大,从而更不利于创新和长期经济增长。因此,一个自然的结论是,逆风向的宏观经济干预因为放松了信贷市场的约束,从而有利于企业研发投入的持续性,最终有利于创新和长期经济增长。

虽然我国社会主义市场经济已经基本建立,但是我们的市场经济还不完善,而这种不完善特别体现在金融市场上。因此,大力发展金融市场,提升中国金融发展水平,对于中国企业的研发活动的持续性具有重要意义,进而是转变经济增长方式的重要一环。另外,虽然宏观经济学研究仍然存在相机抉择和规则之间的争论,但是,从长期效应看,相机抉择的宏观经济政策因为能够有效地降低企业信贷约束,从而有利于创新和长期经济增长。因此,对于处于社会主义初级阶段的中国经济,更应该采取相机抉择的宏观经济政策,为长期经济增长积蓄动力。

4. 加强知识产权保护,提升创新激励

一国的知识产权政策取决于长期利益和短期利益的权衡。

当一国处于低收入阶段时,其与国际技术前沿的距离足够远,仅仅需要依赖从国际引进成熟技术就可以迅速提高劳动生产率。同时,欠发达国家的人才和知识储备也不足以进行自主创新,从而在供给层面限制了自主创新。由此,当一国处于低收入水平时,其主要通过引进,然后吸收、模仿来提升本国竞争力。此时,知识产权保护力度与所获经济利益呈反方向变化。也就是说,过于严格的知识产权保护因为不利于本国企业的模仿而限制了本国国际竞争力的提升。

但是,当一国迈过贫困陷阱,进入中等收入阶段,其距离国际技术前沿更近了,从国际引进成熟技术提高劳动生产率的难度增加。同时,随着经济发展带动的教育发展,技术创新人才储备更加充足。当技术创新的需求和供给同时增加,二者相互作用将推动中等收入国家进入技术创新期。此时,

---

① 参见 Aghion, Philippe; Angeletos, Marios; Banerjee, Abhijit and Kalina Manova .2005. "Volatility and Growth: Credit Constraints and Productivity - Enhancing Investment". mimeo Harvard-MIT。

技术创新和引进、消化、吸收模式成为中等收入国家两种技术进步的基本模式。因此,中等收入国家提升知识产权保护力度将激发本国技术创新,提升本国国际竞争力。当然,随着一国经济继续发展,严格的知识产权保护更有利于提升创新国家的国际竞争力。

综上所述,在知识产权保护与收入水平之间存在正向关系。随着收入水平上升,一国提升知识产权保护力度有利于提升该国的国际竞争力。因此,随着中国由低收入国家进入中等收入阶段,中国无论创新需求还是创新能力都得到极大的提升,因此,更加严格的知识产权保护力度将有利于中国国际竞争力的提升,有利于中国经济的长期增长。为此,转变经济增长方式的基本政策就是加强中国知识产权保护力度,提升中国创新激励,为自主创新保驾护航,实现科学发展。

二、外需为主向内需为主转变:锻造国家价值链战略

由重工业优先发展向出口导向型发展战略的转向,推动了中国经济走出了"贫困陷阱",迈上了中等收入国家。但是,在当今的国际环境中,中国这样一个拥有 13 亿人口的世界大国,是不可能继续通过出口导向型发展战略走向高收入国家的。为此,由外需为主转向内需为主,锻造国家价值链战略是中国经济进一步走向高收入国家的必由之路。

(一)出口导向型发展战略取得的成就

改革开放以来,中国经济迅速融入全球资本主义体系之中。通过比较优势战略的实施,中国充分发挥了劳动力资源丰富的禀赋优势,促进了劳动密集型产业和资本、技术密集型产业的劳动密集型环节的高速发展,使中国农村剩余劳动力迅速从低效率的农业部门转向了高效率的工业和服务业部门,加快了中国二元经济结构的转变速度,创造了改革开放以来的中国经济奇迹。

从图 8-2 可以看出,中国经济的进出口在改革开放初期的 1978 年几乎可以忽略不计,仅仅 206.4 亿美元。但是,到 2013 年,中国进出口总额增长到 41589.9 亿美元。从进出口差额看,1978 年中国外贸微弱逆差-11.4 亿美元,而到 2013 年,中国外贸顺差达到 2590.1 亿美元。也正因如此,中国成为外汇储备最多的国家。

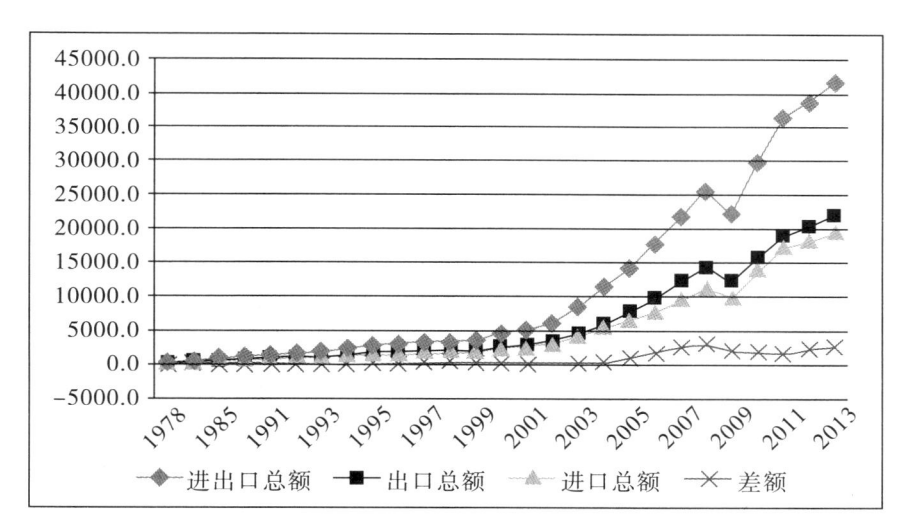

图 8-2　中国进出口及其差额：1978—2013 年（亿美元）①

同时，中国也由一个绝对封闭的经济体一跃而成为利用外资最多的发展中国家。图 8-3 表明，20 世纪 90 年代前的实际利用外资规模是比较小的，1978—1984 年，中国实际利用外资总共才 181.87 亿美元，其中外商直接投资仅 41.04 亿美元，到 1990 年，实际利用外资才 102.89 亿美元，其中外商直接投资才 34.87 亿美元。但是，自此之后，实际利用外资规模迅速扩张，至 2000 年，实际利用外资已达 593.56 亿美元，其中直接利用外资高达 407.15 亿美元。到 2013 年，中国实际利用外资 1187.1 亿美元，其中外商直接投资 1175.86 亿美元。而且，利用外资结构也发生了巨变，世界巨型企业纷纷到中国投资兴业，世界 500 强企业几乎在中国都有分公司，有的甚至把地区总部都放在了中国。

（二）出口导向型发展战略带来的问题

改革开放使中国经济迅速融入世界经济之中，并成功助推中国跨越"贫困陷阱"，成为中等收入国家。但是，地缘政治格局的变化，欧美次贷危机后的结构问题，新兴市场经济的不成熟等国内外经济环境的巨大变化都意味

---

① 数据来自《中国统计年鉴-2014》，网址：http://www.stats.gov.cn/tjsj/ndsj/2014/indexch.htm。

着中国经济难以依赖国际市场跨越"中等收入陷阱"。

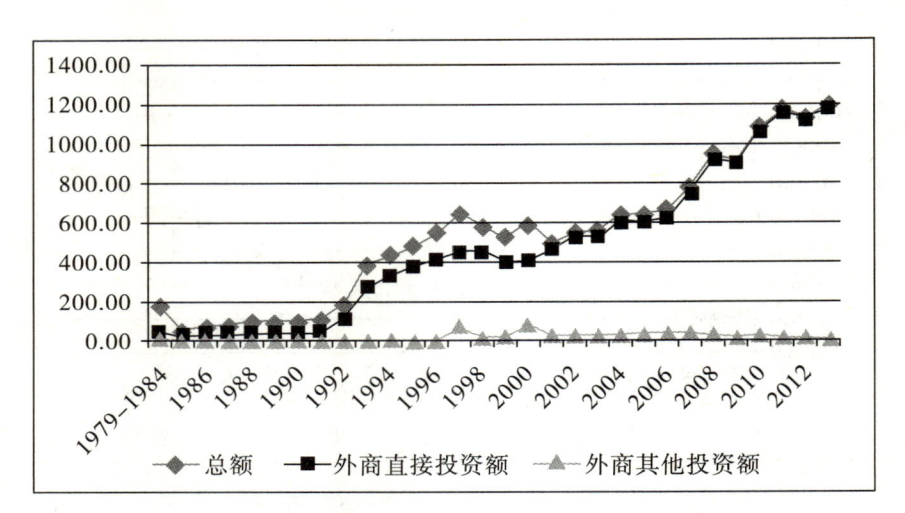

图 8-3 中国实际利用外资情况：1979—2013 年（亿美元）①

1. 中国经济易受国际经济环境的影响

当一国外贸依存度过高时，其容易受到国际经济波动的冲击。出口导向型发展战略以国际市场为目标，特别是出口加工型企业，其两头在外，即原材料来自国际市场，产品销往国际市场，因此，国际市场的波动对其影响非常大。2008 年次贷危机和随后的欧洲主权债务危机对中国经济的冲击就是很好的证明。图 8-4 是中国企业景气指数和企业家信心指数，从中可以看出，2008 年次贷危机对中国企业和企业家信心的巨大打击，中国企业景气指数和中国企业家信心指数分别从 2008 年第 1 季度的 136.2 和 140.6 直接降低到 2008 年第 4 季度的 107 和 94.6。

大国和小国采用出口导向型战略对国际市场的影响不同，因而，他国对出口国的政策反应不同。小国无论是出口还是进口，对国际市场的影响并不大，因而不容易引起他国的注意和反制。但是，中国这样的大国不同，无

---

① 数据来自《中国统计年鉴-2014》，网址：http://www.stats.gov.cn/tjsj/ndsj/2014/indexch.htm。

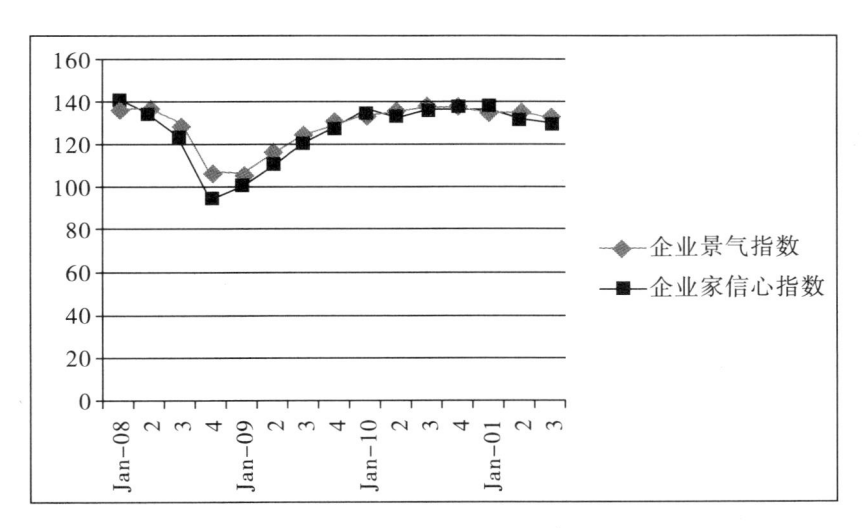

图 8-4 中国企业景气指数和企业家信心指数①

论出口还是进口都严重影响国际市场供求和价格,这也就是"中国卖什么什么东西便宜,中国买什么什么东西涨价"的原因。正因如此,中国这样的大国更容易成为他国国际贸易制裁的对象。中国连续多年来都成为世界遭受反倾销反补贴起诉最多的国家。不仅发达世界对我国进行贸易制裁,欧美世界动辄对我国有关出口品进行所谓"双反"调查,从纺织品到玻璃到轮胎等应有尽有,而且发展中国家也加入这一行列中来。

中国这样的一个发展中国家成为美国最大债权人,中国的出口导向型发展战略补贴美国等发达世界。但是,欧美发达世界并不如此看。它们认为,国际经济不平衡就是因为新兴经济体,特别是中国储蓄过多所致,这就是美联储前主席伯南克的过度储蓄论。伯南克认为,中美贸易不平衡不是因为三角贸易和美国对中国的单方面贸易歧视所致,而是因为中国人为低估人民币币值、提升本国企业竞争力的结果。因此,美国次贷危机之后,美国采取所谓定量宽松的货币政策,推动美元贬值,既提升了美国企业竞争力,又变相地逃避了债务。但是,这导致发展中国家严重的通货膨胀压力。

---

① 资料来源:中华人民中国国家统计局网站:《企业景气指数》,http://www.stats.gov.cn/tjsj/jidusj/。

用巴西现总统罗塞夫的话说,发达国家正在发动"金融海啸"。

综上所述,出口导向型发展战略导致中国经济极易受到国际经济环境的影响,不利于中国经济的稳定、平衡和可持续发展。

2. 中国的要素和资源禀赋不足以继续支撑出口导向型发展战略

中国虽然地大物博,但是,人口众多,导致资源的人均拥有量非常低。为了创造更多的外汇,许多地方和企业对资源掠夺性开采,滥采滥伐,严重破坏资源环境。美国一份名为《稀土元素:全球供应链条》的报告指出,2009年,中国稀土储量占世界总储量的36%,但是,中国稀土产量占世界的97%。而中国不少地方的稀土矿开采给当地生态环境造成了严重的破坏。[①]

同时,随着中国经济过去30年来的迅猛发展和计划生育政策的实施,中国也开始面对农村剩余劳动力转移的拐点,即刘易斯转折点,这意味着中国劳动力无限供给时代的终结。与此相伴生的是,中国非熟练劳动力的成本开始上升,中国制造的成本开始不再低廉了。很多劳动密集型企业的内迁和外迁就是这一点的明证。因此,中国不能再依靠过去30年来推动中国经济迅猛增长的劳动密集型产业和资本、技术型产业的劳动密集型加工环节来推动中国经济发展了。

当然,有人会争辩说,这并不影响中国采用出口导向型发展战略,因为中国可以根据动态比较优势战略过渡到产业的高端。但是,一方面,高端市场从来都必须面对多样化需求,因此,大规模的出口导向型战略明显不能满足这一要求。另一方面,欧美发达世界又怎会轻易让出其控制的高度垄断市场。从美欧对中国的高科技出口限制就可以很明显地看到这一点。

综上所述,中国从可持续发展角度出发,必须调整依靠劳动密集型产业和加工环节的出口导向型发展战略。

---

① 为了给子孙后代留下绿水青山,中国政府决心大力整治稀土的开采问题。但是,这一行为激怒了美国、欧盟、日本,因为这导致其生产成本上升,三家联手把中国告到WTO(世界贸易组织)。由此可见发达国家的真面目,我们想卖的不给卖,我们不想卖的必须卖,要你卖还是不卖,完全依靠其自身利益取舍,至于中国的环境和我无关。这就是标榜普世价值、负责任的西方发达国家的嘴脸。

3. 外资掌控中国关键行业

出口导向型发展战略的实施是以开放本国市场、实施自由贸易政策为前提的,但是,从经济史角度看,世界强国从来都没有一个是依靠自由贸易成为强国的,相反,它们都是通过贸易保护主义和限制国外资本取得成功的。"战后以来,美国出于推行自由贸易帝国主义和金融帝国主义的需要,刻意删除了美国保护主义的历史以及推进美国经济崛起的工业化逻辑,保护主义、美国学派以及美国经济崛起的历史联系已经成为经济学和历史研究的'黑洞'。"①"19 世纪美国的关税水平:1816 年为 35%,1820 年为 35%~45%,1828 年为 50%,1875 年为 40%~50%,1914 年为 44%;其中 1846—1857 年是美国所谓'自由贸易'时期,但平均关税率仍高达 25%。"②

美国成功崛起更关键的是对外资在美国的投资活动进行限制,从而保证了美国本国资本对美国产业的绝对控制。1913 年,美国总统伍德罗·威尔逊曾经一针见血地指出:"曾有人说拉丁美洲给外国资本以特许权,但从未曾听人说美国给外国资本特许权……这是因为我们不给他们这种权利……投资于某个国家的资本会占有并且统治该国。"③威尔逊很直白地给出了美国在崛起前限制外国直接投资的原因,同时也是美国崛起的关键之一:防止外国资本控制本国产业,从而影响本国国民经济安全,甚至国家安全和政治。拉丁美洲是一个非常好的例子,外国资本首先控制了拉丁美洲的自然资源和种植园,然后控制拉丁美洲的制造业,从而在拉丁美洲为所欲为。

改革开放之后,特别是 20 世纪 90 年代以来,中国成为全球最具吸引力的投资地,大量外国直接投资涌入中国,在带来中国投资迅速扩张和经济高

---

① 贾根良:《美国学派:推进美国经济崛起的国民经济学说》,《中国社会科学》2011 年第 4 期,第 111 页。

② 张夏准:《富国陷阱:发达国家为何踢开梯子》,北京:社会科学文献出版社,2007 年,第 23 页。

③ 转引自爱德华多·加莱亚诺:《拉丁美洲被切开的血管》,王玫等译,北京:人民出版社,2001 年,第 2 页。

速增长的同时,也控制了中国许多产业部门。"据报道,中国28个主要行业中,外国直接投资占多数资产控制权的已经达到了21个,每个已经开放产业的前五名几乎都是由外资所控制。"①以中国汽车行业为例,我们天真地以为市场开放能够换回技术。但是,我们的市场是开放了,却没有换回技术,致使中国大路上奔跑的是万国牌。世界几乎每一个大型汽车制造商都在中国投资设厂,利用中国廉价的劳动力、土地等自然资源进行汽车组装,争夺中国市场,打压本土汽车企业的自主创新,以更好地控制中国汽车市场。随着外国资本掌控重要制造行业,将严重影响中国国家安全。

(三)锻造国家价值链的政策选择

改革开放以来,中国庞大的市场和廉价的劳动力优势使全球资本主义体系迅速接纳了中国,把中国变成了全球价值链底层的最重要一环,主要负责劳动密集型产业和高端制造行业中的劳动密集、资源密集和污染密集的生产环节。但是,这种定位于全球价值链底端的发展战略既不能使中国成为真正强国,也不可持续。因为,随着中国进入中等收入国家,定位于全球价值链底端的发展面对来自更落后国家的强劲竞争压力。特别是,近年来人民币不断升值、农村剩余劳动力逐渐枯竭导致非熟练劳动力工资上升、资源和环境承载能力明显下降等不利因素,使中国定位于全球价值链底端的战略受到来自内外的双重压力。一方面,这种出口导向型的"两头在外"的发展战略使中国产业结构空间布局不合理,在带来中国严重的区域不平衡的同时,使中国东部地区成为经济发展的"飞地",同时限制了中西部地区劳动密集型产业的发展。另一方面,定位于全球价值链底端的战略不利于中国高端制造业和服务业的发展,不利于中国发展方式转变。

"所谓国家价值链,是基于国内本土市场需求发育而成的,由本土企业掌握的品牌、销售终端渠道以及自主研发创新能力等产品价值链的核心环节。NVC同时还参与区域或全球市场的价值链分工生产体系,并具有产品

---

① 贾根良:《译者前言》,载迈克尔·赫德森:《保护主义:美国经济崛起的秘诀(1815—1914)》,贾根良等译,北京:中国人民大学出版社,2010年,第14页。

链的高端竞争力。"①通过国家价值链的构造,一方面,提高中国产业层次,提升中国企业的国际竞争力。另一方面,合理调整中国产业的空间布局,实现国内产业大循环和区域均衡发展。利用东部地区要素成本上升的市场压力,加速劳动密集、资源密集型产业向中西部转移,同时,提升东部地区自主创新能力,实现东部地区向高端制造业和服务业的转型升级。

在世界经济的历史上,美国成功地锻造了国家价值链,实现崛起。阿布拉摩维茨和保罗在《在以知识为基础发展的时代中美国宏观经济的增长:长期考察》中写道:"对长期经济数据记录进行观测得出的一个重要成果是,在1889年到1989年的这100年和在美国建国后的第一个100年当中,导致人均实际GDP增长的源泉迥然不同。说得直白一点就是,国民经济由粗放型增长模式转向高度集约型增长模式,而且它的集约程度的提高越来越依赖于技术和组织知识的获得与开发。"②根据对美国锻造国家价值链的研究,我们认为关键的政策选择在于:

1. 国内庞大市场为国家价值链的锻造提供了市场基础

从美国历史看,美国国内市场支撑资本和规模密集型技术的使用。"对动力驱动资本设备的大量使用受到美国各公司面对的相对巨大、富有和统一的国内市场的进一步支持……这些差距表明美国在汽车和其他新型的相对昂贵的耐用消费品市场上所享有的优势,规模依赖与资本使用型的技术(如大规模生产技术)在该市场上特别有用武之地。美国国内市场广阔,而且被广阔的交通网络联结起来,而同期的欧洲是无法实现这种整合的。"③美国国内交通运输网络的建立完善极大地拓展了公司面对的市场,降低了市

---

① 孙建波、张志鹏:《第三次工业化:锻造跨越"中等收入陷阱"的国家价值链》,《南京大学学报(哲学社会科学版)》,2011年第5期,第17页。

② 阿布拉摩维茨、保罗:《在以知识为基础发展的时代中美国宏观经济的增长:长期考察》,载斯坦利·L.恩格尔曼、罗伯特·E.高尔曼:《剑桥美国经济史(第三卷):20世纪》,蔡挺等译,北京:中国人民大学出版社,2008年,第1页。

③ 阿布拉摩维茨、保罗:《在以知识为基础发展的时代中美国宏观经济的增长:长期考察》,载斯坦利·L.恩格尔曼、罗伯特·E.高尔曼:《剑桥美国经济史(第三卷):20世纪》,蔡挺等译,北京:中国人民大学出版社,2008年,第42—43页。

场交易费用,促进了整个市场的一体化。其中特别是铁路网络的建立,"19世纪中期革新的第二个关键方面,很少被当做美国的独特发展,那就是日益密集的铁路网络的扩展,它将货运与客运从水路、陆地和马车转移过来,使得交通运输费用降低,运输时间缩短"①。

当然,19世纪末20世纪初美国相对平等的收入分配也为大规模市场和大众消费的出现提供了基础。"20世纪20年代随着家庭收入的逐步上升,家用电器被越来越多的家庭所使用。正如汽车等其他大规模生产的产品一样,美国家用电器的广泛使用也离不开以下因素:美国居民收入分配比当时西欧工业经济中的收入分配更为平均化。"②

2. 美国的组织革命为国家价值链的锻造提供了组织保证

在钱德勒看来,19世纪50年代开始,美国铁路行业首先开始出现了现代多单位企业,掀起了美国现代企业的组织革命,即由现代多单位企业对传统单一单位企业的替代。"因而,由一支支薪的中、高层经理人员所管理的多单位企业即可适当地称之为现代企业。此种企业在1840年的美国尚不存在。到第二次世界大战时,这类公司已在美国经济的许多部门中成为占优势的企业机构。到二十世纪中期,这些企业雇用了数百甚至数千名中、高层经理来监督数以百计的工作单位,而每个单位则雇用了几十个或成千上万个工人。"③正是这种企业组织管理的革命为锻造美国国家价值链提供了组织保证。

3. 人力资本积累为国家价值链的锻造提供了智力基础

多单位现代企业的崛起,推动了对中、高层经理人才的需求,而美国高

---

① 阿布拉摩维茨、保罗:《在以知识为基础发展的时代中美国宏观经济的增长:长期考察》,载斯坦利·L.恩格尔曼、罗伯特·E.高尔曼:《剑桥美国经济史(第三卷):20世纪》,蔡挺等译,北京:中国人民大学出版社,2008年,第27页。

② 莫厄里、罗森堡:《20世纪的技术变迁》,载斯坦利·L.恩格尔曼、罗伯特·E.高尔曼:《剑桥美国经济史(第三卷):20世纪》,蔡挺等译,北京:中国人民大学出版社,2008年,第623页。

③ 钱德勒:《看得见的手——美国企业的管理革命》,重武译,北京:商务印书馆,2001年,第3页。

等教育的发展满足了这一需求。"大规模生产技术的使用降低了对生产工人手工技能和培训的要求,而对职员与管理岗位上非生产工人的需求增加。"①"1930 年到 1948 年间,以占 4 年前高中毕业总人数的比例表示的大学毕业生数量从 22% 上升至 27%,这一水平一直保持到 60 年代中期……1969 年达到了 31%。"②

4. 利用公共基础设施和基础工业与大规模制造业的互补性锻造国家价值链

公共基础设施和基础工业与大规模制造业之间的互补性可能产生两种结果:一种是协调合理的结果,二者相互促进,互为因果;另一种是协调失灵的结果,形成恶性循环。美国在锻造国家价值链的过程中充分利用了基础设施和基础工业的互补性,通过州际高速公路系统的兴建推动汽车及相关产业的发展,通过电力工业和输变电系统的兴建推动了家用电器行业的发展。"20 世纪 20 年代,无线电设备、冰箱以及电力热水器都相继诞生。这些发明反映出电力成本的降低、新技术的引进、电能更为方便的用途的发现以及用电生产出来的产品的成本的日益降低,这些产品中的许多都受益于大规模生产技术的使用……电以及较小的电动车的使用为大量处于原始形态的发明赋予了生机,这些发明虽然已经存在多年,但由于缺乏合适的能源而被暂时搁置。"③

综上所述,中国在锻造国家价值链过程中,第一,要充分整合国内市场;第二,加速中国本土企业的现代企业制度建立,促进家族式企业向现代职业

---

① 阿布拉摩维茨、保罗:《在以知识为基础发展的时代中美国宏观经济的增长:长期考察》,载斯坦利·L.恩格尔曼、罗伯特·E.高尔曼:《剑桥美国经济史(第三卷):20 世纪》,蔡挺等译,北京:中国人民大学出版社,2008 年,第 31 页。

② 阿布拉摩维茨、保罗:《在以知识为基础发展的时代中美国宏观经济的增长:长期考察》,载斯坦利·L.恩格尔曼、罗伯特·E.高尔曼:《剑桥美国经济史(第三卷):20 世纪》,蔡挺等译,北京:中国人民大学出版社,2008 年,第 34 页。

③ 莫厄里、罗森堡:《20 世纪的技术变迁》,载斯坦利·L.恩格尔曼、罗伯特·E.高尔曼:《剑桥美国经济史(第三卷):20 世纪》,蔡挺等译,北京:中国人民大学出版社,2008 年,第 623 页。

经理人企业转型;第三,加强人力资本的投资,为企业国际竞争力提升提供智力支持;第四,加强基础设施和基础工业建设,防止协调失灵。

三、不平衡发展向平衡发展转变:践行包容性增长战略

2010年,中国人均GDP超过4000美元,开始进入"上中等收入"行列。这标志着中国的现代化进程进入了一个崭新的阶段,也意味着中国的改革开放事业面临着新的机遇和挑战。中国30多年的改革开放取得了举世瞩目的成就,但这其中也凸显出许多问题。对此,中国政府保持着清醒的认识。对世行提出的"中等收入陷阱"的概念,虽然学者们对此认识不一,但是它在一定程度上为我们敲响了警钟。如何避免像拉美国家一样深陷陷阱,选择合适的发展战略,对于当前的中国来说至关重要。包容性增长战略是明智的选择。

(一)包容性增长(Inclusive Growth)的含义

1. 包容性增长(Inclusive Growth)概念的提出

2009年11月15日,胡锦涛主席在出席APEC第十七次领导人非正式会议上发表了题为《合力应对挑战 推动持续发展》的讲话,在讲话中第一次使用了由亚行中国学者提出的"共享式增长(Inclusive Growth)"后被其他学者翻译成"包容性增长"的这一概念。2010年9月17日胡锦涛主席在第五届APEC人力资源开发部长级会议开幕式上发表了题为《深化交流合作 实现包容性增长》的致辞,在致辞中又一次使用了"包容性增长"一词。"其主旨是,世界各国要在深化交流合作的基础上,实现'包容性增长',让经济全球化和经济发展成果惠及所有国家和地区、惠及所有人群,在可持续发展中实现经济社会协调发展。"[1]

包容性增长这个概念一经提出,在学术界引起了极大的反响。学者们普遍认为:"包容性增长"与中国政府早些年提出的"科学发展观"和"和谐社会"等概念是一脉相承的,也就是在贯彻"科学发展观"和"和谐社会"的理念。

---

[1] 钱凯:《"包容性增长"的观点综述》,《经济研究参考》,2011年第24期,第38—46页。

2. 包容性增长（Inclusive Growth）概念的解读

（1）学者们对"包容性增长"概念的解释

庄健认为："亚行当时在中国提倡'包容性增长'，比较重要的一个观点是：保持较快经济增长的同时，增长也要是可持续的、协调的、更多关注社会领域发展的。"① 汤敏说："我理解的'包容性增长'应该有各种各样的含义，包括环保、和谐社会等诸多方面的改变，但我认为，最核心的含义，就是经济增长让低收入人群受益，最好是让其多受点益。比如怎样增加劳动者的收入占整个GDP的比重，怎样增加工资收入，这些就是'包容性增长'中非常重要的部分，当然还包括怎样增加农民的收入，因为这些人群是收入分配中比较弱势的部分。"② 庄巨忠认为："我们把'包容性增长'定义为建立在机会平等基础上的经济增长。也就是说，'包容性增长'需要保证人人都能公平地参与增长过程并从中受惠。"③ 唐钧认为："'包容性增长'必须强调两个方面，即'参与'和'共享'，这也是'社会包容'的基本含义。换句话说，只有在所有的社会成员能够'参与'和'共享'时，经济增长才具有积极意义。"④ 温铁军认为，"以往的发展模式基本上属于'排斥性增长'，即'有增长无发展'的情况。而'包容性增长'指的是可持续的，能够使弱势群体也受益的增长"⑤。

韩保江认为："在国际社会倡导（包容性增长）的理念，就是强调在世界经济交往中应坚持（求同存异）（共同发展）的原则。大国对小国，强国对弱国，发展快的国家对发展慢的国家，发展条件好的国家对发展条件差的国家，应该以包容的心态，承担起更大的责任；不附加任何政治条件地大力扶持和积极援助那些小、弱、慢、差的国家发展经济；不能以大欺小、以强凌弱、以快制慢、以好压差。特别是要坚持人类文明成果互学互用、共建共享的原

---

① 转引自百度百科，http://baike.baidu.com/view/4335125.htm。
② 转引自百度百科，http://baike.baidu.com/view/4335125.htm。
③ 钱凯：《"包容性增长"的观点综述》，《经济研究参考》，2011年第24期，第40页。
④ 钱凯：《"包容性增长"的观点综述》，《经济研究参考》，2011年第24期，第38页。
⑤ 钱凯：《"包容性增长"的观点综述》，《经济研究参考》，2011年第24期，第41页。

则。成功的发展模式和发展经验,要允许别国借鉴。为此,必须不断摈弃(意识形态)歧视和(冷战)思维,摈弃狭隘的民族主义和种族歧视,广泛推进国际经济合作和政治互信,实现多种文明的共存共荣。"①马晓河认为,"包容性增长"从国际讲,"应该是 A 国增长了,不应该去损害或者抑制 B 国,不要给对方带来危害;国家与国家之间应该是协调、和谐的增长,是共赢和多赢的,应该有益于多方"。②

(2)"包容性增长"的内涵

"包容性增长"这一的概念一经提出,虽然在国际上得到学者们高度关注和认可,但是它仍然没有一个公认和统一的定义。基于以上的研究,我们认为,"包容性增长"的内涵可从以下几个方面把握:

第一,"包容性增长"应该是可持续的增长。通过促进经济增长,提供大量就业机会,提升工资水平,促使发展的成果惠及更多的劳动群众。"经济增长能创造必要的资源,用于支持实现人力资本改善和提升、教育和基本医疗卫生水平提高、技术创新能力不断提高、贫困率不断下降等经济社会发展目标;持续的经济增长还能扩大民众的选择范围,产生更多、更加平等的分配机会。"③在经济增长的同时,必须注意人与自然的协调发展。经济增长需要人类改造自然,以获取所需的物质财富。人类在改造自然时应使其更有利于人类的发展,也即经济发展要与自然界相协调。单纯依靠对大自然掠夺式开发换来的经济增长是不可持续的。

第二,"包容性增长"应该是机会均等的增长。追求公平和正义是人类永恒的目标,通过促使机会的平等,从而改善人们的收入和财富分配,缩小结果的不平等,最终实现社会公平正义。

第三,"包容性增长"应该是共享式增长。中国改革开放带来了经济的

---

① 钱凯:《"包容性增长"的观点综述》,《经济研究参考》,2011 年第 24 期,第 38—39 页。
② 王红茹:《胡锦涛主席公开倡导、或将写入十二五规划的这个概念,如此重要,却又如此陌生——什么是包容性增长?》,《中国经济周刊》2010 年第 38 期,第 40 页。
③ 杜志雄、肖卫东、詹琳:《包容性增长理论的脉络、要义与政策内涵》,《中国农村经济》2010 年第 11 期,第 9—10 页。

巨大发展,但并没有消除贫困。"包容性增长"是着力于消除贫困,保障弱势群体的利益,是"益贫式增长"。

第四,"包容性增长"应该是全面的增长。在世界经济发展过程中,国与国之间应该是协调、共同的发展,国际经济秩序的建立应有利于各方利益,而不是某国个别利益。所以,"各国各地区必须加强交流合作,推进贸易和投资自由化,让经济全球化和经济发展成果惠及所有国家和地区、惠及所有人群,这样才有利于世界的和平发展与和谐稳定"①。

(二)践行包容性增长的时代要求

中国改革开放后取得了巨大经济成就,已经成功实现了改革开放之初邓小平同志提出的"两个大局"中的第一个大局,中国的改革之路还很长,要想又好又快地建设社会主义,坚持包容性增长是中国目前国情的要求。只有坚持包容性增长,中国才能在团结、稳定的基础上获得渐进的发展。"事实上,目前的中国发展还存在着一些包容性不足的问题,必须引起高度重视,这也是新时期进一步推动包容性增长,实现包容性发展的价值所在。"②

1. 经济全球化背景下提升国家竞争力的要求

经济全球化是当今世界经济发展的主要特征。中国自加入WTO以来,积极参与世界经济,不断调整自己,适应世界经济的变化。近年来,中国国家竞争力排名不断上升,但是,中国经济的整体实力与发达国家相比还相差甚远,见表8-2。经济全球化发展到今天,国际分工的性质和形式发生了重大变化。同一产品被越来越细化的分解为不同的区段,分配给不同的国家生产。国际分工模式的转变使得中国可以利用自身的优势,实行跨国界的配置,为生产某一产品合理分工,改变国际分工劣势地位,从而提升中国的国家竞争力。

---

① 白永秀:《后改革时代与中国包容性增长——后改革时代中国践行包容性增长的政策取向》,《西北大学学报(哲学社会科学版)》2011年第2期,第7页。
② 岳彬:《包容性增长的时代价值与实践取向》,《安徽师范大学学报(人文社会科学版)》,2010年第6期,第628页。

表 8-2　2011—2012 年国家竞争力指数排名和 2010—2011 年的比较（部分国家）

国家和地区	2011—2012		2010—2011	名次变化
	排名	得分	排名	
瑞士	1	5.74	1	0
新加坡	2	5.63	3	1
瑞典	3	5.61	2	-1
芬兰	4	5.47	7	3
美国	5	5.43	4	-1
德国	6	5.41	5	-1
荷兰	7	5.41	8	1
丹麦	8	5.40	9	1
日本	9	5.40	6	-3
英国	10	5.39	12	2
中国香港	11	5.36	11	0
加拿大	12	5.33	10	-2
中国台湾	13	5.26	13	0
卡塔尔	14	5.24	17	3
比利时	15	5.20	19	4
挪威	16	5.18	14	-2
沙特阿拉伯	17	5.17	21	4
法国	18	5.14	15	-3
奥地利	19	5.14	18	-1
澳大利亚	20	5.11	16	-4
马来西亚	21	5.08	26	5
以色列	22	5.07	24	2
卢森堡	23	5.03	20	-3
韩国	24	5.02	22	-2
新西兰	25	4.93	23	-2
中国	26	4.90	27	1

资料来源：百度文库：http://wenku.baidu.com/view/1a5cbb3667ec102de2bd8901.html。

2. 跨越中等收入陷阱的要求

中等收入陷阱概念一经提出,引起了学者们的广泛讨论。有学者认为中国有深陷陷阱的可能,因为中国目前在经济和社会领域中存在着许多的问题和矛盾。诸如发展差距、收入差距大,贫困问题还没有得到很好的解决,上学难看病难,等等。而包容性增长是共享式的增长,强调在经济发展过程中人人都应该机会均等,共同参与,都能为经济增长作出贡献;同时更要求发展的成果惠及所有社会成员。而规避中等收入陷阱的关键是正确处理好当前的问题和矛盾。

3. 贯彻落实科学发展观,建设和谐社会的要求

"科学发展观强调,要坚持把发展的目的和发展的成果体现和落实到人民富裕程度普遍提高上;要通过发展增加社会财富、不断改善人民生活,又要通过发展保障社会公平正义、不断促进社会和谐;要着力解决人民群众最关心、最直接、最现实的利益问题,努力形成全体人民各尽其能、各得其所而又和谐相处的局面,为发展提供良好的社会环境。"[1]从以上的分析中可以看到,包容性增长与科学发展观是一脉相承的。因此,践行包容性增长是对科学发展观的最好贯彻和落实。"只有始终坚持把包容性增长理念贯彻到民生建设的各个领域,体现在解决民生问题的行动中,才能做到统筹兼顾,妥善协调利益关系,真正走上生产发展、生活富裕、生态良好、人民生活普遍富裕的发展道路。"[2]

(三)践行包容性增长战略的政策选择

践行包容性增长要求增强国家在经济发展中的作用,包括制定合理的经济政策,有效的社会政策,加强国家对经济的宏观管理,积极转变政府职能,提升政府的服务水平。具体来说,践行包容性增长的政策包括以下几点:

---

[1] 岳彬:《包容性增长的时代价值与实践取向》,《安徽师范大学学报(人文社会科学版)》,2010年第6期,第628页。

[2] 岳彬:《包容性增长的时代价值与实践取向》,《安徽师范大学学报(人文社会科学版)》,2010年第6期,第628页。

1. 加强收入分配制度的改革，缩小贫富差距

改革开放增大了中国的社会财富，也给中国带来了日益加大的财富的分配差距，两极分化严重。对此，政府应注意协调国民收入的初次分配和二次分配。对大部分劳动者群体，政府应着力于经济的持续增长为他们提供更多的就业机会，提升他们的工资收入，并辅之以适度的社会保险，令其有安全保障之感。对于有劳动能力的部分贫困群体，政府应该加大扶贫力度，保障他们的基本生活的同时，"可以通过利用小额信贷、非正规就业和以工代赈等方式，帮助他们早日脱贫，缩小收入差距"①。正如马晓河所说："应该调整国民收入分配关系。尤其是调整政府、企业和老百姓的收入分配结构关系，让老百姓的收入增长快一点。此外，还要调整高收入、中等收入和低收入者之间的关系，让中等收入和低收入者的收入增长得更快一点。"②

2. 建立健全社会保障体系，减少社会矛盾

通过构建覆盖全民的完善的社会保险体系、社会救助体系和社会福利体系，保障人民的基本生活，改善人们对于未来生活的预期。一般来说，人们对于未来的预期越好，收入越有保障，消费欲望也就越强。实行国内经济大循环战略要求启动内需，改变过分依赖出口消费的局面，都需要给人们一个安定的基本生活条件。同时，安定的生活也会促使人们专注于自己的兴趣和爱好，这对于提高人们的创新能力，发挥他们的潜能，更好地参与到经济建设中去，都是十分有益的。人们的基本生活得到了保障，人民安居乐业，生活才能真正地和谐、安宁。

3. 加强制度设计与政策制定的公平性，创造公平竞争的环境

包容性增长的一个基本要义是追求公平正义，要求人人都能得到均等的发展机会。这就要求政府在制度设计和政策制定时，坚持公正性原则。不断完善市场竞争机制，做一个搭建完美舞台的建设者。"为此，要建立以

---

① 孙翎：《包容性增长与基本社会保障均等化》，转引自光明网，http://economy.gmw.cn/2010-10/19/content_1319537.htm。

② 王红茹：《胡锦涛主席公开倡导、或将写入十二五规划的这个概念，如此重要，却又如此陌生——什么是包容性增长？》，《中国经济周刊》2010 年第 38 期，第 40 页。

权利公平、机会公平、规则公平、分配公平为主要内容的社会公平保障体系，不断消除人民参与经济发展、分享经济发展成果方面的障碍。"推进服务均等化、教育均等化、参与机会均等化，真正实现人的全面发展。

(四) 践行包容性增长战略的制度保障

1. 深化经济体制改革

30多年的改革开放给中国带来了巨大的变化，中国的经济增长迅速，究其原因大概有两个方面：一是不断的要素投入，二是要素的低成本带来的竞争优势。这种靠低效率低成本带来的经济增长显然是不可持续的。随着中国步入中等收入阶段，继续深化经济体制改革成为时代的要求。主要从两个方面着手：

一是在微观层面上，要继续推进市场化进程，充分发挥市场在资源配置中的作用。积极培育各类要素市场，完善市场竞争机制，为市场主体创造一个良好的竞争环境。要继续推进国有企业改革，消除垄断，构建合理有效的市场结构，让国有企业面临充分的市场竞争，从而提升其在国际市场的竞争能力。着力培育大企业的创新能力，加大科研投入，在政策上对科技创新加以扶持。

二是在宏观层面上，加强宏观调控，稳定物价，消除通货膨胀。采取有效措施扩大内需，拉动经济增长，增加就业。改革收入分配制度，增加对高收入者的调控，缩小贫富差距。制定和实施系统的产业政策、技术创新政策和人才战略，扶持战略性新兴产业和能源消耗少、污染小的产业，保护环境，降低发展成本。

2. 加强政治体制改革

十一届三中全会以来，关于政治体制改革是人们一直都十分关注的话题。在经济体制改革经历30多年的发展后，政治体制改革与经济发展相比显得有些落后。当前我国正处于全面建设小康社会的关键时期、经济体制改革的攻坚时期，如何继续政治体制改革成为具有全局性的大问题。

总体来说，经过30多年的政治体制改革，我国正逐步从"人治"转向"法治"，实现依法治国；同时我们的人民代表大会制度逐渐完善，代表构成趋向多元化；各民主党派参政议政渠道拓宽；基层民主自治制度基本建立。但是,我国的政治体制仍不能适应经济发展的需要,还存在着许多亟待解决的问题。比如法律体系不够完备,官僚主义、家长制及各种特权现象频发,人民群众的民主权利还没有真正得到落实等。"衡量一个国家的政治制度是否是民主的,主要标准是看这个国家的人民是否真正当家做主,能否真正实现人民的知情权、表达权、人格权、监督权、选举权、自治权以及权利救济和有序参与等方面的需要。"①

因此我们要从以下几个方面着手,加强对政治体制的改革:第一,继续完善党内民主改革,发挥群众的民主监督作用,让权力在阳光下运行。改革干部制度,引入竞争机制,实行由群众直接评议干部业绩,由群众直接选举干部。邓小平曾经指出:"不管党也好,政也好,根本的问题是选举。"②第二,正确处理党政关系。"党通过制定大政方针,提出立法建议,推荐重要干部,坚持依法治国和依法执政,实现对国家和社会的领导……而不是陷于具体琐细的行政事务和经济管理的事务中。这些事务,应由国家机关按照国家法律进行。"③第三,建立基层民主制度。人民群众可以通过选举居民委员会代表、职工代表大会代表,直接参与到各项事务的管理中来。党的十七大明确指出:"发展基层民主,保障人民享有更多更切实的民主权利。人民依法直接行使民主权利,管理基层公共事务和公益事业,实行自我管理、自我服务、自我教育、自我监督……必须作为发展社会主义民主政治的基础性工程重点推进。"

---

① 陈红太:《中国民主政治的走向与优势》,《人民论坛》2009年第10期,第9页。
② 邓小平:《邓小平文选》(第一卷),北京:人民出版社,1994年,第321页。
③ 占伟:《深化中国的政治体制改革的对策研究》,《北京城市学院学报》,2011年第5期,第53页。

第九章 | 安徽省跨越"中等收入陷阱"的战略和政策

安徽省是中部省份,是改革开放的发起地,改革开放以来,经济社会发展取得了长足进步。2014年,安徽省全年生产总值(GDP)达20848.8亿元,人均GDP 34427元(折合5604美元),与1978年相比,安徽省GDP增长了182.9倍,人均GDP增长了141.1倍。① 但是,与沿海地区相比,安徽省经济发展相对滞后。就GDP总量而言,2013年安徽省在全国位居第13位,而人均GDP则排在第26位(倒数第6位)。为此,安徽的加快崛起有双重任务:一方面与全国人民一样,加快发展,跨越"中等收入陷阱",实现全面建设小康社会的宏伟目标;另一方面,加快发展,借鉴沿海地区先发经验,迅速缩小与其差距。而加快安徽崛起,必须在充分认识省情基础上。安徽的后发是我们的劣势,但是,只要我们抓住机遇,乘势而上,完全有可能把劣势转化为优势,即充分利用后发优势。根据后发国家或地区发展的历史经验,加快投资是缩小与先发地区差距的最直接、最快捷和最有效战略。而根据对安徽发展因素的研究,投资仍然是影响安徽经济增长的最重要因素,因此,高储蓄、高投资和高增长模式仍然是安徽省的基本战略选择。②

一、高储蓄、高投资和高增长战略③

(一)投资不足是安徽落后的根本原因

经济增长理论的核心是探究决定一国经济增长的因素。为了综合考虑影响安徽省经济发展的因素,我们选择扩展的Solow模型,利用安徽省2000—2012年各市面板数据,首先对影响安徽省经济发展的因素进行了总量分析,然后分别皖南和皖北地区进行了检验。在实证分析的基础上,找出

---

① 当然,这里使用的是绝对数,没有剔除物价变动的影响,为此,高估了改革开放以来的经济增长水平。数据来自:安徽省统计局:《安徽省2014年国民经济与社会发展统计公报》,http://www.ahtjj.gov.cn/tjj/web/info_view.jsp?strId=1425024120629028&_indextow=1。

② 就全国情况而言,高储蓄、高投资和高增长模式因资本的边际回报递减、市场约束和资源环境约束而难以持续,但是,对于像安徽省这样的后发省份而言,如果完全按照全国情况来制定发展战略,则必然陷入继续落后的困境。

③ 本部分利用了周端明和彭光磊未发表研究成果:彭光磊、周端明:《投资、人力资本与安徽省经济增长:基于扩展的Solow模型的研究》。

影响安徽省经济发展的因素。

1. 模型选择

首先,简要回顾一下 Solow 经济增长模型。①

Solow 模型将储蓄率、人口增长率和技术进步都视为外生变量。模型包括两种投入——资本和劳动。假设生产遵循柯布-道格拉斯生产函数,从而 t 期的产出可以表示为:

$$Y(t) = K(t)^{\alpha} [A(t)L(t)]^{1-\alpha} \tag{1}$$

其中,Y 是产出,K 为资本,L 表示劳动,而 A 表示技术水平。假定 L 和 A 分别以 n 和 g 的外生速率增长,采用人均形式的资本存量 k 的动态方程为:

$$\dot{k}(t) = sy(t) - (n+g+\delta)k(t) \\ = sk(t)^{\alpha} - (n+g+\delta)k(t) \tag{2}$$

其中,δ 为折旧率,根据(2)式,稳态时:

$$k^* = [s/(n+g+\delta)]^{1/(1-\alpha)} \tag{3}$$

Solow 模型关注的是储蓄和人口增长对实际产出的影响。将(3)式引入生产函数并取对数形式,我们可以得到稳态时,每单位资本的产出为:

$$\ln\left[\frac{Y(t)}{L(t)}\right] = \ln A(0) + gt + \frac{\alpha}{1-\alpha}\ln(s) - \frac{\alpha}{1-\alpha}\ln(n+g+\delta) \tag{4}$$

在扩展的 Solow 模型中,引入了人力资本,假设

$$\ln A(0) = a + \varepsilon \tag{5}$$

则,模型可以写成:

$$\ln\left[\frac{Y(t)}{L(t)}\right] = a + gt - \frac{\alpha+\beta}{1-\alpha-\beta}\ln(n+g+\delta) \\ + \frac{\alpha}{1-\alpha-\beta}\ln(s_k) + \frac{\beta}{1-\alpha-\beta}\ln(s_h) + \varepsilon \tag{6}$$

其中,s_k 和 s_h 分别为总投资中用于物质资本和人力资本的份额。

---

① 详见:Mankiw,G.N.,Romer,D.and Weil D.N.,"A Contribution to the Empirics of Economic Growth"[J],The Quarterly Journal of Economics,1992,107,265-297.

$A(0)$ 这一项包括的不仅仅是技术进步，而且还包括资源禀赋、气候、制度等因素对产出的影响。a 是一个稳定值，而 ε 因城市不同而不同。

根据上述理论推导，构建如下计量模型：

$$\ln y_t = \beta_0 + \beta_1 \ln(inv_t) + \beta_2 \ln(n_t + g + \delta) + \beta_3 \ln(school_t) + \mu_t \quad (7)$$

其中，y_t 为 t 期的产出，inv_t、n_t 和 $school_t$ 分别为 t 期的投资、人口增长和人力资本。

2. 数据说明

模型中所使用的变量（或指标）如下：

产出 y。Solow 模型中的产出量 $y(t)$ 为强度相对指标，而非总量指标。通常有两种计算方法：人均 GDP 和单位劳动力 GDP。就 Solow 模型分析过程中所使用的指标，单位劳动产出是每个劳动力的平均产出，所以应该用 GDP 除以总劳动人口或从业人数。曼昆等就用 GDP 除以总劳动人口来计算单位劳动产出。① 但在实际应用中，人们更习惯直接用人均 GDP 来代替，如 Caselli、Esquivel 和 Lefort（1996）与 Islam（1995）。②本书使用《安徽统计年鉴》（2000—2013）中给出的人均 GDP 数据，并且按照年鉴中所给出的人均 GDP 指数进行处理，得到各年实际人均 GDP 的值，作为产出 y。

投资 inv。根据 Solow 模型，实际应该测算的是物质资本投入，然而鉴于数据的可得性，本书使用固定资产投资总额来代替物质资本投入。这里假设折旧率为一个固定值，在后文会提到。基础数据来自《安徽统计年鉴》（2000—2013）与《新中国六十年统计资料汇编》。

人口增长率 n。由于平均的人口增长近似反映了一段时期内投入生产活动的劳动力的数量以及变动情况，因此本书直接使用总人口的增长代替劳动人口变动。各市各年的人口自然增长率数据来自各市的统计公报和《中国城市统计年鉴》。统计年鉴和相关资料中没有提供技术进步率和折旧率的有关数据，因此一些学者将其视为固定值作为考虑，如曼昆等假定技术

---

① 参见 Mankiw, G.N., Romer, D. and Weil D.N., "A Contribution to the Empirics of Economic Growth" [J], The Quarterly Journal of Economics, 1992, 107, 265—297。

② 参见张焕明:《扩展的 Solow 模型的应用》,《经济学(季刊)》,2004 年第 3 期。

进步率和折旧率在研究期内为常数 0.05,本书同样使用该假定。用人口自然增长率与 0.05 之和表示 $(n+g+\delta)$。①

人力资本 school。人力资本是指人们花费在教育、健康、训练和信息等方面的开支所形成的资本。目前对人力资本测算的主要方法是用人均受教育年限来度量。我们也采用这一方法,由于年鉴中仅给出 2010 和 2011 年的平均受教育年限数据,其他年份,仅给出了受教育程度人口的数据,考虑到数据的可用性和口径的一致性,我们使用的数据是根据年鉴中给出的受教育程度人口的原始数据计算得到的。具体计算方法为:各受教育程度人口乘以相应的受教育年限,其总和除以总人口。例如 A 城市 2012 年人均受教育年限:

$$school_A = \frac{16H_1 + 12H_2 + 9H_3 + 6H_4}{N_A} \tag{8}$$

其中,H_t($t=1,2,3,4$)分别表示 A 城市 2012 年高等院校(大专及其以上层次)人数、中等学校(高中和中专)人数、初级中学人数、小学文化水平人数。

3. 实证结果与解释

根据安徽省各市 2000—2012 年的面板数据,运用 stata 计量软件,根据选定模型对影响安徽省经济发展的因素分别进行固定效应和随机效应的 stata 实现,得到如下结论:

第一,扩展的 Solow 模型很好地解释了安徽省及皖南与皖北的经济发展水平,无论固定效应模型和随机效应模型,模型的拟合优度都在 0.9 以上。

第二,根据计量结果,无论是全省,还是分皖南和皖北地区,投资这一变量均表现出强显著性。而且投资在皖北的作用要超过皖南。根据回归结果,投资每增加一个百分点,皖南地区和皖北地区人均 GDP 将分别增长 0.47 和 0.51 个百分点。

第三,人力资本对安徽省以及分皖南与皖北地区的经济发展均有着较

---

① 参见 Mankiw,G.N.,Romer,D.and Weil D.N.,"A Contribution to the Empirics of Economic Growth"[J],The Quarterly Journal of Economics,1992,107,265-297.

为显著的积极作用,但对皖南地区更为显著。以固定效应模型为例,人均受教育年限每增加一年,皖南和皖北地区的人均 GDP 将分别增加 1.29 和 0.70 个百分点。

表 9-1 固定效应模型的回归结果

变量	安徽省	皖南	皖北
$\ln(inv)$	0.4921943** (27.79)	0.4682101** (16.53)	0.5069021** (22.56)
$\ln(n+g+\delta)$	−0.0059588 (−0.16)	−0.011568 (−0.27)	0.417496 (0.83)
$\ln(school)$	1.021655** (4.02)	1.292016** (3.21)	0.6977523** (2.35)
c	3.122067** (7.81)	2.815922** (4.63)	2.739707** (3.29)
R^2	0.9351	0.9183	0.9573
$F\_statistic$	949.24	488.95	611.49
Method	固定效应	固定效应	固定效应

表 9-2 随机效应模型的回归结果

变量	安徽省	皖南	皖北
$\ln(inv)$	0.491354** (28.47)	0.4650405** (16.81)	0.510148** (22.99)
$\ln(n+g+\delta)$	−0.001216 (−0.03)	−0.0050472 (−0.12)	0.2671344 (0.55)
$\ln(school)$	1.081881** (4.43)	1.414575** (3.68)	0.6989481** (2.40)
c	3.00014** (7.82)	2.58649** (4.46)	3.026712** (3.80)
R^2	0.9353	0.9190	0.9580
Method	随机效应	随机效应	随机效应

注:括号内的数字表示系数的 t 检验值。**表示在 5%水平上显著。

由此可见,投资是拉动安徽经济发展的重要因素。投资每增长1个百分点,可以实现0.49个百分点的经济增长。如果从广义角度理解资本,不仅包含物质资本,还包括人力资本,则投资对经济增长的作用更大,因为人均受教育年限每增长1年,则人均GDP的年均增长率增长1个百分点。因此,高储蓄、高投资和高增长模式仍然是安徽省加快经济发展、跨越"中等收入陷阱"的基本战略选择。

(二)提高安徽投资水平的政策选择

改善安徽投资环境,提升资本投资回报率,使安徽成为投资创业的乐土,立足区内资本发掘,积极引进区外资本是确保安徽投资稳定增长的基本政策选择。

1. 打造"飞地"开发区

20世纪80年代兴起的新增长理论为后发地区实现跨越式发展提供了机理:报酬递增机制。该理论开创者保罗·罗默认为,特许城市是落后地区实现跨越式发展的可行模式。特许城市是一个在新制度下运行的新城市,人们可以选择进入。由一个阐明良好制度的特许开始,逐渐吸引建设城市所需要的人:投资者将建设起基础设施——能源系统、道路、港口、机场和大楼;企业将雇佣首批迁徙至此的人;而家庭和居民将在这里生活,得到工作、养育孩子、获得技能和知识、提高他们的生活品质。这种模式的规模是可变的,其运行有赖于好的制度、普通人和领导者的选择权。如果我们允许在无人居住的土地上开建一个新城市,选择权会被内嵌在其中:人们可以选择而不是被迫到新的特许城市来生活,而领导者的选择权则体现在他们有权与其他国家进行合作。而他认为,中国的成功得力于香港模式向中国内陆的扩散。①

安徽发展滞后最为人们诟病的原因就是政府治理能力较差,管理不规范、不透明,吃拿卡要等腐败现象较为严重,严重降低了安徽投资的回报率。而短期内依靠安徽自身提升政府治理能力,难度较大。为此,充分发挥"飞地开发区"的鲶鱼效应,带动整个安徽治理能力的提高,是确保安徽投资的重要战略。

---

① 参见保罗·罗默:《何不推行特许城市》,http://ucwap.hexun.com/2.0/newscontent_5_131129080_100235808_18818859_all.wml。

所谓"飞地开发区",就是安徽城市划出一片土地作为开发区,完全交给某外部机构或专业公司来治理。例如,随着上海向服务业城市转型,上海的制造业面临向外转移的压力,而单个企业因为脱离价值链转移成本太高,因此,有可能整个价值链甚至开发区都面临转移需求。此时,安徽城市可以和上海该开发区洽谈,划出一片地给该开发区,接受其整体转移,该开发区的治理仍然由上海该开发区治理,相当于上海该开发区在安徽城市的一块"飞地"。而我们安徽城市的好处在于,获取税收,吸取上海开发区管理经验,利用其"飞地"的鲶鱼效应,推动本地治理模式改革。

由项目招商到价值链招商,是招商引资的重要进步。但是,对于安徽而言,积极推进"开发区"整体招商是引进资本,提升区内治理能力,提高资本回报率的关键政策。

2. 国资发酵民资

基础设施落后是安徽投资回报率低下的重要原因,而纯粹依靠政府投资解决安徽基础设施问题又遇债务约束,因此,安徽基础设施建设的基本模式应该是,利用国有资本引进民营资本,发挥国有资本的四两拨千斤效应,提升安徽基础设施水平。

根据国家发改委2014年第981号文《国家发展改革委关于发布首批基础设施等领域鼓励社会投资项目的通知》,"为加快投融资体制改革,推进投资主体多元化,进一步发挥社会资本作用,决定在基础设施等领域首批推出80个鼓励社会资本参与建设营运的示范项目。""首批推出的基础设施等领域鼓励社会资本参与的80个项目涵盖铁路、公路、港口等交通基础设施,新一代信息基础设施,重大水电、风电、光伏发电等清洁能源工程,油气管网及储气设施,现代煤化工和石化产业基地等方面,鼓励和吸引社会资本特别是民间投资以合资、独资、特许经营等方式参与建设及营运。""对于80个项目之外的符合规划布局要求、有利转型升级的基础设施等领域项目,也要加快推进向社会资本特别是民间投资开放。"[①]因此,安徽要积极研究文件精神,

---

① 《国家发展改革委关于发布首批基础设施等领域鼓励社会投资项目的通知》,http://www.sdpc.gov.cn/zcfb/zcfbtz/201405/t20140521_612322.html。

开拓进取,勇于创新,引导民营资本进入公共基础设施建设领域,创造更好的投资硬环境。

民营资本进入基础设施领域的根本诉求是获利,因此,为民营资本获利创造好投资环境,防止国资损害民资利益是政府的基本工作,只有这样才能激发民营资本进入基础设施领域的热情。另外,要把真正能够获利的领域拿出来,让民营资本进入。

3. 积极筹备国家级新区

根据白重恩和张琼的研究,生产税和企业所得税对资本回报率有重要影响。以2013年情况为例,如果不剔除生产税和企业所得税,资本投资回报率为14.7%,而交纳了生产税后,其回报率降为6.9%,在交纳企业所得税后,其税后回报率仅仅4.96%。① 由此可见,税负负担严重影响了资本投资回报率。可是,企业税负是全国统一的,为何安徽发展滞后是税负负担过重所致呢?其实不然,不同地区企业面对的税负负担并不完全相同,因为不同级别的开发区存在不同税收优惠。

相对于沿海地区而言,安徽的国家级开发区数量少得可怜,从而不利于安徽引入区外资本,而且区内资本还向区外流动,追逐更多的税收优惠。为此,积极筹备国家级新区,发挥区内优惠政策叠加效应,提升区域引资竞争力,是提高安徽投资水平的重要政策。

二、创新驱动城市发展战略②

高储蓄、高投资和高增长模式是安徽落后时追赶的基本战略,但是,随着安徽发展水平的提高,资本边际报酬递减规律对资本回报率提高的约束加剧,要求安徽加快发展方式的转变,由要素驱动到创新驱动。而对安徽省城市生产率的研究,可以了解安徽城市经济发展质量,对于各地市乃至全省经济发展战略的制定具有一定的理论和实践意义。

---

① 参见白重恩、张琼:《中国的资本回报率及其影响因素分析》,《世界经济》,2014年第10期。

② 本部分曾以《技术进步、技术效率与安徽省城市全要素生产率:2002—2012年》为题,发表于《铜陵学院学报》2015年第2期。

中国对生产率的研究起始于20世纪50年代。自魏权龄首次将测度相对效率的DEA方法引入我国以来,由于其分析方法上的优点迅速得到了广泛应用。① 颜鹏飞和王兵运用DEA方法,测度了1978—2001年中国30个省(自治区、直辖市)的技术效率、技术进步及Malmquist指数,并对人力资本和制度因素同技术效率、技术进步和生产率增长的关系进行了实证研究。② 刘祥运用DEA方法对40个矿业型城市的效率进行了评价,认为东部地区具有较高的综合效率,西部地区最低,中部地区个体差别较大。③ 李郇等测评了中国202个地级以上城市的城市效率,并尝试对1990—2000年城市效率的时空变化的特征进行了探索。④ 金相郁运用Malmquist指数法测算了1996—2003年间各省市区的全要素生产率,在此基础上,进一步分析了造成各区域全要素生产率差异的主要因素。⑤ 高春亮利用包络分析,估算了我国1998—2003年216个城市的Malmquist生产率指数和规模报酬状态,指出合理要素配置和提高要素使用效率将是我国城市未来发展的关键。⑥ 刘秉镰、李清彬利用基于DEA模型的Malmquist指数方法,多角度综合分析了中国196个主要城市1990—2006年间城市全要素生产率的动态变化,指出我国目前城市仍处于投入增长阶段,要素积累仍是当前发展的主要特征,且资源利用效率有待进一步提高。⑦ 我们试图对安徽省城市经济的全要素生产率进行分析,

---

① 参见魏权龄:《评价相对有效性的DEA方法》,北京:中国人民大学出版社,1988年。

② 参见颜鹏飞、王兵:《技术效率、技术进步和生产率增长:基于DEA的实证分析》,《经济研究》,2004年第12期。

③ 参见刘祥:《矿业城市经济发展规模效率浅析》,《中国矿业》,2004年第9期。

④ 参见李郇、徐现祥、陈浩辉:《20世纪90年代中国城市效率的时空变化》,《地理学报》,2005年第4期。

⑤ 参见金相郁:《中国区域全要素生产率与决定因素:1996—2003》,《经济评论》,2007年第5期。

⑥ 参见高春亮:《1998—2003城市生产效率:基于包络技术的实证研究》,《当代经济科学》,2007年第1期。

⑦ 参见刘秉镰、李清彬:《中国城市全要素生产率的动态实证分析:1990—2006——基于DEA模型的Malmquist指数方法》,《南开经济研究》,2009年第3期。

考察真实合理的安徽省16个地市的经济发展效率。首先利用DEA-Malmquist指数法估算出安徽省各城市2002—2012年的TFP增长、技术效率变化和技术进步率,以了解各城市TFP的状况与差异,然后通过皖南皖北区域间的对比分析,探求区域经济增长差异的主要原因。

(一)测度方法与数据来源说明

1. 测度方法

我们是基于数据包络模型(DEA)下的Malmquist指数法来分析2002—2012年间中国城市TFP的动态变化。Malmquist指数是由Malmquist(1953)所提出来的,就是利用距离函数的比率来计算投入指数。Cave.D.L.&Diewart.E.(1982)把它应用到生产率变化的度量,并称之为Malmquist指数。Fare,Grosskoph,Norris&Zhang(1994)利用Cave等(1982)所定义Malmquist指数,进一步描述了如何将TFP的Malmquist测算值分解为技术进步和技术效率,并阐明了基于相对DEA前沿面距离来测算Malmquist指数的方法。随着该指数的不断完善和进步,它的核心思想可以用三个经典公式来概括:

假设共有I个样本,即决策单元(DMU),其中第i个主体在t期的投入和产出向量分别为$x_i^t = (k_i^t, l_i^t)$和y_i^t。其中k_i^t代表该主体在t时期的资本投入,l_i^t代表该主体在t时期的劳动投入。第i主体t+1期的全要素生产率的Malmquist指数为:

$$M_i^{t+1}(x_i^t, y_i^t, x_i^{t+1}, y_i^{t+1}) = \left[\frac{D_i^t(x_i^{t+1}, y_i^{t+1})}{D_i^t(x_i^t, y_i^t)} \frac{D_i^{t+1}(x_i^{t+1}, y_i^{t+1})}{D_i^{t+1}(x_i^t, y_i^t)} \right]^{1/2} \quad (9)$$

其中,在上述等式中,记号$D_i^{t+1}(x_i^t, y_i^t)$表示从t时期到t+1时期的技术值的距离。M值大于1时,表示从t时期到t+1时期的TFP生产效率的正增长,M值小于1时表示全要素生产率的下降。

通过将此距离函数重新组合,我们可以得到:

$$M_i^{t+1}(x_i^t, y_i^t, x_i^{t+1}, y_i^{t+1}) = \frac{D_i^t(x_i^{t+1}, y_i^{t+1})}{D_i^t(x_i^t, y_i^t)} \left[\frac{D_i^t(x_i^{t+1}, y_i^{t+1})}{D_i^{t+1}(x_i^{t+1}, y_i^{t+1})} \frac{D_i^t(x_i^t, y_i^t)}{D_i^{t+1}(x_i^t, y_i^t)} \right]^{1/2}$$

(10)

其中,技术效率变化 = $\dfrac{D_i^t(x_i^{t+1}, y_i^{t+1})}{D_i^t(x_i^t, y_i^t)}$

$$技术进步 = \left[\frac{D_i^t(x_i^{t+1}, y_i^{t+1})}{D_i^{t+1}(x_i^{t+1}, y_i^{t+1})} \frac{D_i^t(x_i^t, y_i^t)}{D_i^{t+1}(x_i^t, y_i^t)}\right]^{1/2}$$

Grosskoph(1993)指出,传统 Malmquist 指数是在固定规模报酬假设条件下的距离函数,但这一假设明显与现实经济事实不符。Fare, Grosskoph, Norris&Zhang(1994)通过对固定规模报酬假设的放松,将技术效率变化分解,进一步发展了 Malmquist 指数:

$$M_{v,c}^{t+1} = \frac{D_v^{t+1}(x_i^{t+1}, y_i^{t+1})}{D_v^t(x_i^t, y_i^t)} \left[\frac{D_v^t(x_i^t, y_i^t)}{D_c^t(x_i^t, y_i^t)} \Big/ \frac{D_v^{t+1}(x_i^{t+1}, y_i^{t+1})}{D_c^{t+1}(x_i^{t+1}, y_i^{t+1})}\right] \left[\frac{D_c^t(x_i^t, y_i^t)}{D_c^{t+1}(x_i^t, y_i^t)} \frac{D_c^t(x_i^{t+1}, y_i^{t+1})}{D_c^{t+1}(x_i^{t+1}, y_i^{t+1})}\right]$$

(11)

第一项表示的是在可变规模报酬的情况下纯技术效率的变化,第二项是规模效率变化,第三项依然是技术进步率。

2. 数据和变量选取

DEA-Malmquist 指数法的核心是投入产出变量的选取。但在利用多种投入和产出求解的过程中,虽然 DEA 方法假定投入变量和产出变量之间的关系,但是没有具体的要求,从而变量的选取不能避免任意性的问题。就产出变量而言,本书直接采用地区 GDP 作为衡量一个地区经济产出的指标。投入变量主要包括资本存量和劳动数据。其中资本存量的选取存在较大争议。一方面是数据的选取,张军和章元指出,对中国当代经济的很多实证研究都牵涉得到资本存量变量,特别是关于经济增长和全要素生产率的研究。[1] 但是,现有相关研究几乎都采取了各自不同的测算方法。而他们所得出的数据间又存在较大差异。为了克服这种缺陷,大部分研究采用固定资产投资数据作为对资本存量的替代,虽然测算结果具有一定的解释力,但作为"流量"数据,固定资产投资数据替代的适宜性本身就值得商榷。另一方面是资本存量数据在城市层面的划分,在现有对资本存量测算的文献中,测算主体多集中于省际及产业层面,资本存量在城市层面的划分尚未达成共

---

[1] 参见张军、章元:《再论中国资本存量的估计方法》,《经济研究》,2003 年第 7 期。

识。因此,基于以上问题,在参照张军等的方法计算出安徽省资本存量的基础上①,我们再按照各城市 GDP 占省及自治区的比重作为权重将安徽省的资本分配给各市。劳动变量则选取从业人员数指标,其等于单位从业人员、私营和个体从业人员之和。

DEA 方法测算的 TFP 是相对意义上的结果,价格因素影响不大,因此本书直接利用各城市当年数据。与大多数研究不同的是,刘秉镰等认为,城市经济多表现在市辖区,下辖县、乡经济尚未得到充分的发展。② 我们也这样认为,因此本书所选数据均为市辖区数据。具体变量指标描述统计见表 9-3。

表 9-3　安徽省 16 个地级以上城市投入产出指标统计性描述(2002—2012)

	资本存量(亿元)	从业人员(万人)	GDP(亿元)
样本数	16	16	16
最大值	7659.26	175.72	2747.58
最小值	133.60	4.10	33.73
均值	999.05	23.82	278.73
标准差	1114.14	22.25	359.62

资料来源:《中国城市统计年鉴》、《安徽省统计年鉴》和各城市国民经济和社会发展统计公报。

(二)安徽省各城市 TFP 的测算

1. 各城市全要素生产率的比较分析

从总体来看,安徽省 16 个地级以上城市 2002—2012 年的 TFP 的动态变化均值为 1.013。这表明,2012 年较 2002 年城市 TFP 年均改善了 1.3%,生产率获得了小幅度提高。再来看 TFP 的分解,结果显示,TFP 改善的结果完全来自于技术进步的改善,其在 2002 至 2012 年间年均改善了 4.1%。另一

---

① 参见张军、吴桂英、张吉鹏:《中国省际物质资本存量估算:1952—2000》,《经济研究》,2004 年第 10 期。
② 参见刘秉镰、李清彬:《中国城市全要素生产率的动态实证分析:1990—2006:基于 DEA 模型的 Malmquist 指数方法》,《南开经济研究》,2009 年第 3 期。

方面,技术效率则呈现出绝对恶化趋势,就其进一步的分解结果来看,纯技术效率和规模效率年均降低 1.4 和 1.3 个百分点,均对 TFP 的改善造成了不同程度的拖累。

从城市 TFP 的波动看,在 2002 至 2012 年间,技术效率、纯技术效率和规模效率均呈现出较为平稳的态势,技术进步和 TFP 的波动则表现出高度的一致性,除在 2008 至 2009 年存在较大的震荡之外,2011 年之前整体表现出良好的上升势头,但在 2011 至 2012 年间均呈现出不同程度的恶化,这表明安徽省城市的经济发展存在一些问题,同时进一步证明在 2002 至 2012 年间,技术进步的变化是导致安徽省城市 TFP 波动的主要原因。

表 9-4　2002—2012 年安徽省城市 TFP 及其分解

年　份	技术效率	技术进步	纯技术效率	规模效率	Malmquist 效率指数
2002—2003	0.944	1.082	0.953	0.991	1.022
2003—2004	0.952	1.096	0.971	0.981	1.043
2004—2005	0.937	1.125	0.968	0.968	1.055
2005—2006	0.973	1.022	0.981	0.992	0.994
2006—2007	0.955	1.033	0.985	0.97	0.987
2007—2008	0.978	1.151	0.995	0.983	1.125
2008—2009	1.032	0.848	1.003	1.029	0.875
2009—2010	0.971	1.049	1.025	0.947	1.018
2010—2011	0.961	1.114	0.972	0.989	1.071
2011—2012	1.038	0.928	1.013	1.024	0.963
均值	0.974	1.041	0.986	0.987	1.013

综上,我们不难看出,2002 年以来,安徽省城市 TFP 进入持续改善阶段。伴随着技术进步的改善,安徽省城市经济发展的质量不断提高。这一方面是由于整体经济发展形势的改善,例如国家整体政策的转变、城市化进程等,另一方面也反映出安徽省在提高自身科研水平,加大国外先进科技进步引进方面持续不断努力的成果。但我们也应注意到,技术效率的变化呈现

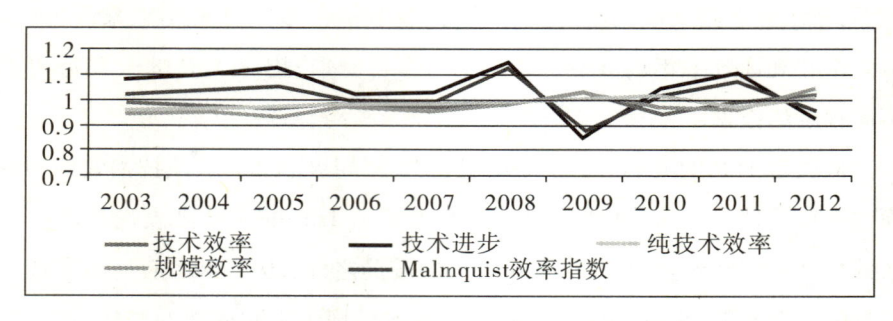

图 9-1 2002—2012 年安徽省城市 TFP 均值波动

出绝对恶化的特征,纯技术效率和规模效率均存在着一定程度的下降,这在一定程度上说明,虽然安徽省的科技创新取得了重大成就,技术进步为 TFP 的增长作出了较大的贡献,但由于缺乏有效的消化、吸收手段,新技术的诞生并未能充分发挥作用,引起技术效率的下降,最终导致 TFP 的缓慢增长。因此,应从政策根源上促进科研成果的迅速转化,以发挥其对经济增长应有的作用。为比较各城市 TFP 的增长差异,表 9-5 给出了 2002—2012 年各城市 TFP 的测算结果。

表 9-5 2002—2012 年安徽省各城市 TFP 测算结果

	技术效率	技术进步	纯技术效率	规模效率	Malmquist 效率指数
合肥	1.000	1.036	1.000	1.000	1.036
芜湖	0.995	1.032	0.996	1.000	1.027
蚌埠	0.922	1.068	0.93	0.992	0.985
淮南	0.979	1.035	0.984	0.994	1.013
马鞍山	1.000	1.067	1.000	1.000	1.067
淮北	0.966	1.035	0.976	0.990	1.000
铜陵	1.000	1.046	1.000	1.000	1.046
安庆	0.973	1.050	0.984	0.989	1.021
黄山	0.967	1.034	0.996	0.971	0.999
滁州	0.961	1.035	0.978	0.982	0.995
阜阳	0.957	1.034	0.967	0.989	0.989

续表

	技术效率	技术进步	纯技术效率	规模效率	Malmquist 效率指数
宿州	0.980	1.024	1.000	0.980	1.003
六安	0.966	1.035	0.986	0.980	1.001
亳州	0.961	1.047	0.987	0.974	1.006
池州	0.982	1.034	1.000	0.982	1.016
宣城	0.972	1.040	1.000	0.972	1.011
均值	0.974	1.041	0.986	0.987	1.013

从安徽省各城市 TFP 来看，除了蚌埠、黄山、滁州和阜阳以外，2002—2012 年其他城市都呈现出 TFP 的改善，其中，蚌埠年均下降了 1.5%，黄山年均下降了 0.1%，滁州年均下降了 0.5%，阜阳年均下降了 1.1%。铜陵的增长率最高，Malmquist 指数为 1.046，其次为合肥和芜湖，TFP 分别年均增加了 3.6% 和 2.7%。就 TFP 波动来源来看，技术变化对 TFP 的拉动作用依然明显，这表明加大科研投入，从多渠道、多途径实现自己科技水平的改善是提高 TFP、实现城市经济良性发展的有效途径。同时我们也应该注意到，除了合肥、马鞍山、铜陵以外，技术效率的普遍恶化已经成为城市发展的主要特征，纯技术效率和规模效率的双重恶化正在严重制约着现今城市的发展。

总之，为了促进安徽经济的进一步发展，在保持现有科技创新水平的基础上，一方面要加强对新技术的消化和推广，提高纯技术效率；另一方面要推动规模扩张，发挥规模效应，从而最终促进安徽省 TFP 的增长。

2. 皖南、皖北 TFP 的比较

我们把决策单元划分成皖南地区和皖北地区，进行 TFP 分析，测算结果如表 9-6 所示。分析发现，总体来看，2002—2012 年皖南地区的 TFP 普遍高于皖北地区，皖南地区 TFP 年均增加了 2.7%，而皖北地区 TFP 则没有获得任何改善，技术进步的改善依旧表现出对 TFP 的强力拉动作用。从年度变化来看，皖南地区在多数年份中都表现出正向增长的趋势。而皖北地区的 TFP 逐年变化较大，2007 年下降了 5%，2008 年上升了 10.8%，2009 年又下降了 12.3%，2011 年又增长了 5.5%，但 2012 年 TFP 又呈现出恶化特征。其分析结果表明,皖南地区的经济增长较为稳定,可以初步判定其增长已进入成熟阶段,但皖北地区增长则波动较大,意味着该地区经济发展仍处于初级阶段,未来还有很长的一段路要走。值得注意的是,在此期间,技术水平的变化对TFP波动的影响的特征依然显著,这对于皖南皖北地区未来经济发展的政策制定具有重要参考价值。

表 9-6 2002—2012 安徽省皖南皖北地区的 Malmquist 指数

皖南地区	技术效率	技术进步	纯技术效率	规模效率	Malmquist 指数
2003	0.985	1.081	0.997	0.988	1.065
2004	0.973	1.091	0.990	0.982	1.061
2005	0.944	1.130	0.988	0.955	1.066
2006	0.990	1.026	0.998	0.992	1.016
2007	0.973	1.051	1.001	0.972	1.023
2008	0.989	1.150	1.006	0.983	1.138
2009	1.056	0.844	1.003	1.054	0.892
2010	0.938	1.048	1.001	0.937	0.983
2011	1.001	1.110	1.003	0.998	1.111
2012	1.016	0.929	1.000	1.016	0.944
均值	0.986	1.042	0.999	0.987	1.027
皖北地区	技术效率	技术进步	纯技术效率	规模效率	Malmquist 指数
2003	0.905	1.084	0.910	0.995	0.981
2004	0.935	1.097	0.949	0.985	1.025
2005	0.922	1.122	0.948	0.974	1.035
2006	0.949	1.019	0.955	0.994	0.968
2007	0.929	1.022	0.962	0.967	0.950
2008	0.963	1.151	0.975	0.988	1.108
2009	1.033	0.849	1.016	1.017	0.877
2010	0.970	1.051	1.034	0.938	1.019
2011	0.922	1.144	0.955	0.966	1.055
2012	1.093	0.911	1.045	1.046	0.995
均值	0.961	1.040	0.974	0.986	1.000

(三)结论和政策建议

1. 结论

根据上述研究,我们可以得到如下结论:

第一,尽管 11 年间,安徽省城市 TFP 年均增长 1.6%,整体呈现平稳增长的态势,但是,与全国其他省份相比增长速度过于缓慢。

第二,技术进步的改善很大程度上推动了安徽省城市 TFP 的提高,而技术效率的绝对恶化减缓了 TFP 的增长速度。

第三,皖南地区城市普遍比皖北地区获得了更好、更快的 TFP 增长。此外,就长期来看,皖南地区城市的经济增长较为稳定,皖北地区城市增长波动较大,表明皖南地区城市较皖北而言,经济发展表现得更为成熟。

2. 政策建议

根据上述研究结论,为了实现安徽发展方式转变,顺利跨越"中等收入陷阱",安徽必须采取创新驱动城市发展战略,以提高安徽全要素生产率水平,提高安徽经济增长率。

一是提高研发投入水平,加快城市技术创新能力,提升技术水平。安徽具有实施创新驱动城市发展战略的基础,首先,合肥市拥有中国科技大学、合肥工业大学等国内一流大学以及中国科学院等大量科研院所,科技研究能力雄厚,关键是如何把科技能力和成果转化为商业化成果;其次,合芜蚌是国家级自主创新示范区,具备政策上的优势;最后,作为中部地区,后发优势明显,可以助推安徽科技崛起。

二是提高技术效率。技术效率的恶化是城市全要素生产率对经济增长贡献低下的根本原因,为此,安徽必须大力提高城市治理能力,提升城市技术效率。

三是加速金融创新,实现科技创新与金融创新的互动,助推安徽创新驱动城市发展战略的实施。

主要参考文献

一、中文专著

[1] 马克思,恩格斯.马克思恩格斯选集(第一卷)[M].中共中央马克思恩格斯列宁斯大林著作编译局,译.北京:人民出版社,1972.

[2] 马克思,恩格斯.马克思恩格斯选集(第二卷)[M].中共中央马克思恩格斯列宁斯大林著作编译局,译.北京:人民出版社,1972.

[3] 马克思,恩格斯.马克思恩格斯选集(第四卷)[M].中共中央马克思恩格斯列宁斯大林著作编译局,译.北京:人民出版社,1972.

[4] 马克思,恩格斯.马克思恩格斯全集(第三十卷)[M].中共中央马克思恩格斯列宁斯大林著作编译局,译.北京:人民出版社,1995.

[5] 马克思.资本论(第一卷)[M].中共中央马克思恩格斯列宁斯大林著作编译局,译.北京:人民出版社,2004.

[6] 苏振兴,徐文渊.拉丁美洲国家经济发展战略研究[M].北京:北京大学出版社,1987.

[7] 林毅夫,蔡昉,李周.中国的奇迹:发展战略与经济改革[M].上海:上海人民出版社,上海三联书店,1994.

[8] 胡代光,高鸿业.西方经济学大辞典[M].北京:经济科学出版社,2000.

[9] 和春雷.当代德国社会保障制度[M].北京:法律出版社,2001.

[10] 高铁梅.计量经济分析方法与建模:EViews应用及实例[M].北京:清华大学出版社,2006.

[11] 张夏准.富国陷阱:发达国家为何踢开梯子[M].北京:社会科学文献出版社,2007.

[12] 林毅夫.发展与转型:思潮、战略和自生能力[M].北京:北京大学出版社,2008.

[13] 梅俊杰.自由贸易的神话[M].上海:上海三联书店,2008.

[14] 董正华.世界现代化历程(东亚卷)[M].南京:江苏人民出版社,2010.

[15] 韩琦.世界现代化历程(拉美卷)[M].南京:江苏人民出版社,2010.

[16] 中华人民共和国国家统计局.中国统计年鉴-2011年[M].北京:中国统计出版社,2011.

[17] 北京大学中国国民经济核算与经济增长研究中心.2011中国经济增长报告——克服中等收入陷阱的关键在于转变发展方式[M].北京:中国发展出版社,2011.

[18] 姚珍玲.德国社会保障制度[M].上海:上海人民出版社,2011.

[19] 卢森堡.资本积累论[M].彭尘舜,等,译.北京:三联书店,1959.

[20] 布罗代尔.15至18世纪的物质文明、经济和资本主义(第三卷)[M].施康强,等,译.北京:三联书店,1993.

[21] 弗兰克.依附性积累与不发达[M].高銛,译.南京:译林出版社,1999.

[22] 诺斯,托马斯.西方世界的兴起[M].厉以平,等,译.北京:华夏出版社,1999.

[23] 巴罗,萨拉伊·马丁.经济增长[M].何晖,等,译.北京:中国社会科学出版社,2000.

[24] 托马斯·K.麦格劳.现代资本主义——三次工业革命的成功者[M].赵文书,译.南京:江苏人民出版社,2000.

[25] 莱斯利·贝瑟尔.剑桥拉丁美洲史(中文版第六卷上)[M].中国社会科学院拉丁美洲研究所,组译.北京:当代世界出版社,2000.

[26] 爱德华多·加莱亚诺.拉丁美洲被切开的血管[M].王玫,等,译.北京:人民文学出版社,2001.

[27] 钱德勒.看得见的手——美国企业的管理革命[M].重武,译.北京:商务印书馆,2001.

[28]诺斯.经济史中的结构与变迁[M].陈郁,等,译.上海:上海三联书店,上海人民出版社,2002.

[29]亚当·斯密.国民财富的性质和原因的研究(上卷)[M].郭大力,等,译.北京:商务印书馆,2003.

[30]安德烈·施莱弗,罗伯特·维什尼.掠夺之手——政府病及其治疗[M].赵红军,译.北京:中信出版社,2004.

[31]安格斯·麦迪森.世界经济千年史[M].伍晓鹰,等,译.北京:北京大学出版社,2004.

[32]斯蒂格利兹.全球化及其不满[M].夏业良,译.北京:机械工业出版社,2004.

[33]彼得·马赛厄斯,悉尼·波拉德.剑桥欧洲经济史(第八卷)[M].王宏伟,等,译.北京:经济科学出版社,2004.

[34]杰拉尔德·M.梅尔,詹姆斯·E.劳赫.经济发展的前沿问题(第7版)[M].黄仁伟,译.上海:上海人民出版社,2004.

[35]世界银行.2006年世界发展报告:公平与发展[M].中国科学院-清华大学国情研究中心,译.北京:清华大学出版社,2006.

[36]卡尔·波兰尼.大转型——我们时代的经济和政治起源[M].冯钢,等,译.杭州:浙江人民出版社,2007.

[37]帕特里克·邓利维,布伦登·奥利里.国家理论:自由民主的政治学[M].欧阳景根,等,译.杭州:浙江人民出版社,2007.

[38]阿图尔·科利.国家引导的发展——全球边缘地区的政治权力与工业化[M].朱天飚,等,译.长春:吉林出版集团有限责任公司,2007.

[39]阿塞莫格鲁,罗宾逊.政治发展的经济分析——专制和民主的经济起源[M].马春文,译.上海:上海财经大学出版社,2008.

[40]印德尔米特·吉尔,霍米·卡拉斯.东亚复兴——关于经济增长的观点[M].黄志强,译.北京:中信出版社,2008.

[41]禹贞恩.发展型国家[M].曹海军,译.长春:吉林出版集团有限责任公司,2008.

[42]贡德·弗兰克.白银资本[M].刘北成,译.北京:中央编译出版

社,2008.

[43] 高柏.经济意识形态与日本产业政策[M].安佳,译.上海:上海人民出版社,2008.

[44] 高柏.日本经济的悖论——繁荣与停滞的制度性根源[M].北京:商务印书馆,2009.

[45] 安格斯·麦迪森.世界经济千年统计[M].伍晓鹰,等,译.北京:北京大学出版社,2009.

[46] E.布拉德福德·伯恩斯,朱莉·阿·查利普.简明拉丁美洲史(插图第8版)[M].王宁坤,译.北京:世界图书出版社,2009.

[47] 格申克龙.经济落后的历史透视[M].张凤林,译.北京:商务印书馆,2009.

[48] 斯蒂芬·哈格德.走出边缘[M].陈慧荣,译.长春:吉林出版集团有限责任公司,2009.

[49] 斯坦利·L.恩格尔曼,罗伯特·E.高尔曼.剑桥美国经济史(第一卷)[M].巫云仙,等,译.北京:中国人民大学出版社,2009.

[50] 斯坦利·L.恩格尔曼,罗伯特·E.高尔曼.剑桥美国经济史(第二卷)[M].王珏,等,译.北京:中国人民大学出版社,2009.

[51] 琳达·维斯,约翰·M.霍布森.国家与经济发展[M].黄兆辉,等,译.长春:吉林出版集团有限责任公司,2009.

[52] 迈克尔·赫德森.保护主义:美国经济崛起的秘诀(1815—1914)[M].贾根良,等,译.北京:中国人民大学出版社,2010.

[53] 诺尔曼·金斯伯格.福利分化[M].姚俊,译.杭州:浙江大学出版社,2010.

[54] 查默斯·约翰逊.通产省与日本奇迹[M].金毅,等,译.长春:吉林出版集团有限责任公司,2010.

二、英文文献

[1] Abramovitz Moses.1986."Catching Up, Forging Ahead, and Falling Behind".The Journal of Economic History,Vol.46,No.2,pp.385-406.

[2] Acemoglu, Daron, Simon Johnson, and James A. Robinson. 2001. "The Colonial Origins of Comparative Development: An Empirical Investigation". American Economic Review, 91, pp.1369 – 1401.

[3] Acemoglu D, Johnson S, Robinson JA. 2002. "Reversal of Fortune: Geography and Institutions in the Making of the Modern World Income Distribution" Q.J.Econ.117.pp.1231–1294.

[4] Aghion Philippe and Peter Howitt. 2006. "Joseph Schumpeter Lecture: Appropriate Growth Policy: A Unifying Framework". Journal of the European Economic Association 4:2-3, pp.269–314.

[5] Aghion, Philippe; Bloom, Nick; Blundell, Richard; Griffith, Rachel and Peter Howitt. 2005. "Competition and Innovation: An Inverted-U Relationship", Quarterly Journal of Economics, 120(2), pp.701–728.

[6] Aghion Philippe and Peter Howitt. 2006. "Joseph Schumpeter Lecture: Appropriate Growth Policy: A Unifying Framework". Journal of the European Economic Association 4:2-3, pp.269–314.

[7] Aghion, P., Howitt, P. 2006. "Appropriate Growth Policy: A Unifying Framework", Journal of the European Economic Association, 4 (2 – 3). pp.269–314.

[8] Alesina, A., and R.Perotti.1996."Income Distribution, Political Instability, and Investment". European Economic Review 40, pp.1203–1228.

[9] Baumol, W. J. 1986. "Productivity Growth, Convergence and Welfare: What the Long-Run Data Show". American Economic Review, Vol.76, No.5, pp.1072–1085.

[10] DeLong, J. B. 1988. "Productivity Growth, Convergence, and Welfare: Comment". American Economic Review, Vol.78, No.5, pp.1138–1154.

[11] Dynan, K. E., J. Skinner, and S. P. Zeldes. 2004. "Do the Rich Save More?". Journal of Political Economy 112, pp.397–444.

[12] Engerman, Stanley L., and Kenneth L. Sokoloff.1997." Factor Endowments, Institutions, and Differential Paths of Growth Among New World

Economies: A View from Economic Historians of the United States". in Stephen Harber, ed. , How Latin America Fell Behind (Stanford University Press, Stanford) , pp.260 – 304;

[13] Engerman SL, Sokoloff KL. 2002. "Factor Endowments, Inequality, and Paths of Development Among New World Economies". Work. Pap.9259, NBER.

[14] Haber Stephen. "Crony Capitalism and Economic Growth in Latin America: Theory and Evidence". Hoover Press, 2000.

[15] Kaufmann, Daniel, Aart Kraay and Massimo Mastruzzi. 2010. " The Worldwide Governance Indicators : A Summary of Methodology, Data and Analytical Issues". World Bank Policy Research Working Paper No.5430.

[16] Kelly, M.2000. "Inequality and crime". Review of Economics and Statistics 82, pp.530–539.

[17] Knack, S.2003. "Groups, Growth and Trust: Cross-Country Evidence on the Olson and Putnam Hypotheses". Public Choice 117, pp.341–355.

[18] Kuznets, S.1953. "Shares of Upper Income Groups in Income and Savings". National Bureau of Economic Research, New York.

[19] Krueger, Anne O.1993. "Virtuous and Vicious Circles in Economic Development". American Economic Review, Vol.83, May, (02).pp.351–355.

[20] La Porta, Rafael, Florencio Lopez-de-Silanes, Andrei Shleifer, and Robert Vishny. 1997. "Legal Determinants of External Finance". Journal of Finance, 52, pp.1131 – 1150.

[21] Murphy, K.M., A.Shleifer, and R.Vishny. 1989. "Income Distribution, Market Size, and Industrialization". Quarterly Journal of Economics 104, pp.537–564.

[22] Machin, S., and C. Meghir. 2004. "Crime and Economic Incentives". Journal of Human Resources 39, pp.958–979.

[23] Nathan Nunn. "The Importance of History for Economic Development". Annual Review of Economics, Vol.1, No.1, September 2009, pp.65–92.

[24] Mankiw-Romer-Weil, Mankiw, Gregory; Romer, David and David

Weil. 1992. " A Contribution to the Empirics of Economic Growth ". Quarterly Journal of Economics, 25, pp.275-310.

[25] Imbs, Jean, Romain Wacziarg. 2003. " Stages of Diversification ". American Economic Review 93 (1).pp.63-86

[26] Nurkse, R. 1953. "Problems of Capital Formation in Underdeveloped Countries". Blackwell, Oxford.

[27] Nicoletti, Giuseppe and Stefano Scarpetta. 2003. " Regulation, Productivity and Growth".Economic Policy, 36, pp.11-72.

[28] Putnam, R.D.2000. "Bowling Alone: the Collapse and Revival of American Community".Simon & Schuster, New York; London.

[29] Schmidt-Hebbel, K., and L. Serven. 2000. " Does Income Inequality Raise Aggregate Saving? ".Journal of Development Economics 61, pp.417-446.

[30] Solow, R. 1956. " A Contribution to the Theory of Economic Growth". Quarterly Journal of Economics, Vol.70, pp.65-94.

[31] Stanley Lebergott, The Americans: "An Economic Record". W.W.Norton&Company1984, pp.140-156.

[32] Solow. Robert M, 1957. " Technical Change and the Aggregate Production Function ".The Review of Economics and Statistics, Vol.39(3).

[33] World Bank. "The East Asian Miracle: Economic Growth and Public Policy".Washington, D.C.: The World Bank, 1993, pp.1-4.

[34] Young A. 1995. "The Tyranny of Numbers: Confronting the Statistical Realities of the East Asian Growth Experience".The Quarterly Journal of Economics, 110(3), pp.641-680.

后　记

　　本书是安徽师范大学经济管理学院蔡敏副教授主持的安徽省社科规划项目后期资助课题"中国跨越'中等收入陷阱'的战略研究"（项目批准号：AHSKHQ2014D03）的最终成果。同时，课题的研究还得到了安徽省社科规划一般项目"基于马克思主义空间理论视角的'中等收入陷阱'的形成机理研究"（项目批准号：AHSKY2014D52）和安徽师范大学哲学社会科学繁荣发展计划首批重大项目"皖江区域产业升级的动力机制与发展路径研究"（项目批准号：FRZD201302）的资助。

　　我首先要感谢蒋玉岷教授。先生学术水平精湛，为人谦和，一直对我关怀备至——从学习到生活，令我十分感动。老师的关心和教诲如缕缕春风沐浴着我，是我一辈子的精神财富。蒋老师不仅是我博士论文的指导老师，而且是我学术道路的引路人。本书以我的博士论文为基础修改而成，从选题开始就得到了老师的殷切指导。在本书的写作过程中，老师又为我准备了许多相关资料，在此深深拜谢。同时，我还要感谢博士生导师组的陶富源教授、王先俊教授、彭启福教授、高正礼教授和戴兆国教授。王先俊教授一直关心着我的学业和进步，他学识渊博、治学严谨，是我永远学习的榜样。陶富源教授十分关心我的学习，时常鼓励我。

　　在本书的研究和写作过程中，我提出了本书的逻辑框架和重要观点，为每章拟定了题目和要展开的研究内容，最后修改和校订了各章。各章节的执笔者分别是：蔡敏（前言、第一章、第二章、第三章、第四章、第五章、第八章），周端明（第六章、第七章和第九章）。在本书研究和写作过程中，我们还得到了陈瑞和彭光磊等研究生的协助,在此一并表示感谢。

最后,我要感谢安徽人民出版社的陈娟编辑,她的认真和执着使本书的写作和修改更加严谨和完善。

蔡 敏

2016年8月于安徽师范大学花津校区